川島大輔
Daisuke Kawashima

松本 学
Manabu Matsumoto

徳田治子
Haruko Tokuda

保坂裕子
Yuko Hosaka

編

多様な人生の
かたちに迫る
発達心理学

Diversity in Human Development

ナカニシヤ出版

はじめに

　生涯発達心理学という学問は，受胎から死までの一生涯の発達を捉えようとする学問分野であり，これまでも多くのテキストが出版されてきた。そのなかでは，乳幼児期に築く親との親密な愛着関係，児童期の学校における安定的な友人関係や学習意欲の形成，そして青年期以降に働き，家庭を築き，子育てに奮闘し，社会の中で何らかの役割を果たしていくプロセスが描かれることが多かった。

　しかし現代社会において，人の一生涯は実に多様なプロセスをたどる。そして従来描かれてきた「典型的な」人生観も実際には極めて限定的なものであることが各種の調査，臨床報告からうかがえる。たとえば障害を持って生きる人，結婚しない人，異文化で生活する人，病いのため長期間の療養生活を余儀なくされる人，働き盛りに職を失う人，そして予想もしていなかったかたちで突然身近な人を失う人の生涯発達のプロセスは，典型的な発達のかたちには必ずしも当てはまらないだろう。

　経済産業省による報告書『不安な個人，立ちすくむ国家』などでは旧来の人生モデルを「昭和の人生すごろく」であり，もはや現代には通用しないと喝破している。これは極端な例かもしれないが，人生の多様化が露わになってきた現代においては，定型的な発達から多様な人生における発達のありように迫ることはますます重要になってくるだろう。

　上記のような考えから，こうした新しい，もっといえば，従来見落とされてきた多様な発達のかたちを再発見するような教科書を企画した。

　本書では，人の一生涯にわたる発達を，多様性という観点から考えたいとの思いから，**「多様な人生のかたち」**をキーコンセプトの一つとしている。そして多様である，違いがあるということを超えて，その違った生き方や人生を尊重するために，「自らの前提に気づき，他者を知り，ともに生きていくための方策を考える」実践的知識の習得を目指した教科書を作成した。

　本書は，「第1部　はぐくむ（育つ・育てる）」「第2部　つながる（交わる・関わる）」「第3部　うしなう（老いる・死ぬ）」「第4部　ともにいきる（共生，違いとともに生きる）」の4部で構成されている。第1部では，育つ存在としての子どもの養育や教育をめぐる発達心理学の知見をベースとしながらも，子どもの成長を支え，はぐくむ側の養育者や家族のあり方を中心に構成されている。第2部では，家族を超えた多様なつながり，とくに友人関係や恋愛関係，さらに働くことやメディアといった社会とのつながりが，私たちの発達にどのように関係しているのかを論じている。第3部では，老いや死によってさまざまなものを失う経験を私たちはどのように人生に組み込み，それとともに生きていくのかについて中心的に論じている。そして第4部では，多文化共生や災害，そして障がいなどのテーマに目を向け，その生きづらさを直視しつつ，なお，ともに生きることの意味を論じている。詳細については各部の扉をご覧いただきたいが，いずれもユニークでチャレンジングな章とコラムをご執筆いただいた。同時に，大学生向けのテキスト（教科書）という本書の性質上，従来の教科書でも取り上げられてきた知見や定型的な発達モデルにもバランス良く目配せしたつもりである。なお，「障害/障がい」や「友達/ともだち」など用語表記のいくつかは，著者の意向を尊重してあえて統一していない点をあらかじめご了承いただきたい。

　各章の構成は，大きく「はじめに」「各論」「おわりに」で構成されている。各論ではそ

れぞれの章のテーマにもとづいた「問い」を列挙し，説明を行う。「おわりに」では，「各論」で説明した「問い」を受けて，当該テーマの今後の展望や読者へのメッセージを各筆者に述べてもらった。この他，授業実施者向けに，各章には「しらべてみよう」「かんがえてみよう」と題した事前事後課題の案が盛り込まれている。ウェブ上で公開しているトピックスカードと合わせてぜひ授業で活用していただきたい。

なお本書は，基礎的な発達心理学用の学習を終えている学生に対して，大学 2,3 年生以上の開講科目で使用することを想定している。このほか，短大生，専門学校生（とくに医療福祉系），大学院生，教育機関の関係者，一般成人なども読者層として想定する。心理学専攻のみならず，発達に関連する諸領域の学生も読者として想定している。

編者たちは約 20 年前に，やまだようこ先生（京都大学，当時）のもとで大学院生やポスドクとしてともに研鑽を積んだ仲であり，そのときの研究会メンバーが中心になって本書を企画した。

本書の出版にあたっては，編者のそれぞれ異なった観点から，使用する語句や表現についても細かな検討を行った。そのため，ご執筆いただいた先生方にはかなり細かな修正を何度もお願いすることになってしまった。また刊行時期が当初の予定よりも随分とずれ込んでしまい，早々に原稿をちょうだいした先生方には大変ご心配をおかけしてしまった。ここに改めてお詫びとお礼を申し上げたい。

本書に収蔵された各章はいずれも力作であり，大変読み応えのある内容であるが，最終的な編集責任は編者が負うものである。忌憚のないご意見やご批判を，読者諸兄姉からいただきたい。また末筆になるが，本企画のきっかけをいただいたナカニシヤ出版の宍倉由高さん，企画段階から出版に至るまで根気よくお付き合いいただいた山本あかねさんに，記して感謝申し上げたい。

編者を代表して

川島大輔

2020 年 3 月

──── 【ダウンロード資料　ご希望の方へ】 ────

ウェブ公開のトピックスカードをご希望の方は，manual@nakanishiya.co.jp まで，ご氏名，ご所属および本書の書名（『多様な人生のかたちに迫る発達心理学』）を明記のうえ，メールにてご連絡ください。

目　　次

第1部　はぐくむ

　人間が独り立ちするまでの期間はあらゆる動物のなかで突出して長く，その期間も社会の発展に伴い延長している。一方でそのような独り立ちにかかる長い時間は，私たちの人間としての多様性や可能性を広げるものでもある。親をはじめとする大人（年長者）に守られ，育まれることは人（赤ちゃん）にとっては生命維持の土台であり，自らの発達を支える可能性や多様性の源でもある。発達心理学という学問領域は，そのような育つ存在としての子どもの養育や教育をめぐって，さまざまな有益な知見をもたらしてきた。読者のみなさんも発達心理学，あるいは児童心理学や保育の心理学といった科目のもと，多くの知識を得てきたのではないだろうか。第1部では，このような発達心理学の知見を大切にしながらも，「はぐくむ」ことをテーマに，「はぐくむ側」の養育者や家族のあり方を中心とした4つの章から構成されている。

　第1章「親子の関係はどのように「発達」していくか？」では，育てる側の成長や発達を中心に，親子関係が生涯にわたってどのように展開していくかを扱っている。育てることによって，人はどのような成長や変化を経験するのだろうか。また，そのような成長や変化はどのような要因によってもたらされるのだろうか。

　第2章「傷ついた子どもの回復はどのようになされるか？」では，家族関係の中で生じる子どもの傷つきに注目する。「虐待」や「マルトリートメント」の問題を中心に，自分にとって拠り所であり大切な存在である養育者との関係で傷つきが生じた場合，子どもにはどのような影響がもたらされるのだろうか。また，これらの問題解決に向けた道筋のなかで，私たちは何に注意すべきだろうか。レジリエンスといった子ども自身が持つ強さも含めて考察していく。

　第3章「男性は養育的な親になれるか？」では，子どもの養育に関わる者のうち，とくに「男性」の関与のあり方について扱っている。男性が子育てに関与するには何が必要か。何を変えていく必要があるのか。性別らしさをめぐる考えや社会のあり方を含め，多角的な視点からの考察がなされている。

　第4章「家族はどのようにはぐくまれていくか？」では，家族が日常場面で試行錯誤を重ねながら役割調整し，それぞれの家族らしさを育んでいく様子が示されている。ショッピングモールでの観察や外食場面での着席の仕方に注目した調査など，何気ない日常場面や状況に鋭い視線を向け，その面白さを丹念に拾い上げる研究手法にも注目していただきたい。

　その他，第1部には，親となる経験の有無と生涯発達の問題，祖父母による孫との交流が3世代にもたらす影響，傷ついた子どもたちを支えるファミリーホームの実践，父親になった発達心理学者の気づき，発達障害のある子どもを育てる親を捉える新たな視点の提示など，多彩なコラムが収められている。

　第1部の各章では，多様な家族や親子のあり方を理解する視座や知見がたくさん紹介されている。また，コラムを含め各章で取り上げられる事例や研究手法も多様である。著者たちがそれぞれに伝える「発達」を捉える立場の多様性や「はぐくむ」という事象をめぐるアプローチの豊かさにも注意しながら読み進めていくことで，「はぐくむ」ことをめぐる読者の多様な生き方への理解がさらに深まるであろう。

親子の関係はどのように「発達」していくか？

徳田治子

■しらべてみよう
・本章では，子どもを育てる側の人生段階を8つの季節に整理した研究が紹介されています。この区分に従うと，現在，あなたやあなたの親が過ごしている季節は何番目の季節でしょうか。また，その季節ではどのようなことが重要になると考えますか。
・「親子関係」という言葉から，あなたがイメージすることはどのようなことですか。また，これまでの親子関係やこれから数年後の親子関係について，どのようなことを考えますか。

---

1. はじめに

　まず，次のような日常の1コマをできるだけ具体的に頭のなかでイメージしてほしい。

　ある日曜日の晴れた午後。公園近くのカフェテリアに親子の姿がある。それぞれ楽しそうに笑っている。突然一人が何かを指差して声をあげると，隣にいたもう一人が，それを見つめて同じように声をあげる。一方の手は，もう一人の肩にそっと優しく触れている。

　みなさんは，どのような「親子」を思い浮かべただろうか。親子は幼い子どもを育てる若い夫婦かもしれない。年老いた親と連れ立って外出した初老の子どもかもしれない。あるいは，大学生の子どもと久しぶりに食事にきた働き盛りの親かもしれない。親子は血縁関係で結ばれているかもしれないし，それ以外の絆で結ばれた関係かもしれない。相手を気遣って肩に触れているのは，親の方かもしれないし，子どもの方かもしれない。それぞれの性別も年齢も個性も，ケアの担い手もその受け手も，その組み合わせは無数に考えることができる。親子が作り出す関係性やその風景は実に多様である。
　しかしながら，従来の発達心理学では，「親子」とは一般に乳幼児の子どもとその親を指し，その主な関心は子ども側の発達であった。親（養育者）という存在は子どもに影響を与える要因の一つとして位置づけられ，成人期を生きる親自身の変化や発達プロセスについては長らく見過ごされてきたのである（Seltzer & Ryff, 1996）。これに対し，生涯にわたる人間の発達やその変化プロセスを捉えようとする研究が展開するなかで，親子の関係は，①それぞれの生涯や複数の世代にまたがって変化・発達し続けるものであり，②親から子どもだけでなく，子どもから親へも影響する相互関係的な発達過程で結ばれたものであること，また，③親になることや子どもを育てる経験そのものが成人期を生きる親側の発達として重要な意味を持つことが指摘されるようになってきた（徳田, 2010）。
　本章では，生涯にわたる親子の関係性という時間的広がりを軸に，親子関係がどのよう

に展開しながら，双方の発達に寄与していくかについて，主として育てる側の変化や発達に焦点をあてて述べていきたい。

2. 親と子の関係は生涯にわたってどのように展開していくか？

　発達心理学者の鯨岡（2002）は，関係発達という観点から，私たち人間を〈育てられる者〉として生まれ，〈育てる者〉になるという生涯過程のなかに位置づけている。一般に，人間の発達は，胎児期，新生児期，乳児期，幼児期，青年期，成人期，中年期，老年期の人生段階に区分されるが，このような従来の発達段階を仮に，〈育てられる者〉の発達段階とすると，〈育てる者〉の人生の推移はどのように捉えることができるだろうか。

　親であることを生涯にわたる発達プロセスとして8つの季節に区分したウネラとワイコフ（Unell & Wyckoff, 2000）は，それぞれの季節で特徴づけられる「育てる側の人生」を，親子の関係性を特徴づける3つの周期のもとで整理している（表1-1参照）。以下，彼らの整理にしたがって，生涯にわたる親としての人生の推移を辿ってみよう。

表1-1　**親としての人生段階** (Unell & Wyckoff, 2000 を参考に作成)

関係の周期	親の季節	子どもの発達の目安
第1周期 若年の子どもを育てる	第1の季節	妊娠期（胎児期）
	第2の季節	乳児期（出生〜歩行開始）
	第3の季節	幼児期（歩行開始〜就学前）
	第4の季節	児童期（小学校〜思春期）
	第5の季節	青年期（思春期〜子どもが家を離れるまで）
第2周期 大人になった子どもを育てる	第6の季節	進学や就職，結婚などで子どもが家を離れて自立する頃
	第7の季節	自立した子どもが，家庭をもって親になる頃
第3周期 子どもにケアされる	第8の季節	養育（世話）をする立場が逆転し，親自身が子ども世代や孫世代から，支えられ，ケアされる立場になる

(1) 第1周期：若年の子どもを育てるサイクル

　第1周期は，「若年の子どもを育てるサイクル」である。この周期は，妊娠期（胎児期），乳児期（出生から歩行開始），幼児期（歩行開始から就学前），児童期（小学校から思春期），青年期（思春期から子どもが家を離れるまで）といった子ども側の心身の発育に対応するかたちで5つの季節から構成されている。

　第1と第2の季節に該当する妊娠期から子どもの誕生後1年ほどは一般に，「親への移行期」といわれ，親としての新たな生活や人生に適応していく重要なスタート地点となる（Goldberg, 1988）。とくに近年，胎児への愛着が出産後の子どもの受け入れなどにも影響していることが明らかになっており，妊娠期の重要性が指摘されている（本島，2007）。第3の季節がスタートする歩行開始期は，日本では「イヤイヤ期」，海外では「恐るべき2歳児 terrible two」と呼ばれ，歩行と言語の獲得を発端に子どもの自我が芽生える一方で，親側には子ども側の自己主張や欲求を受け止める上での戸惑いや困難が生じることで，親のストレスや親子の緊張が高まる時期ともされている。

　第4の季節に該当する児童期は，一般に比較的安定した親子関係であると想定されてい

る。しかし，第5の季節が開始する，子どもが自立に向かい親子関係が変化してくる思春期から青年期にかけては，子どもの自我の芽生えや自立をめぐって，再び親子の葛藤や緊張が高まる時期である。このように第1周期は，子どもの活発な心身の発達を背景に，親自身もそのような変化に導かれるかたちで，親としてのアイデンティティを確立し，変化・発達していく時期として位置づけられる。

(2) 第2周期：大人になった子どもを育てるサイクル

　第2周期は，「大人になった子どもを育てるサイクル」である。第2周期では，子どもの自立に伴う家族および親自身のアイデンティティの再編成が大きな課題となる。この周期は，進学や就職，結婚などで子どもが家を離れて自立する時期と，子ども自身が家庭を持って親になり，祖父母として孫の世話にあたるようになる2つの季節で構成される。

　意外に思われるかもしれないが，子育てでは幼い子どもをいかに育てるかと同じくらい，育て上げた子どもをどう手放していくかも親としての重要な発達課題となる（西平，2014）。また，子ども自身が家庭を持ち，親になるというライフイベントも親子の関係や親側の子育ての捉え方に大きな変化をもたらす（氏家，2011）。孫という新しい世代の誕生をきっかけに，親となった子どもと新たな関係が生まれ，親になった子どもの子育てに接するなかで，自らの子育てを振り返ったり，祖父母として孫を育てる経験を通して，自分の子育てだけでなく親世代と自らの関わりを捉え直したりする契機が訪れる（祖父母による孫育てや，親世代との関わりについてはコラム2も参照）。

　第2周期の変化は，ある程度年齢にしたがって（共通に）推移していた第1周期とは異なり，それぞれの家族の様態，とくに子ども側のライフイベントによって時期が前後したり，季節そのものが経験されないなど，多様な展開が想定される。たとえば，家からの独立が遅れたり，一度出た家に子どもが戻ってくることもあれば，子どもがシングルのまま，新たな家庭を持たないこともあるだろう。そのような多様性がありながら第1周期と共通して重要となるのは，子どもの自立を促したり，受け入れたりしつつ，互いの生活や人生の変化に応じて，親自身が自らの人生や役割を変えていく必要に迫られるという点である。また，第2周期では，親子二世代を超えた複数世代との関わりのなかで，親自身がそれまでの自分自身のあり方や自分の子育てについて捉え直しを行っていく点が特徴的と言えよう。

(3) 第3周期：子どもにケアされるサイクル

　第3周期は，「子どもにケアされるサイクル」である。この周期では，世話をする立場が逆転し，親自身が子ども世代や孫世代から支えられ，ケアされる立場となる。なお，ウネルとワイコフはこの周期の開始の目安を50歳からとしているが，出産年齢の上昇等，社会の変化により目安となる年齢は違ってくるであろう。また，病気など親側のさまざまな状況で，この季節を過ごす年齢が前倒しになる場合もあるだろう。

　いずれにせよ，この季節で重要となる主題は，親が自らの老いや死といった衰退に直面しながら，より若い世代からケアされる側になるという点である（Unell & Wyckoff, 2000）。それまで主にケアする側だった者が，ケアされる者としてどのような経験をするかは，多様な要因によって影響される（介護等，ケアする子どもや孫側の心理については第10章を参照）。中年期の子どもと老年期の親の関係を捉えた研究では，ケアされる親自身が子どもとどのような関係を結んできたか，また，自分の親の老いや死にどう関わってきたかという，それまでの親子関係やケアする者としての経験と深く結びついていることが指摘されている（Seltzer & Ryff, 1996）。

（4）親としての人生段階は，どのような親子や家族にも当てはまるか？

　このように，〈育てる者〉の人生の推移は，主として子ども側の発達やライフイベントに先導されるかたちで展開し，季節が移ろうように親自身の自己や生き方も変化を迫られ，改変されていく。それでは，このような〈育てる者〉がたどる親としての人生段階は，どのような親子や家族にも当てはまるものだろうか。

　ウネルとワイコフ（2000）が行ったインタヴューには，再婚や養子縁組で親になった人，成人した子どもの代わりに孫を育てている祖父母など，年齢や血縁の有無をはじめ，子どもと多様な関係で結ばれたさまざまな「親」が含まれていた。ウネルらは，具体的にどのような季節を過ごすかは，子どもの個性やそれぞれの家族や世代がおかれている状況によって異なるとしつつ，同じ季節を過ごしている「親」には，ある程度共通したパターンや課題があるとしている。また，このような生涯にわたる親としてのライフステージの推移を理解していることが，親としての発達課題や葛藤に対処する上で助けとなるとしている。

3. 育児に伴う否定的な感情をどう理解するか？

　冒頭では，楽しそうに笑い合う親子の様子をイメージしてもらった。しかし，親子の関係は，そのような笑い合うばかりの関係だろうか。

　氏家（2011）は，親子とはさまざまな意味で異質な者同士であり，関係に対する互いの思惑や相手に期待するものが大きく異なっているため，その関係は緊張や葛藤で特徴づけられるとしている。しかし，同時に，親子の関係とは激しい感情のやりとりがあっても滅多なことでは破綻せず，それぞれがさまざまな方法でやりくりしながら親子としての関係を維持しようとする点でも特徴的であるとしている。

（1）親子関係の葛藤や緊張はどのように生じ，収束していくか？

　それでは，親子関係をめぐる緊張や葛藤は，生涯にわたる関係性のなかでどのように展開していくのだろうか。親子の関係システムを生涯発達的なモデルとして提示した氏家（2011）は，親子にはそれまで通用していたシステムがうまく機能しなくなり，両者でとくに緊張や葛藤が高まる時期があるとしている[1]。そして，そのような過程で親子が共通して経験する葛藤の発生とその解消プロセスを表1-2のように整理している。

表1-2　親子関係における葛藤の発生と解消のプロセス（氏家，2011より作成）

第1段階 子どもの誕生・成長による変化	・親は以前の経験を通して身につけた対処方略がうまく機能せず動揺する。また，現実（＝子ども）に応じた対応を迫られる。 ・親子間の緊張や葛藤が高まり，理想の親としての自分や理想の子ども像を揺さぶられる。
第2段階 親側の調整および子ども側の発達による葛藤の沈静化	・親は養育経験の蓄積や外部からのサポート，子ども側の発達に支えられながら，子どもの成長や変化に応じた対応を試みる。 ・これにより親子間で高まった葛藤や緊張の沈静化を目指す。
第3段階 親側の変化と親子関係の発達	・子どもへの対応がうまくいくと子どもとの心理的距離がとれるようになり，親側に心理的余裕が生まれる。 ・これらの変化により不安定だった親子関係が安定化することで，親は自分を見つめ直し，新たな親子関係へと変化する。

1）たとえば，「イヤイヤ期」，「思春期から青年期」，「子どもが成人し親になるプロセス」など

（2）解消されない葛藤や緊張をどう支えるか？

　氏家（2011）が示したモデルは，子ども側の心身の発達が引き金となって生じる（通常の発達過程における）親子関係の緊張とその収束過程を示したものである。このモデルでは，とくに親側の変化によって，親子関係が安定化し発達していくことが示されている。また，親子間で生じる葛藤や緊張は，子どもの成長や発達の表れであったり，親子関係の変化や発達の契機であったりするという視点は，各人生時期で子どもへの対応に悩む親の支えになるだろう。ただし，親子の葛藤や緊張が常に親側の調整によって，円満に解決されるわけではない点にも注意が必要である。とくに，さまざまな理由によって親側にそのような対応力がない場合や親子をとりまく環境が困難なものである場合，葛藤や緊張は長期化したり，解消されないままとなる。また，子どもがより年長になれば，親ではなく子ども側が親への期待や要求を変化させたり，行動を調整したりすることで問題が緩和される場合もある。

　親側のストレスや心理的未熟さが子どもへの攻撃性や虐待につながり，親子関係ひいては子どもの発達に深刻な影響を与えることは広く知られている（友田，2017）（詳しくは，第2章を参照）。その意味で，第2段階で示されている「外部からのサポート」が親子の緊張や葛藤の緩和，ひいては，親子関係の成長や変化をもたらす上で重要な役割を果たすという点を見逃すべきではないだろう。

4．　子育てによる「発達」「成長」とはどのようなものか？

　冒頭で，親になるという経験，あるいは子どもという次世代を育てる経験は，成人期において重要な発達の局面の一つとして位置づけられると述べた。それでは，子どもを育てるという経験は，成人期を生きる親（養育者）にどのような変化や成長をもたらすのだろうか。以下では，国内の研究知見を中心に，親になることによる「多様な発達のかたち」について考えてみたい。

（1）親になることによる人格発達

　柏木・若松（1994）は，3歳から5歳の幼児を持つ父親と母親を対象に調査を実施し，親になることによる人格発達の側面として，「柔軟さ」，「自己抑制」，「運命・信仰・伝統の受容」，「視野の広がり」，「生き甲斐・存在感」，「自己の強さ」として特徴づけられる6つの側面を明らかにしている（表1-3）。

　また，第1子が未就学児である父親を対象に調査を実施した森下（2006）の研究では，「家族への愛情」，「責任感や冷静さ」，「子どもを通しての視野の広がり」，「過去と未来への展望」，「自由の喪失」の5つの側面が示され，父親独自の発達の側面として，①仕事への責任感の強まりや物事の捉え方の変化，②自分の子ども時代の想起や人生展望の明確化，③仕事以外の人間関係や子どもを通した視野の広がりなどが指摘されている（表1-4）。

表1-3　親になることによる人格発達 （柏木・若松, 1994 より作成）	表1-4　父親になることによる人格発達 （森下, 2006 より作成）
柏木・若松（1994） 3歳～5歳児の父母346組	森下（2006） 第1子が未就学児の父親224名
第I因子「柔軟さ」 ・考え方が柔軟になった ・他人に対して寛容になった	第I因子「家族への愛情」 ・家族への愛情が深まった ・家族のことを考えるようになった
第II因子「自己抑制」 ・自分の欲しいものなどががまんできるようになった ・他人の立場や気持ちを汲み取るようになった	第II因子「責任感や冷静さ」 ・仕事に積極的に取り組むようになった ・仕事への責任感が増した ・甘えがなくなった
第III因子「視野の広がり」 ・日本や世界の将来について関心が増した ・児童福祉や教育問題に関心を持つようになった	第III因子「子どもを通しての視野の広がり」 ・自分の子ども以外の子どもに関心を向けるようになった ・地域活動・ボランティアに積極的に参加したいと思うようになった
第IV因子「運命・信仰・伝統の受容」 ・物事を運命だと受け入れるようになった ・運や巡り合わせを考えるようになった	第IV因子「過去と未来への展望」 ・自分の親が自分をどのように育ててくれたのか考えるようになった ・自分と親の関わりを思い出し、将来の自分と子どもとの関わりを想像するようになった
第V因子「生き甲斐・存在感」 ・生きている張りが増した ・自分がなくてはならない存在だと思うようになった	第V因子「自由の喪失」 ・時間的余裕がなくなった ・行動範囲が狭まった ・経済的余裕がなくなった
第VI因子「自己の強さ」 ・多少他の人と摩擦があっても自分の主義は通すようになった ・自分の立場や考えはちゃんと主張しなければと思うようになった	

(2) 失うことも得ること？

　「子どもを産み，育てること」は子どもという存在を得ることである。一方で親になる経験を理解する上では「喪失」という概念が重要な研究枠組みとなる。「獲得」と「喪失」は成人期を含む人間の生涯発達を捉える重要な理論的枠組みの一つであり（Baltes, 1987），とくに海外では，妊娠期から未就学児を育てる親の経験を理解する上で主要な研究枠組みとなっている（Ruzza, 2008）。

　日本でも，第1子が0～3歳の母親にインタヴューを実施した研究（徳田, 2002）では，多くの母親が子どもの存在や成長によって，「喜び」や「愛情」といったポジティヴな情緒的経験や人間関係の広がり，親になることによる人格的成長を「獲得」したと語る一方で，「自分の時間」や「仕事・キャリア」，「出産・育児前の人間関係」を「喪失」したと語っていたことが示されている。他方，「喪失」したものについては，ほとんどの者が，「時間が経てば戻ってくる」「失った以上に得たものがある」，「自分も親にしてもらった」，「失うことに意味がある」など，失うこと自体にプラスの価値づけを行い，親になることをそれ以上に意味のある経験として位置づけていた。このような「喪失をめぐる発達」については父親を対象とした研究でも示されている（森下, 2006）。森下（2006）は父親になることによる発達を「男性が親になり，子育てをする中での精神面と行動面における獲得と喪失を含む変化」であるとし，一見，ネガティヴな側面のように捉えられる「自由の喪失」を受け入れることが，父親になることによる発達の重要な側面だとしている。

　これらの結果は，親になるという経験がプラスかマイナス，あるいはポジティヴかネガティヴといった単純な二分法で固定的に捉えられるものではないこと，「失ったこと」をプラスに思えること自体が親になることや子育てがもたらす人間的成熟の一側面となる可能性を示している。

(3)「育児は育自」をもたらすものは何か？

　これまで，とくにリアルタイムで幼少期の子どもを育てる親の変化や成長に関する研究について述べてきた。それでは，子どもが大人になった親はどのように自分の子育てや子育てを通した自らの成長を振り返るのだろうか。

　成人期初期の子どもがいる中年期の女性に自らの子育て経験を振り返ってもらった研究では（大島，2013），「身近な人からの子育て協力」などを通して，「子どもから学ぶ」体験をすることが，親が子どもと一緒に成長していく自分を感じる中核的な体験であることが示されている。

　「子どもから学ぶ」経験には，自分の間違いを「子に指摘される」経験や，子どもに反抗され「子どもとかみ合わない」と感じながらも，じっくり「子の話を聴く」こと，そして「子の気持ちに注目する」，「子の力への気づき」などが含まれていた。親は，子ども自身の成長とあわせてそのような経験を積み重ねることを通して，次第に対等な一人の存在として子どもの意見や生き方を尊重するようになっていた。同時に，育てる存在であった子どもが自分を教え育ててくれる存在であると認識するようになることが，子どもへの信頼を深め，それまで負担だと感じていた子育ての課題を自分を成長させてくれる課題へ捉え直すきっかけになったと考えていた。

5. おわりに

　あなたは，この章をどのような立場から読んだだろうか。子どもとして育てられてきた立場からだろうか，自分を育ててくれた親の立場からだろうか，それとも，将来の自分を思い描きながらだろうか。なかには，「親」になることを前提に「親」と「子」の絆が強調されることに違和感を抱えながら読まれた方もいるかもしれない。

　今日，生涯未婚率（50歳時の未婚率）は男性23.4％，女性14.1％となっている（国立社会保障・人口問題研究所，2018）。また，それ以外のさまざまな理由によっても，今日親にならないままで生涯を過ごす人は少なくない。他方，人は必ず誰かから生まれ，誰かに育てられるという関係性のなかで成長を遂げていく。そして，そのようにして育てられてきた自分を見つめ，時に対峙しながら人は「大人」になり，さまざまな出会いを遂げつつ，それぞれの人生を歩み進めていく。

　本章で記述した親子の姿は，時間や年齢を経た家族形態の展開を中心にしたものであり，必ずしも個別具体的な親子の関係性とその多様性に迫るものではなかったかもしれない。そのような限界性がありながらも，この章で示した，生涯という時間の広がりのなかで「育てる者 – 育てられる者」の関係がどのように展開していくかという見取り図が，読者のこれまでとこれからの人生を理解する方途となり，新たな人生を切り開いていく上での一助になれば幸いである。

■**かんがえてみよう**

・子育てを通した親（育てる側）の「発達」や「成長」はどのようなものと考えますか。また，その際に重要となる親の姿勢とはどのようなものだと思いますか。（本章の内容に即したもの）
・自分の親やまわりで子育て中の人，もしくはさまざまな機関で子どもの保育や教育に携わっている人に，子どもとの関わりを通した成長や人生の変化について話を聞き，育てる側の発達についてさらに考察してみましょう。（発展的学習）
・著者は，本章で「『失ったこと』をプラスに思えること自体が，親になることや子育てがもたらす人間的成熟のあり方である可能性」を指摘しています。あなたは，これについてどのように考えますか。（著者の主張に対する意見）

引用文献

Baltes, P. B. (1987). Theoretical propositions of life-span developmental psychology: On the dynamics between growth and decline. *Developmental Psychology, 23*, 611-626.

Goldberg, W. A. (1988). Introduction: Perspectives on the transition to parenthood. In G. Michaels & W. A. Goldberg (Eds.), *The transition to parenthood: Current theory and research* (pp. 1-20). New York: Cambridge University Press.

柏木惠子・若松素子（1994）．親になることによる人格発達：生涯発達的視点から親を研究する試み　発達心理学研究, *5*, 72-83.

国立社会保障・人口問題研究所（2018）．人口統計資料集 2018 Retrieved from http://www.ipss.go.jp/syoushika/tohkei/Popular/Popular2018.asp?chap=0

鯨岡峻（2002）．〈育てられる者〉から〈育てる者〉へ：関係発達の視点から　NHK出版

本島優子（2007）．妊娠期における母親の子ども表象とその発達的規定因および帰結に関する文献展望　京都大学大学院教育学研究科紀要, *53*, 299-231.

森下葉子（2006）．父親になることによる発達とそれに関わる要因　発達心理学研究, *17*, 182-192.

西平直（2014）．エリクソンは発達の「環境」をどう描いたのか：図表に込められた智慧　鈴木忠志・西平直（著）生涯発達とライフサイクル（pp. 103-155）東京大学出版会

大島聖美（2013）．中年期母親の子育て体験による成長の構造：成長と失敗の主観的語りから　発達心理学研究, *24*, 22-32.

Ruzza, C. S. (2008). *A phenomenological inquiry into the experience of first-time motherhood after age forty.* New York: ETD Collection for Fordham University.

Seltzer, M. M., & Ryff, C. D. (1996). The parental experience in midlife: Past, present future. In C. D. Ryff & M. M. Seltzer (Eds.), *The parental experience in midlife* (pp. 641-661). London: The University of Chicago Press.

德田治子（2002）．母親になることによる獲得と喪失：生涯発達の視点から　日立家庭教育研究所, *24*, 110-120.

德田治子（2010）．親子関係の発達・変容（1）：妊娠・出産・子育て期の親から見た子どもとの関係　岡本祐子（編著）成人発達臨床心理学ハンドブック：個と関係性からライフサイクルを見る（pp.195-203）ナカニシヤ出版

友田明美（2017）．子どもの脳を傷つける親たち　NHK出版

氏家達夫（2011）．まとめと今後の展望　氏家達夫・高濱裕子（編著）親子関係の生涯発達心理学（pp. 237-266）風間書房

Unell, B. C., & Wyckoff, J. B. (2000). *The eight seasons of parenthood: How the parenting constantly reshape our adult identities.* New York: Times Books.

Column **1**

親になった人と親にならなかった人はどちらが幸せか？

　あなたは，この問いにどう答えるだろうか。人それぞれだから答えられないと言うかもしれない。しかし，多くの人が一致する答えもあるかもしれない。子どもを望むのに授かることができなかった人は幸せだと思っていないかもしれないという答えである。

　問いを変えて，どちらの人が発達しているだろうか。エリクソン（Erikson, 1968/2017）は，ジェネラティヴィティ（生成継承性や世代継承性などと訳される）という造語を作って，ケアを成人期の発達の中心に据えた。そうだとすれば，親になった人のほうが子どものケアに関わっているから発達しているという答えになるかもしれない。しかし，エリクソン（Erikson, 1968/2017）によれば，ケアの相手は子どもでなくてもよい。若い人を育てることでもよいし，モノを生み出すことでもよい。それなら，親にならなくてもよいことになる。

　実際はどうだろうか。渡邊・内山（Watanabe & Uchiyama, 2015）は，働いている既婚女性で，子どものいる人といない人を比べたが，アイデンティティの高さに違いがなかった。このことからすると，やはり親になることは発達と関係がないのだろうか。ただし，渡邊らの結果をよく見ると，子どものいない人は実家を重視している。この結果から，子どもと関わっていなくても自分の親との関わりがあれば発達しているのではないかとも考えられる。というのも，アメリカの文化人類学者のローゼンバーガー（Rosenberger, 2007）は，日本の独身の女性を40代まで追跡し，彼女らが老親の介護にせよ何らかのかたちで他者のケアに取り組んでいるといっているからである。このことから，独身の女性は子どもがいなくても他者へのケアがあるという意味で成人期の発達を果たしているといえる。ただし，それが新しい成人期のかたちなのか，伝統的な女性役割との妥協なのかはわからず，独身の女性は歴史の狭間におかれているとされている。

　独身の女性に話を聞いたことがある。彼女は次のように話した。30代のとき，つきあっている男性とは子どもは望めず，彼は「結婚して子どもがほしいなら，自分と別れた方がいい」と言った。恋人がいることを知らない実家からお見合いの話があり，40歳になると子どもが産みづらくなることから，2人の方とお見合いをした。自分はつき合っている男性と結婚して子どもがほしいのか，それとも他の男性でもよくて単に子どもがほしいだけなのかを考えたところ，前者だった。しかし，前者はかなわないので，彼と結婚して子どもを産む選択肢はなくなった。むしろ，それで気持ちは楽になった。40代の今，子どもを持たない人生を彼と楽しく過ごしているという。以上のように話を聞くと，彼女は子どもがいないからといって不幸とは限らないのである。

　この人にとっての親の介護はどうだろうか。きょうだいのなかで自分が一番，手が空いているが，それぞれができる範囲のことをすればよいという。ただし，実家のすぐ近くにいて，何かあると実家に戻って介護しているようである。職場の若い人のケアはどうだろうか。「やや熱心」と答えている。彼女は教師の職についているので，そもそもケアというものに従事している。ただし，ジェネラティヴィティが単に他者の世話だけでなく，もっと広い意味を含むことは注意する必要があるため，さらなる検討の余地がある。

　親になった人と親にならなかった人はどちらの人が幸せか。この答えはそれぞれの人が自分で出すものであろう。子どものいない人だからといって肩身の狭い思いしかできないようだと生きづらい社会となってしまうから，それは避けたいものである。

（白井利明）

引用文献

Erikson, E. H. (1968). *Identity: Youth and crisis.* New York: Norton.（中島由恵（訳）（2017）．アイデンティティ：青年と危機　新曜社）

Rosenberger, N. (2007). Rethinking emerging adulthood in Japan: Perspectives from long-term single women. *Child Development Perspectives, 1,* 92-95.

Watanabe, H., & Uchiyama, I. (2015). Identity integration of Japanese married working women with and without children: Relationships between overall identity and context-specific identities. *Identity: An International Journal of Theory and Research, 15,* 188-201.

Column 2

祖父母と孫の世代間交流

「孫ができたときの喜びはまた格別」という言葉をよく耳にする。祖父母と孫は，親子関係とはまた違った，新しい関係を築くことができる。近年では長寿化に伴い，健康な高齢者が増加していることから，祖父母と孫の交流が家庭内や地域でも多く見られるようになってきた。

祖父母と孫の存在は，互いにとってどのような心理的影響があるのだろうか。孫にとっての祖父母の影響について調べた研究によれば，幼いころから高齢の世代と接することで，共感性や社会性が発達することが報告されている（村山，2009）。子どもが初めて身近に経験する人間の老いや死も，祖父母という存在が教えてくれることが多い（中里，2006）。両親とは異なる年齢，距離感である存在との交流により，子どもは新しい価値観を学んでいく。

孫との交流は，祖父母にとっても大きな意味がある。高齢期に孫や幼い子ども，若者世代と接することで，「次世代を守り導いていくことへの関心」が高まるとされている。エリクソン（Erikson, 1950）はこれをジェネラティヴィティ（generativity：世代性）と名づけ，中年期以降の心理社会的発達課題としている。このジェネラティヴィティが高まると，「孫育てに関わりたい」，「若い次世代に自分の経験や知識を伝授してあげたい」という次世代への利他的関心や行動が増加すると同時に，身体的・認知的機能の改善や心理的 well-being の改善，長寿にまでつながることが報告されている（e.g., Gruenewald et al., 2012）。

では，「祖父母と孫の交流」が常に良いものだけを生み出すのかというと，必ずしもそうではない。祖父母が孫育てに関わることによって，親と祖父母の間に葛藤が起こり，祖父母・親・孫の良好な関係が崩れてしまう場合もある。祖父母の孫育てに関して調査を行ったところ，こうした葛藤の背景には，祖父母と親が互いに「自分の価値観を否定されるのではないか」という不安を持っていることが明らかとなった。祖父母は親の子育てに対して「世代間の相違」と「親世代の態度」への不安，つまり，自分た

ちの知識や経験を使って子育てに関わりたいという気持ちはあるものの，親世代とは子育ての「常識」が異なるので自分たちでは役に立たないのではないか，親から拒否されるのではないかという不安があることがわかった。一方の親世代でも，「子育てに関する意見を押し付けられるのではないか」，「こちらの意見が否定されるのではないか」といった「祖父母世代の支援提供態度」に対する不安が，支援を受ける際の心理的バリアになることが明らかとなった（田渕ら，2012）。

世代が異なる者同士の関わりは互いに未知の部分が多いため，相手に対する不安も大きいが，それだけ新しい世界を知るきっかけになる。祖父母・親・孫が，互いに認め合いつつ，適度な距離感を保ちながら交流すれば，3世代が一緒に成長できる貴重な場となるはずである。

（田渕　恵）

引用文献

Erikson, E. H. (1950). *Child hood and society* (2nd ed.). New York: Norton.

Gruenewald, T. L., Liao, D. H., & Seeman, T. E. (2012). Contributing to others, contributing to oneself: Perceptions of generativity and health in later life. *Journals of Gerontology Series B: Psychological Sciences and Social Sciences, 67*(6), 660-665.

村山　陽（2009）．高齢者との交流が子どもに及ぼす影響　社会心理学研究，*25*(1)，1-10.

中里和弘（2006）．青年期における祖父母との死別に関する研究（第1報）：祖父母の死に対する認識と死別反応についての検討　生老病死の行動科学，*11*, 11-20.

田渕　恵・中原　純・権藤恭之（2012）．高齢者による地域の子育て支援の受領・提供バリアに関する質的研究　高齢者のケアと行動科学，*17*, 64-74.

第2章 傷ついた子どもの回復はどのように なされるか？

福丸由佳

■しらべてみよう

・本章では，子どもを傷つける行為として「虐待」と「マルトリートメント」の概念が紹介されています。本章の記述を参考に，それぞれの概念の特徴と違いについて説明してみましょう。

・「子どもの傷つき」と聞いた際，あなたがイメージするエピソードにはどのようなものがあるでしょうか。

---

1. はじめに

　本書を手にしているみなさんは，「自分にとって家族とは？」と尋ねられたら，どう答えるだろうか。多くの人が，親やきょうだいの顔をまず思い浮かべるだろう。しかし，「家族の定義は？」となると，婚姻関係にない夫婦や血縁関係にもとづかない親子など，私たちのまわりにはいろいろな家族の形があり，もはや一律に定義づけることは難しいことに改めて気づかされる。子どものいる家庭に限っても，ひとり親や再婚カップル，里親家庭の中で育つ子どもなど，さまざまな関係で成り立つ家族も少なくない。家族のありようはますます多様化し，とくに精神的な結びつきがより重視されているといえる。

　一方，本章のテーマである子どもの傷つきについて考える際，皮肉なことにこの家族という存在が大きく影響を及ぼしている。血縁関係の有無にかかわらず，最も身近な心の拠り所で親密な関係をベースにしているからこそ，相手に過度に甘えたり期待し過ぎたり，また思い通りにならなくて否定的な感情をぶつける，といったことも起きやすい。とくに力の弱い立場である子どもはこうした関係に巻き込まれやすく，子どもの傷つきもさまざまな局面において生じうる。それは，心ない言葉にショックを受けて傷つくというレベルから，明らかに否定的な関わりの中で頻繁かつ継続的な傷つきといったものまで，非常に幅広いものといえる。

　もちろん家庭以外の園や学校などで，先生や子どもたちとの関係の中で生じうる傷つきもある。こうした点も踏まえつつ，本章ではあえて家族関係の中で生じうる子どもの傷つきに注目し，親からの虐待，マルトリートメント（不適切な養育）といった，より深刻な傷つきについて，支援や回復の可能性なども含めて考えてみたい。

2. 子どもの傷つきにはどのようなものがあるの？

(1) 子どもが育つなかで，どんなことが起きやすいの？

　子どもの傷つきと聞いて，児童虐待という言葉が浮かぶ人も多いだろう。児童虐待は英語の child abuse の訳であり，直訳すると，「子どもの濫用，子どもへの不当な扱い」となる。児童虐待には，表 2-1 のように身体的虐待，性的虐待，ネグレクト，心理的虐待の 4 つの分類があるとされており，直接，子どもに向けた不適切な関わりだけでなく，子どもの前で家族に対して暴力を振るうなど面前での DV（ドメスティック・バイオレンス）も子どもへの虐待に含まれる。

表 2-1　児童虐待の定義（厚生労働省ホームページより）

身体的虐待	殴る，蹴る，投げ落とす，激しく揺さぶる，やけどを負わせる，溺れさせる，首を絞める，縄などにより一室に拘束するなど
性的虐待	子どもへの性行為，性的行為を見せる，性器を触る又は触らせる，ポルノグラフィの被写体にするなど
ネグレクト	家に閉じ込める，食事を与えない，ひどく不潔にする，自動車の中に放置する，重い病気になっても病院に連れて行かないなど
心理的虐待	言葉による脅し，無視，きょうだい間での差別的扱い，子どもの目の前で家族に対して暴力をふるう（ドメスティック・バイオレンス：DV）など

　また，図 2-1 は児童相談所に寄せられた虐待の相談件数の推移であるが，年間 10 万件を超える相談件数は未だ増加傾向にあることがわかる。虐待の内容別には，「心理的虐待」が 5 万件と最も多く，この背景には，DV も児童虐待であるという認識がある程度定着し，通告が増加していることも指摘されている（厚生労働省，2018）。

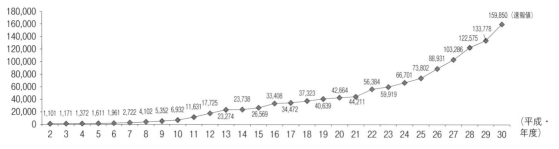

図 2-1　児童相談所での児童虐待相談対応件数とその推移（厚生労働省，2019）

(2) マルトリートメントって何？

　虐待を含め，広い意味での子どもへの不適切な関わりを捉えるものに，「マルトリートメント（不適切な養育）」という概念がある（友田，2017）。近年，欧米を中心に定着しており，弱い立場にある子どもの心身の健康や発達，また対人関係などに害をもたらしうる，大人の不適切な関わりのことを表す言葉として，より一般的に用いられるようになっている。マルトリートメントは，子どもへの不適切な関わりを広く捉えるものなので，大人から子どもへの言葉による罵倒，子どもの前での激しい夫婦喧嘩，しつけと称した体罰なども含まれる。親密さをベースとした家族関係の中では，近しいがゆえにストレスや葛藤が生じることも少なくないため，多少のマルトリートメントは生じうる。むしろ，友田も指

摘するように，日々の子育ての中でマルトリートメントが一切ないという家庭の方が珍しいかもしれない。とはいえ，子どもにとって大切な存在であるはずの親をはじめとする養育者によるマルトリートメントが，頻繁かつ継続的にくり返されることの影響は，決して過小評価してはならない。

③．傷ついた子どもの特徴は？

(1) 愛着は，なぜ，どんなふうに大切なの？

　赤ちゃんを抱っこしようとしたら，母親にしがみついて大泣きされたという体験をしたことはあるだろうか。子どもが育つプロセスでは，特定の大切な存在との間に情緒的な結びつきを持つことが必要不可欠である。この特別な結びつき（絆）が愛着であり，子どもにとって誰にも代えがたい特定の存在（多くの場合，母親や父親）が愛着対象と呼ばれる。抱っこした赤ちゃんが泣くのも，なじみのない人に抱かれることで生じる不安や怖さを必死に解消しようとして，愛着対象である母親の存在を求め，くっつこうとする重要な行為なのである。それによって赤ちゃんは安全感や安心感を取り戻そうとする。このような経験を繰り返し積み重ねていくなかで，安定した愛着関係が構築され，やがて，子どもは愛着対象である親がそばにいなくても安心していられるようになっていく。

　一方，安心感を与えてくれるはずの愛着対象からくり返し虐待を受けることは，自己の存在そのものが揺るがされる，とてつもない体験となり，人に対する基本的な信頼感は育ちにくくなる。養育者との愛着関係がうまく形成されず，不適切な養育すなわちマルトリートメントによって発症しうるとされる反応性愛着障害の背景には，こうした状況が影響しており，脳の機能や神経構造へのダメージが少なからず存在するという（友田，2018）。とくに幼少期の子どもの脳は成長も目覚ましいため，その時期に大人からのマルトリートメントを受けることによる影響は，子どもの発達や人格形成において相対的に大きいものとなる。

　さらにこうした愛着の問題は，診断名が付く狭義の愛着障害にとどまらず，不安定な愛着スタイルという視点からも理解することができ，かつ，広い意味での愛着の問題の根底にはいくつかの共通する特性があることが指摘されている（岡田，2011）。たとえば，同じストレス状況下でも，ストレスにより脆弱でネガティヴな反応を示しやすいこと，状況によって怒りの感情を引き起こしやすいことなどが挙げられる。また，対人関係における距離のとり方においては，ほどよい距離をとったり対等な関係を築くことが難しく，よそよそしくて親密な関係を築きにくかったり，逆にあっという間に親密になるが，近すぎる距離に疲れてしまい相互に関係が維持しにくかったり，失ったものや満たされなかった思いなど過去にとらわれやすい，などの傾向も見られるという。

(2) 傷つきを持つ子どもの特徴

　次のような事例を考えてみよう。たとえば，後ろから「わっ！」と肩を叩いて「一緒に遊ぼう！」と言ったＡ君のことを，びっくりした表情で突き飛ばしてしまったＢ君に対して，私たちはどのようなイメージを持つだろうか。ちょっとしたことで手が出る集団場面でも手のかかる子ども，と思うかもしれない。驚いたとしても「びっくりしたぁ」と言いながら「いいよ，遊ぼう」などと言う子どもの姿を私たちは思い浮かべるからだ。しかし，もし，Ｂ君の家では日常的に父親が母親に暴力を振るっており，安心できるはずの家庭でそういう光景をＢ君が度々見ているとしたらどうだろう。大声を出され身体に触れられることは恐怖と結びつき，自分を守るために思わず離れるという行動に出るかもしれな

い。

　もちろんこういう行動が常に愛着の問題と結びついているわけではない（すぐに結びつけて考えすぎるのも一方で問題だろう）。しかし，彼のおかれた状況と何らかの関係がある行動だと理解できれば，情動の調整が難しく，不適切な行動をとってしまうB君の姿は，また異なって見えてくる。

　子どもと関わり子どもの姿に触れる際，私たちは，目に見える問題行動にすぐ目を向けて，その子どもを何とかしなくてはと思いがちである。しかし，最も信頼できる安全基地としての大人に守ってもらえず安心感を得られずに，関係や環境の中で傷つきを経験している場合は，まずそこに目を向ける必要がある。逆にいえば，そういう眼差しを大人が持つことで，目の前の子どもへの理解は変わってくるのである。

4. 子どもの傷はどのように癒され，回復していくの？

(1) 子どもにとって大切なことは，どんなことか？

　子どもの傷つきが癒え，回復に向かうためのベースには，子どもの安心，安全が確保され，親・養育者との関係が改善されることが大切である。子どもだけを問題視して子どもを変えようというのは，根本的な改善とはいえない。とはいえ，親子の関係改善もなかなか一筋縄にはいかない。なぜなら，親自身も愛着の問題をはじめ，さまざまな困難を抱えている場合が少なくないからだ。そのため，親の問題が深刻な場合，やはり子どもを保護し，子どもの安心や安全を確保することが最優先される。そのような場合は，施設や里親家庭といった社会的養護の場面で関わる専門家や周囲の大人が子どもの安全基地となって，子どもとの信頼関係を築いていく必要がある（より詳細については，コラム3を参照）。

　岡田（2018）は，子どもの愛着の安定のために何より大事なことは，関わる大人が，その子どもの安全基地として存在することであり，その際に求められる条件が4つあると指摘している。

　1つ目は，子どもの安全を脅かさないこと，こちらの期待や基準を押し付けたりするのではなく，本人の考えや気持ちをまず汲もうとすることである。安全基地を求めてくるのは子どもが不安だったり，助けを求めていたりすることも多いので，普段よりわがままに見えることもある。それらを攻撃や否定的態度と見てしまうと，安全基地として機能するのは難しくなってしまう。

　2つ目は，共感的応答である。よく耳にする言葉ではあるが，子どもの求めているものや意図を感じ取り，それに応えるというのは簡単なようで難しい。子どもに関心と注意を向け，子どもの目線に立ったやりとりは，岡田も指摘するように決して簡単ではなく，大人の必死な思いがあってはじめて成し遂げられるものであるといえる。

　3つ目が秩序性，一貫した枠組みである。普段は優しく見守るスタンスを保ちつつ，一方で危険な場合などは，すぐにその行為をやめさせるなどの対応である。あくまで子どもの安全を確保するということが前提であり，一貫した態度で関わることは子どもの安心感につながるのである。

　最後が，振り返る力と相手の立場で考える力である。人が安定した愛着を維持するためにとても重要で，自分目線だけでなく，少し客観的な視点から自分を顧みたり，相手の立場に立って気持ちを汲み取ったりする力，つまり自分の視点を離れて物事を見ることができる力とされ，リフレクティブ・ファンクションともいう。これは子ども自身が回復する上でも大切である。なぜなら，自分の傷つきにとらわれるだけでなく，自分の視点を離れて少し客観的に振り返るようになると，傷ついた想いを乗り越えやすくなるからだ。も

ちろん，この過程は一朝一夕に訪れるものではなく，大切な他者に肯定的な関心を向けられ，自分なりの思いを言葉にし，さらにそれを受け入れられる経験が必要である。それゆえ，モデルとなりうる大切な大人と，安定した愛着関係を築くなかで身につけていくものであり，その過程を通して「自分は価値ある存在だ」という肯定感を少しずつ取り戻していくとされている。

　以上，4つの視点を挙げたが，子どもの傷つき，とくにトラウマを背景とする治療的関わりに際しては，充分に訓練を受けた治療者によるトラウマに焦点化された治療など，専門的な技術を伴うアプローチが求められる。しかし同時に，子どもが生活するさまざまな場面で，身近な大人との間に少しでも肯定的で温かな関係を継続的に築いていくことも大切である。そういう意味でも，専門家はもちろん，子どもと日々関わる大人がこうした視点を共有できていることは意味があるだろう。

（2）どうして親を支援することも大切なのか？

　子どもへのマルトリートメントの問題を扱う際，親へのサポートは欠かせない。親子の関係改善が子どもの回復に重要であること，また，子どもの安全基地になることが難しい親の中には，自身も不適切で不安定な養育環境で必死に育ってきたという逆境体験を持っていることも少なくないからである。

　ギブアンドテイクという言葉があるように，人間関係においては，与えるばかりでなく，自分も与えられているという感覚がとても大切である。しかし，その収支のバランスが著しく不均等なことも生じうる。そのようなとき，本来得られたはずの温かい配慮や関心を得られず，不当で過酷な体験のなかで頑張った自分は，他者に対して破壊的にふるまってもよいといつの間にか思い込んでしまったり，少々のことで弱音を吐くなと相手に要求したりすることがある。家族心理学ではこれを破壊的権利付与という。親子関係においては，子どもに対して共感性や配慮を欠き，結果的に心理的負担を強いることにつながる（野末，2015）。子どもの感情や欲求などに関心や配慮が見られないといった，一見，理不尽に見える親の意識的・無意識的な言動は，こうした視点からも理解することもできる。人生のどこかで，自身の頑張りを認められ労われ，サポートされることで収支のバランスを少しでもとれるようになることは，親にとっても大切なのである。

　また，マルトリートメントに至らずとも，子どもへの関心が低かったり，逆に子どもに対して，自分の期待や要求を押しつけがちになったりする親もいる。子どもをどう愛していいかわからず自分の不安が高じてつい，ということも少なくない。私たちが困った親と感じるとき，その親自身も困っていることがよくあるが，言うことを聞かない子どもをもっとしつけなくては，と追いつめられて子どもに感情的に接してしまう悪循環も起きやすい。

　このような場合，過去はともかく，「今，ここで」できることを学ぶ，たとえば子どもとの温かな関係づくりに有効な，子どものペースを大切にしたコミュニケーションを習得することなども支援の一つになりうる。一例を挙げると，子どもの適切な言動には積極的に肯定的注目を払いつつ，具体的にほめたり子どもの言葉に耳を傾けていることを示す繰り返しを用いたりすること，一方，子どもに言うことを聞いてほしいときは，子どもが従いやすい明確な指示を肯定文で伝える，といったことについてロールプレイなどを通して実践的に学ぶプログラムもある（福丸，2013a，2018）。

　さらに，親の不安定な愛着の問題がより深刻な場合は，養育スキルの向上を目的としたペアレント・トレーニングと自身の成育歴の振り返りなどを組み合わせた愛着修復プログラム（岡田，2018）などによって，親も支えられつつ子どもの安全基地として関われる方法を学んでいくといった，より特化した取り組みが求められる。友田（2018）も指摘する

ように，親の状況の改善や必要に応じた治療やケアなどといった養育者支援はとても重要であり，こうした取り組みは直接間接に子どもの回復にも欠かせない。

5. 子どもの傷つきは虐待だけなの？

　ここまで，虐待をはじめとするマルトリートメントという視点から子どもの傷つきについて述べてきた。明らかなマルトリートメントは，子どもの安全や安心が脅かされるため，その影響も深刻だが，子どもが傷つく「きっかけ」そのものは，実はそうでないものも少なくないことも忘れてはならない。そのなかの一つとして親の離婚というライフイベントについて考えてみる。

　わが国の年間離婚件数は約 20 万組，親の離婚を経験する子どもも 20 万人前後である。もちろん親の離婚を経験することが常に子どもの傷つきに結びつくということではなく，むしろ離婚前後の夫婦の不仲や親子関係などが，子どもの適応問題に影響することも指摘されている（Amato, 2010）。ただ親の離婚は，これまでの家族関係の喪失であり，家や学校，友達との別れなども伴いうる体験であり，子どもには大人とは異なる痛みをもたらす場合も少なくない。

　また，対立する両親の間に立たされるような思いのなかで，親に対して忠誠心の葛藤を抱いたり，自分のせいで両親が離婚に至ったのではといった認知のもとに罪悪感を持ち続けたり，将来への不安や心配が生じたりするため，親子双方へのサポートは欠かせない（Brown et al., 1994）。一見，落ち着きがなかったり反抗的だったり，無気力に見える子どもたちのなかには，人知れず悩みや葛藤を抱え，さまざまな思いをしている場合も少なくない。子どもの気持ちへの充分な理解やサポートがないままに見過ごされれば，やはり子どもにとって大きな傷つきになりうるのである。

　それゆえ，まずは子どもにとっての喪失をはじめ子どもなりの経験の意味を理解しようとすること，そのためにも不安や怒りなどの情動を含めた子どもの声に耳を傾ける姿勢が大切だろう。親とは異なる体験として子どもたちがどのような思いをしているのか，その気持ちや言い分に丁寧に向き合ったうえで，離婚は夫婦の問題であり，子どものせいではないこと，夫婦の関係は終わっても親子としての関係は続きうることなどを伝えることが求められる場合もある。親の離婚に過度に巻き込まれずに適度な距離を保ちながら，また自分の将来への見通しや希望も持ち続けられるよう，子どもの立場で家族の移行期を過ごせる配慮が大切だろう（福丸, 2019）。また，離婚は親自身も喪失や傷つきを経験するため，親の養育機能を支えることも欠かせない。そのため，親のサポートを十分に行っていくことと同時に，親への心理教育などの実践的な取り組みも必要である（福丸, 2013b）。さらに，親だけでなく，学校をはじめ子どもと関わる現場の大人がこうした知識や配慮を持つことも重要であろう。

6. おわりに

　ここまで，子どもの傷つきへの理解と対応の重要性を中心に述べてきた。繰り返しになるが，子どもの問題ばかりをどうにかしようとしても根本的な解決にはならない。とくに，目に見える問題行動だけを何とかしようとすることは，子どもにさらなる傷つきをもたらすことさえありうる。子どもの傷つきは，親（もしくは大人）を含めた関係の問題でもあり，親への働きかけも重要であることを忘れてはならないし，親の変化や回復が難しい場合も，子どもに対する専門的なアプローチに加え，子どもと接する周囲の大人にできるこ

とも決して少なくない。

　その際，本来子どもが持つ回復力，すなわちレジリエンスという視点も大切にしたい。子どもには本来，逆境を跳ね返す力，回復力といったレジリエンスが備わっていることは，すでに多くの研究が指摘している。レジリエンスには，子ども自身が持つ個人の資質といった要因はもちろん，家族関係の要因，さらに家庭の外の人たちとの対人関係といった社会的要因も大きく関わっている。子どもの抱える困難や彼らなりの努力を理解しようとする信頼できる人の存在によって，子どものレジリエンスが最大限引き出されることが可能になる。回復への道のりは時間を要するが，少しずつ安心感を取り戻し，過去に対する意味の捉え直しや，自分に対する肯定的な見方が可能になり，友人や恋人，同僚などとの間に安定した関係を築けるようになっていく。さらに，子ども自身が自分の体験を乗り越え，同様に傷ついた子どもたちのために力を発揮することもある。たとえば，親の離婚を経験した子どもの「語り」が，配慮や思いやりのもとで誰かに聴き入れられることに加え，その経験が同じように苦しんでいる子どもたちの役に立つと感じられることが，青年期の子ども自身の回復を支える要因になることも指摘されている（藤田，2016）。子どもたちのなかにあるこうした力を信じ，引き出す存在になれることも，私たち大人に求められる大切なことといえるだろう。

■**かんがえてみよう**
- 傷ついた子どもの回復にとって，鍵となる大人の関わり方とはどのようなものでしょうか。また，子どもを傷つける養育者の支援において，注意すべき点はどんなことでしょうか。本章の内容を参考に考えをまとめてみましょう。（本章の内容に即したもの）
- 子どもの傷つきとレジリエンスについて，具体的な題材を探し（小説や漫画などフィクションでも可），あなたの考えを述べてください。（発展的学習）
- 著者は，「子どもの傷つきは，親（もしくは大人）を含めた関係の問題であり，親への働きかけも重要であることを忘れてはならない」と述べています。この主張について，あなたはどのように考えますか。（著者の主張に対する意見）

引用文献

Amato, P. R. (2010). Research on divorce: Continuing trends and new developments. *Journal of Marriage and Family, 72*, 650-666.

Brown, J. H., Portes, P., Cambron, M. L., Zimmerman, D., Rickert, V., & Bissmeyer, C. (1994). Families in transition: A court-mandated divorce adjustment program for parent and children. *Juvenile and Family Court Journal, 45* (1), 27-32.

藤田博康 (2016). 親の離婚を経験した子どもたちのレジリエンス：離婚の悪影響の深刻化と回復プロセスに関する「語り」の質的研究　家族心理学研究, *30*, 11-16.

福丸由佳 (2013a). 心理教育的介入プログラム CARE によるアプローチ　児童青年精神医学とその近接領域, *54*(4), 383-388.

福丸由佳 (2013b). 離婚を経験する移行期の家族への心理教育　家族心理学年報, *31*, 55-65.

福丸由佳 (2018). 里親向け研修における CARE プログラムの効果の検討：里子と里親の関係づくりに向けたペアレントプログラムの実践　白梅学園大学紀要, *54*, 55-68.

福丸由佳 (2019). 離婚と再婚　日本家族心理学会（編）　家族心理学ハンドブック (pp.180-186)　金子書房

厚生労働省 (2015). 児童虐待の定義と現状 Retrieved from https://www.mhlw.go.jp/seisakunitsuite/bunya/kodomo/kodomo_kosodate/dv/about.html

厚生労働省 (2019). 子ども虐待による死亡事例等の検証結果等について（第15次報告）, 平成30年度の児童相談所での児童虐待相談対応件数及び「通告受理後48時間以内の安全確認ルール」の実施状況の緊急点検の結果 Retrieved from https://www.mhlw.go.jp/stf/houdou/0000190801_00001.html

野末武義 (2015). 内に向かう子どもと親　平木典子・柏木惠子（編）　日本の親子 (pp.150-169)　金子書房

岡田尊司 (2011). 愛着障害　光文社

岡田尊司 (2018). 愛着アプローチ　KADOKAWA

友田明美 (2018). 児童虐待（マルトリートメント）と脳科学　家族心理学年報, *36*, 134-144.

友田明美 (2017). 子どもの脳を傷つける親たち　NHK 出版

Column 3

土井ホーム：回復への三段階支援

　土井ホーム（小規模住居型児童養育事業・福岡県北九州市）にやってくるのは，「虐待」と「発達障害」が重複し，精神症状や逸脱行動を表出する深刻な課題をかかえた子どもたちである。

　土井ホームでは24時間生活を共にする利点を生かし，こうした子どもたちに対して「暮らしのなかの治療」を行っているが，その取り組みを以下のように3段階に整理している。

　第1段階〈安全の保障〉：睡眠や食事が十分にとれなかった子どもに，安全感のある環境を保障することである。安全なくして回復はない。豊かな食事と安心して寝る場所の提供が子どもの回復を促すのである。こうした環境を整えることで，子どもの内面における回復力（レジリエンス）や強靭でたくましい力（ストレングス）がおのずと発揮されてくる。

　それと同時に，子どもの負因に注目した「リスク管理モデル」ではなく，子どもの「いいところさがし」などを通じた「長所基盤モデル」がより重視される。低下した自尊感情の向上が回復への第1歩であるからだ。

　第2段階〈子ども同士の相互性〉：子どもが主体的な選択をする力を身につけ，相互に支えたすけあっていく関係が育まれる。大人と子どもとの縦線だけでない。横線，斜め線という関係性のなかで，社会性やコミュニケーション能力を養う。地域社会における奉仕活動や被災地への支援活動など，子どもの自治活動を通じた主体的な生活や取り組みが重視される。

　こうした取り組みは，「診察室での治療」（医療モデル）でも「心理治療室での治療」（心理モデル）でもない。「暮らしのなかでの相互治療」（生活モデル）なのだ。暮らし自体にさまざまな工夫が巧みに織り込まれている。この段階で，長期不登校であった子どもたちも学校復帰を果たしていく。そして，仮に再非行で少年院に送致されても，引き続き私たち夫婦の面接訪問が繰り返され，ホームへの再入所も可能なのだ。また，子どもにとどまらず，累犯障害者や依存症者，ホームレスなど，ともすれば社会の周縁で排除され，行き場のない人たちも暮らしの環の中に迎えられる。絶対に「見捨てない」関係である。

　第3段階〈社会的な自立〉：さまざまな社会体験を通じて，自立を模索していく。それと同時に，「いつまでいてもいいよ」「いつでも帰っておいで」と伝え，重い課題をかかえた子どもたちには，猶予や再挑戦が可能となっている。

　子どもの親や家族支援も行われ，家庭復帰や家族の再統合も行われる。自立後の再犯者にも直ちに駆けつけ，関係機関との協議のもとに被害者弁済，公判での情状証言や申告書の提出などの司法福祉的な支援，居住や就労などの社会復帰への支援が行われる。常に，専門家，実務家との積極的な連携協働を通じた社会的資源の活用が行われる。

　こうした過程は，子どもの成長発達に即して柔軟に進められる。その意味では，土井ホームの取り組みは，第1段階から第3段階に向けた「直線的な回復モデル」でなく，行きつ戻りつする「円環的な回復モデル」なのである。子ども自身の傷ついた体験を含めた「物語の創出」が土井ホームの支援のゴールであるが，急いではならない。子ども支援，人への関与はマラソンなのである。　　　　　　　　（土井髙德）

参考文献

土井髙德（2008）．神様からの贈り物　里親・土井ホームの子どもたち：希望と回復の物語　福村出版

土井髙德（2009）．青少年の治療・教育的援助と自立支援：虐待・発達障害・非行など深刻な問題を抱える青少年の治療・教育モデルと実践構造　福村出版

土井髙德（2010a）．虐待・非行・発達障害　困難を抱える子どもへの理解と対応：土井ファミリーホームの実践の記録　福村出版

土井髙德（2010b）．ファミリーホーム開設・運営マニュアル：あなたにもできる小規模住居型児童養育事業　福村出版

土井髙德（2014）．思春期の子に，本当に手を焼いたときの処方箋33　小学館

土井髙德（2016）．ちょっとしたストレスを自分ではね返せる子の育て方　青春出版社

土井髙德（2018）．5つの問題行動別　手に負えない思春期の子への関わり方　小学館

第3章　男性は養育的な親になれるか？

大野祥子

■しらべてみよう

・本章では，末子が就学前の夫婦の生活時間（仕事，家事，育児）について資料が紹介されています。この資料をもとに，「夫も妻も正規」，「夫が有業で妻が無業」，「夫が無業で妻が有業」の場合の夫婦のそれぞれの仕事，家事，育児に関わる時間を調べましょう。また，その結果についてどのように考えますか。

・あなたは，子育てにおける「父親の役割」とはどのようなものだと思いますか。その役割は母親が果たす役割と同じでしょうか。異なるでしょうか。また，なぜそのように考えるのでしょうか。

---

1. はじめに

　突然だが，自分が乳幼児を持つ母親になったと想像してほしい。ワーキング・マザーか専業主婦かはお好みで。もし想像しにくかったら，そういう立場の親友から相談を受けたという設定でもよい。

　「サラリーマンの夫から，『仕事を辞めて小説家を目指す。家事や子育ては自分が全部引き受けるから，君が働いて僕と子どもを養ってほしい』と言われた」——そのとき，あなたはどう思うだろうか？　「幸せのかたちは人それぞれだから，本人たちがそれでよいならいいと思う」という観察者目線の反応は脇におき，「自分だったら」と考えてみてほしい。

　①よし，まかせて。応援するよ。

　②妻が働いて家族を養うのは無理。それは夫の仕事でしょ？

　③まだ子どもは小さいんだから，父親が子育てを全部引き受けるなんて無謀。

　——②や③のような考えが頭をよぎった人は多いのではないだろうか？

　近年，男性に家庭関与を求める声が高まっている。いわゆる「ワンオペ育児」を強いられる女性たちは負担感を訴え，一方政府は少子高齢化社会への対応という観点から，長時間労働に傾きがちな職場慣行を改める政策を打ち出している。夫が休日に家事・育児をするほど第2子の出生割合が高まるというデータが示され，男性の家庭関与は少子化問題を解決する鍵とも期待されている。

　だが，②や③のような意見に見られるように，男性の家庭関与は手放しで歓迎されるわけではなく，実際には「稼得責任・扶養責任は果たしつつ家庭関与すること」が求められているのではないだろうか。男性では年収300万円が異性との交際や成婚の成否を分ける壁になる（橘木・迫田，2013）という現象は，男性に経済力を求める規範が今も生きていることを示している。

　「稼ぎ手」と「家庭関与」という相反する期待・規範が存在するなかで，子どもを持つ男性たちはどのように「父親」として生きているのだろうか？　仕事と養育する親であることの両立は可能なのだろうか？

　なお，自立・自律的な養育者として子育てをする上では，育児と家事は不可分である。たとえば「子どもに食べさせる」とは食品を口に運ぶ行為だけでなく，調理か買い物によって食品を用意することも含まれる。このことから，本章では父親の関与として「育児」と「家事」を厳密に峻別することはせず，「家庭関与」として論じていく。

2. イクメンは増えているのか？

(1) 生活時間から見る父親の家庭関与

　では実際のところ，男性たちはどの程度，育児を含めた家庭関与をしているのか。「イクメン」が流行語になったのは 2010 年だが，当時，官民がこぞって「イクメン」ブームを盛り上げたこともあり，読者の中にも「この頃は父親も家事・育児をするようになった」と思っている人がいるのではないだろうか。それは事実なのかどうか，社会生活基本調査（総務省，2016）から，末子就学前の夫婦が，一日に仕事・家事・育児にかける時間を抜き出してみよう（図3-1）。

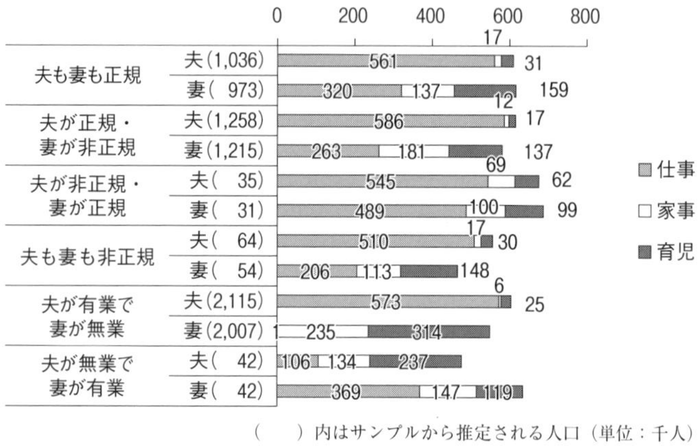

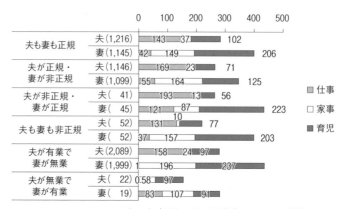

（　　）内はサンプルから推定される人口（単位：千人）

図3-1A　末子就学前の夫婦の平日の生活時間（総務省，2016より作図）

（　　）内はサンプルから推定される人口（単位：千人）

図3-1B　末子就学前の夫婦の日曜の生活時間（総務省，2016より作図）

　まず平日の生活時間（図3-1A）を見ると，「夫が無業で妻が有業」の組み合わせ以外では，夫の家事・育児時間は平均で6～31分と，妻にくらべてかなり短い。実はその水準は30年前からほとんど変化していない。そのため，妻は就業形態によらず，家事と育児のほとんどを担うことになっている。妻が就業している場合には，「新・性別役割分業」と呼ばれる仕事と家事・育児の二重負担状態になるわけだ。

　ただし，図に示したのは「一日の家事・育児時間は0分」の人も含めた全体の平均時間である。平日に家事や育児を少しでもしたと回答する夫の割合（行動者率）から逆算すると，末子未就学という家事量の多いライフステージにもかかわらず，平日に家事や育児を全くしていない男性は全体の7～9割にのぼる。だが，少しでも家事や育児をした夫だけで算出された「行動者平均時間」を見ると，平日の家事は58～80分，育児は89～105分となる。女性とくらべればまだ短いが，「全くしない」男性が多数派であることを考えれば，「そこそこしている」と言ってよいのではないか。つまり，男性の家庭関与は「そこそこする人」と「全くしない人」に二極分化したと見ることができる。「この頃は父親も家事・育児をするようになった」という誤解は，イクメンブームで一部の「そこそこする人」が大きく取り上げられたことからつくられたイメージだと考えられる。

(2) 夫婦の働き方による，分業の変動可能性

　ところで，夫婦の働き方の組み合わせ別に，サンプル数から推定される人口を見ると，夫が正規雇用でない組み合わせの夫婦はそもそも数が少ないことがわかる。既婚有子男性の働き方のマジョリティは正規雇用ということであり，男性の生き方の選択肢は，女性にくらべて幅が狭いといえるだろう。

　だが少数派に注目すれば，「妻正規，夫非正規」・「夫無業，妻有業」などの組み合わせでは，平日の夫の家事・育児時間は多少長くなる。夫婦の職業的・経済的地位の逆転が「夫は仕事，家事・育児は妻」というジェンダー役割分業を変動させる可能性がうかがえる。とはいえ，それらの夫婦も日曜（図3-1B）には妻の家事・育児時間のほうが長くなってしまうのは，規範的なジェンダー役割分業に向かうベクトルの強さが感じられる点である。

(3) 父親の家庭関与はなぜ少ないか？

1）そもそも男性は養育的でないから，できないのか？

　夫婦の働き方や経済的地位による多少の変動はあるものの，平均的には日本の父親の家庭関与は低水準であることを見てきた。そうなる理由として「産む性である女性と異なり，男性は生物学的に子育てに向いていないから」という言説があるが，それは本当だろうか。

　生物学的性差といえば，生殖機能の性差がまず思い浮かぶ。確かに妊娠・出産や自分の乳房から母乳を与えることは女性にしかできない。だが，哺乳瓶や人工乳など母体の機能の代替えとなる人工物を手にした現代の人類にとって，「自分で産むかどうか」が生後の子どもとの関わりの内容を決定的に左右するとはいえないだろう。

　さらに，自分で産めない男性であっても，養育経験や妻とのコミュニケーションによって，脳の活動やホルモン分泌の面で子育てに適した方向への変化が生じることが明らかになっている（佐々木ら，2011；Storey et al., 2000）。これらの研究結果は「男性は生物学的に養育的な親になる能力を持っていない」わけではないことを示している。男性が産む性でないことは事実だが，生まれた子どもとどのように関わるのかによって，養育する親としての態度・スキルを備えた父親と，そうでない父親の差は開いていくのである。

2）男性は仕事が忙しいから，できないのか？

　父親の育児が少ない理由としてもう一つ挙げられるのが，「男性は主たる稼ぎ手としての役割を負っているため，仕事に多くの時間を取られてしまうから」という事情である。確かに図3－1Aで見る通り，平日には男性は仕事に長時間を費やしている。育児期にあたる30〜40代男性は，週60時間以上の長時間労働に従事する人の割合が高い年代でもある（内閣府男女共同参画局，2017）。

　子どものいる男性に希望する仕事と生活のバランスを尋ねると，「仕事と家庭生活をともに優先」が最も多い（29.4％）。だが，現実・現状の最多は「仕事を優先」である（33％）。その割合は，仕事優先の生活を希望する人の割合（14.9％）の2倍を超えており，男性の生活は希望以上に仕事に拘束されていることがわかる（内閣府男女共同参画局，2016）。この点では，男性は「仕事のために，子育てしたくてもできない」状況におかれている面もあるだろう。

3）できないのではなく，しないのだろうか？

　生活にはお金が必要であるから，「生活費を稼ぐためには家族の誰かが働かなくてはいけない」という事実は無視できない。だが，先の図3－1を見ると，妻の就業によって男性の稼得・扶養責任が軽減されているはずの組み合わせでも，父親の家庭関与が比例的に増える様子は見られない。「稼ぎ手として扶養責任を負っているために，したくてもできないのだ」という要因だけで十分説明できるとはいえないだろう。

　時間資源についても然りである。図3－2には，さまざまな活動を子どもと「よくする」父親の割合を，帰宅時間別に示してある。子どもと一緒の食事や入浴など，帰宅が遅いとできなくなることもある一方，帰宅時間と関係なく，父親たちがよくすることとあまりしないことがあることが読みとれる。「話しかける」，「ほめる」，「スキンシップ」など時間のかからない関わりは，帰宅時間によらず，比較的多くの父親がしている。しかし，「トランプやおもちゃで遊ぶ」，「読み聞かせ」など，子どものペースに合わせて，時間をかけてじっくりつきあうような活動は，帰宅が早い父親でもあまりしていないのである。

　ここから，父親の育児関与の少なさには「仕事があるからできない」という理由のほかに，仕事とは関わりなく「やらない」側面があることがわかる。その背景には，「父親は，子どもを最優先にして自己資源を分け与える一次的養育者（主たる養育責任者）でなく，気が向いたときに自分のできる範囲で関わる二次的養育者でよい」という父親の役割についての信念があることが推測される。

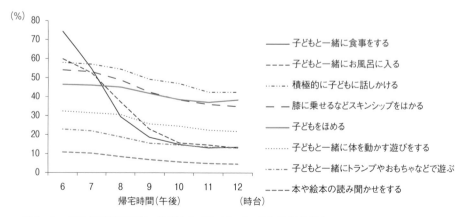

図3-2　父親の帰宅時間別，子どもと「よくしている」父親の割合（厚生労働省，2006より作図）

3. 「父親の役割」をどう考える？

(1)「男性であること」とは養育的であることと相容れない？

　福丸（2016）は，日本の父親たちが「女性は男性より生まれつき養育的だ」，「いくら頑張っても妻のほうが子育ては上手だ」という信念＝母性神話を抱いていることを指摘している。父親が「子どもの世話は母親が一番向いている」と母性神話を信じていれば，「男親である自分には，細やかに子どもの世話をする母親とは異なる，父親独自の役割があるはずだ」と発想するのも無理からぬことだろう。ではそれは何なのか？と考えたときに「女性とは異なる男性性」——男性に割り当てられたジェンダー役割である「働いて家族を養う稼ぎ手」としての側面や，伝統的な男性性の要素とされる「強さ」・「活動性」を前面に出した関わり方が想定されやすい。

　たとえば，子どもの誕生前から出産後2年目，3年目にかけて，自己概念がどのように変化したかを縦断的に尋ねた調査（小野寺，2003）によると，男性は女性と違って，子どもの誕生前後で「親としての自分」の割合は変化せず，「社会と関わる自分」の割合が増す。男性にとって，親となることは，「今まで以上に働いて子どもや家族のために頑張ろう」と職業役割との結びつきを強める経験として感じられるようだ。

　そして子どもと直接関わるにしても，父親ならではの関わりとは，子どもの生存に直結する日々の衣食住の世話よりも，「身体を使った遊び」や「屋外での遊び」，「ここぞという場面で厳しく叱る」など，身体的な強さと関連する活動であると考える人も多い。

　もう一つ，男性性と子どもとの関わりを矛盾なく両立する父親のあり方として，「教育する父」（多賀，2011）の出現が指摘されている。子どもの受験指導や学校・塾の選択に際して，職業生活で培われた社会的な視点でコスト対効果を考慮しながら，効率よく成果を挙げるよう，戦略的にリーダーシップを発揮する父親像である。だが多賀も指摘する通り，共働きの増えた現代では，父親だけが社会に揉まれた経験と知恵を持っているとは限らないだろう。

(2)「父親の役割」観はいろいろ

　就学前の子どもを持つ父親に親役割についての考え方を尋ねたインタビューでは，上記のような男性性に立脚した父親像を語る父親は少なくない。一方，親役割は特定の性別と結びつくものではなく，母親もしくは父親にしかできないことはないと考える父親たちもいる。なかには産めない男性だからこそ生まれた後の世話を通じて子どもとの関係をつくることが重要だという意見もあった（大野，2016）。

　社会には，ジェンダー役割に関して伝統的・規範的な方向へ向かうベクトルと，それとせめぎあう対抗ベクトルが常に存在する。男性に稼ぎ手としての役割が期待されたまま，より多くの家庭関与を求める声があるのはその一例である。個人が，あるいは共に子どもを育てるカップルが，相反するベクトルに同時に晒されながら，時間や経済などの資源保有状況と自らの信念に基づいて，自分（たち）の行動を積極的・消極的に選択することで，父親のあり方についての多様な信念・実践が生じているのだ。

(3) 男性がケアのスキルを持つ意義

　信念は客観的な根拠のある知識とは異なり，その正誤を論じることは難しい。だが親役割に関する信念の場合，無邪気に「みんなちがって，みんないい」と言えないのは，信念にもとづく親の役割遂行が子どもの生命や発達を左右するからである。

　子どもの生活・生命に関する責任の最終ラインを守る一次的養育者（母親）がいるから，父親は二次的養育者でいられる。逆に言えば，父親が二次的養育者でいる限りは，母親は一次的養育者としての責任を一人で抱え続けなくてはならない。その責任・負担の重さが母親に「ワンオペ育児の辛さ」をもたらしているとしたら，二次的養育者である父親は，子どもの親として母親と対等な共同養育者とは言えないだろう。

　「父親はその分，働いて家計を支えているのだから対等だ」と言うこともできるが，役割分業する夫婦の場合，病気や失業など，どちらかが役割を果たせなくなった時には生活に支障をきたすことになりかねない。稼得責任も子どもの養育も，半々でなくとも夫婦双方で共有・分有する家族のほうがリスクに強いのではないだろうか。

　男性本人にとっても，養育経験を通して家事やケアのスキルを身に着けておくことは意義がある。少子高齢化社会の到来で，男性が親や配偶者の介護をするケースは増加の一途にある。ケアに不慣れな男性は介護虐待の加害者になりやすいことが統計で示されている（厚生労働省，2017）。独居高齢男性がゴミに囲まれた「セルフネグレクト」に陥りやすいのは，他者のケアだけでなく，自身の身の回りのケアへの関心・スキルの低さに起因すると考えられないだろうか。

　他者と生活を共にしながら，あるいは一人でも，自立的・自律的に生涯を過ごすために，ケアのスキルを醸成することは，男女を問わずこれからの新たな発達課題といえるだろう（柏木，2016）。

④. 男性は「男は仕事」というジェンダー役割規範の下で養育的な親になれるのだろうか？

(1) ジェンダー役割規範を相対化した男性たち

　男性が生物学的に育児には向かないという言説は反証されており，父親としてどのように家庭と関わるかは，仕事の忙しさなどの外的要因だけで決まるものではなく，信念に左右されることがわかった。ただ，この章のはじめに見たように，社会の伝統的・規範的な方向へ向かうベクトルは強いので，「もっと家庭に関与したい」と願う男性にとっては，職業役割・稼得役割と男性を結びつける伝統的なジェンダー役割規範がハードルとなる。どうしたら男性は「男は仕事」という男性ジェンダー役割規範から脱却して，「仕事の傍らの二番手の養育者」でなく，妻と対等に養育責任を負う「養育する親」になることができるだろうか。

　大野（2016）では，就学前児を持つ父親を対象に，家庭の事情のために仕事を調整することのない「仕事優先群」の男性（15 名）と，仕事が最優先と考えずに家庭の事情のために仕事のほうを調整する「仕事相対化群」の男性（12 名）の語りの比較を行った。

　両群間で妻の就業形態の分布に有意差はなく，どちらかの群に「一家の唯一の大黒柱である父」が集中することもなかった。そしてどちらの群の男性も，周囲には「男は家庭より仕事を優先すべきだ」という風潮があると感じていた。

　両群の比較で注目すべき違いが見られたのは，家庭関与のしかたであった。仕事優先群の男性たちも家事や育児をしないわけではないが，関与のしかたは「妻に言われたことを受動的に」，「自分の都合や気分によって」，「できる範囲でする」などの関わりが中心だった。それに対して仕事相対化群の家庭関与は，自分が当たり前にするべきこととして「主体的に関与」し，妻との役割分担は柔軟で，自分一人で家事や子どもの世話をこなすことが可能なスキルを備えていた。前者が二次的養育者としての家庭関与に留まるのに対して，後者は自立的自律的な一次的養育者になりえているという，関与の質の違いが見られたの

である。

　そうした関わり方の違いは「家族とはどういう関係か」についての観念と関連していた。仕事優先群は，「男性である／女性である」，「夫である／妻である」，「父親である／母親である」といった立場に対して振り分けられた役割を各自が果たすのが家族であると捉えており，だからこそ自分の役割と任じた職業役割に力を入れていたといえる。一方の仕事相対化群の考える家族とは，各自が固定化した役割を果たして成り立つものではなく，「相手や自分のニーズを注視し，それに応える関わりを生成し続ける関係である」というものだった。そして，妻や子どもの状況やニーズを知りたい，把握していたいという欲求が，周囲の目や「空気」を過度に意識することなく自律的に働き方を調節する動機づけとなって，「男は仕事」という役割規範から脱却し，職業役割と養育的な親であることの両立を可能にしていると考えられた。

（2）少数派が新たな発達の原動力となる

　念のために申し添えると，仕事相対化群の男性たちは，単に仕事を嫌って消去法的に家庭に軸足をおいているのではない。仕事と家庭生活のバランスを主体的に選択して，仕事との付き合いかたを調整していたのである。

　さらに注目したいのは，仕事相対化群の男性たちはジェンダー役割規範の存在は感じながらも，「これが自分たちのやり方だ」，「自分たちはこれでよいのだ」と周囲の目を気にせず自分たちの思う生き方を実現していた点である。人は有形・無形の社会文化的環境から影響を受けずには生きられない存在だが，反対に環境に影響を及ぼすこともできる。自分（たち）がどうしたいかを見極め，それに応えるような行動を選択することで，社会規範のベクトルに流されず，自分の身の回りの小さな環境を自分の生きやすいように改変することができるのだ。まさに「発達のニッチ構成」である。

　そして時には，自分が起こした小さな環境変化が，周囲や次世代の人々にとっての新たな環境条件となって，より大きな変化へとつながることもありうる。「発達とは個人と環境の相互作用」といわれる所以である。たとえば，「職場で男性社員が初めて育児休業を取得したら，後に続く男性が何人も現れた」とか，「家庭の事情に配慮しない上司の下で苦労した世代が管理職になると，部下の私生活に理解のある『育ボス』になる」といった例を耳にしたことがあるだろう。

5．おわりに

　この章では「妻子と同居している育児期男性」を念頭に，「直接的に子どもの養育に関わる一次的養育者」という観点から男性の家庭関与について論じてきた。しかし，家族のかたちの多様化により，そうした枠におさまらない親子関係が現れてきている。

　たとえば「離婚して子どもと別れて暮らす父親」の子どもとの関わりは，世話や遊びといった日常的な接触とは違うかたちになるだろう。増加傾向にあるひとり親世帯（その約9軒に1軒が父子世帯である）の親たちは，一人で全方位的に親役割を引き受けて日々奮闘している。「男親は産んだ女親にはかなわない」という通説は，再婚によるステップファミリーや養子縁組，代理母出産，など，"女親も産んでいない"親子関係には通用しない。大阪市では2016年に男性同士のカップルが養育里親に認定され，里子を育てているという。

　もう一段引いた視野から見れば，生涯未婚率の上昇によって「結婚して子どもを持つ人生」は近い将来，標準的な生き方とはいえなくなるかもしれない。「産む性である女性と，

稼ぎ手である男性のカップルが基本単位となる家族の中で子どもが産み育てられる」という標準モデルのみを想定して子育てや親役割について考えていては，取りこぼされるケースはますます増えていくだろう。

　規範的・標準的な生き方を外れた「少数派」の生き方は，環境に作用し，本人だけでなく周囲や次の世代の発達像を変えていく力を持つ。前世代の価値観を再生産すれば安定的に社会が維持された時代と異なり，現代の社会では価値観が変動し多元化している。ジェンダーや家族に関する事象は，「非標準的な」生き方をする人々を注視し，尊重し，包摂する工夫を重ねることによって，社会の進化が可能になるのだと思う。

■かんがえてみよう

- 本章では，子育てへの関わりをめぐってさまざまな父親像が示されています。そのうち，妻と対等に養育責任を担う「養育する父親」について，あなたはどう思いますか。また，「養育する父親」ではない男性が，「養育する父親」になるために必要なことはどのようなことだと考えますか。（本章の内容に即したもの）
- 日本以外の国での配偶者間の生活時間（家事・育児・仕事）は，どのような特徴がみられるでしょうか。興味を持った国について調べてみましょう。（発展的学習）
- 著者は，「規範的・標準的な生き方を外れた『少数派』の生き方は，環境を変え，本人だけでなく，周囲や次の世代の発達像を変えていく力を持つ」と述べています。このことについて，あなたはどのように考えますか。（著者の主張に対する意見）

引用文献

福丸由佳 (2016). 仕事と家庭の多重役割　宇都宮博・神谷哲司（編著）　夫と妻の生涯発達心理学：関係性の危機と成熟 (pp. 129-133) 福村出版

柏木惠子 (2016). 人口の心理学の視点：命と死と生涯発達　柏木惠子・高橋惠子（編）　人口の心理学へ：少子高齢社会の命と心 (pp. 1-29) ちとせプレス

厚生労働省 (2006). 第6回21世紀出生児縦断調査 e-stat 政府統計の総合窓口 Retrieved from https://www.e-stat.go.jp/stat-search/files?page = 1&query = %E7%AC%AC6%E5%9B%9E%E3%80%8021%E4%B8%96%E7%B4%80%E5%87%BA%E7%94%9F%E5%85%90%E7%B8%A6%E6%96%AD%E8%AA%BF%E6%9F%BB%E3%80%80%E5%B8%B0%E5%AE%85%E6%99%82%E9%96%93&layout = dataset&toukei = 00450043&tstat = 000001024054&stat_infid = 000002384818

厚生労働省 (2018). 平成28年度　高齢者虐待の防止，高齢者の養護者に対する支援等に関する法律に基づく対応状況等に関する調査結果（資料1）Retrieved from https://www.mhlw.go.jp/file/04-Houdouhappyou-12304250-Roukenkyoku-Koureishashienka/0000197120.pdf

内閣府大臣官房政府広報室 (2016). 男女共同参画社会に関する世論調査（平成28年9月調査）政府広報オンライン Retrieved from https://survey.gov-online.go.jp/h28/h28-danjo/4.html

内閣府男女共同参画局 (2017). 平成29年版男女共同参画白書　勝美印刷

大野祥子 (2016). 「家族する」男性たち：おとなの発達とジェンダー規範からの脱却　東京大学出版会

小野寺敦子 (2003). 親になることによる自己概念の変化　発達心理学研究, *14*, 180-190.

佐々木綾子・小坂浩隆・末原紀美代・町浦美智子・定藤規弘・岡沢秀彦 (2011). 親性育成のための基礎研究(3)：青年期男女における乳幼児との継続接触体験の親性準備性尺度・fMRI による評価　母性衛生, *51*, 655-665.

総務省 (2016). 平成28年社会生活基本調査

Storey, A. E., Walsh, C. J., Quinton, R. L., & Wynne-Edwards, K. E. (2000). Hormonal correlates of parental responsiveness in new and expectant fathers. *Evolution & Human Behavior, 21*(2), 79-95.

橘木俊詔・迫田さやか (2013). 夫婦格差社会：二極化する結婚のかたち　中央公論新社

多賀　太 (2011). 教育するサラリーマン：チューターとしての父親像の台頭　多賀　太（編著）揺らぐサラリーマン生活：仕事と家庭のはざまで　ミネルヴァ書房

Column 4

発達心理学者，父になる：発達科学からの提言

父親になったことをきっかけに，心理学の教科書に載っているような有名な行動がわが子でどれだけ再現されるだろうかと，いろいろと試してみる毎日である。発達心理学者なら誰もがやってみるであろう新生児模倣は，間違いなくわが子は示してくれた。大いにバイアスがかかっていることは否定しないが，私が口を開けると出生直後のわが子は口を開けてくれた。

さまざまな原始反射はもちろんのこと，新生児微笑，指しゃぶりによる慰め行動，クーイング，注射時の愛着行動，9か月になったら急にいろいろとできるように感じられるようになったこと（9か月革命？）など，さまざまな行動を確認できた。

一方で，ごくごく基本的な運動発達である寝返りが9か月頃までできないなど，教科書に書いてあることを疑いたくなることもたくさんあった。こういうものは，標準的な発達と個々の発達の乖離などで説明されがちではあるが，それだけでは説明できない再現性の問題というのはあるのだろう。

昨今，心理学を含む生命科学において，研究の再現性が大きな問題になっている。2015年にScience誌に掲載された論文によれば，過去の心理学の研究結果の再現を試みたところ，オリジナルの研究と同じ結果が得られたのは40％程度であったという。

発達心理学とて，この問題においては例外ではない（森口，2016を参照）。教科書に載るような有名な研究が，次々と疑義に晒されている。たとえば，新生児模倣は，40年ほど前に報告され，2020年現在に至っても発達心理学の教科書で目にすることは多い。以前から新生児模倣については異論が多かったが，最近になってオーストラリアのグループが大規模のプロジェクトで新生児模倣を再現しようとしたが，ほとんど偶然に近い結果しか得られなかったという。さらに，このグループは，過去の研究を総括するメタ分析を実施したが，その結果も新生児模倣の存在を肯定しかねるものであるということである。

別の例として，一般にも知られているマシュマロテストが子どもの将来を予測するという結果も疑義に晒されている。この研究では，4,5歳ごろに，目の前にあるマシュマロやクッキーなどの報酬を1つ食べるか，15分待って2つ得るかの選択を迫る。この実験で，2つの報酬を得るために待つ子どもは，将来，学力が高かったり，人間関係が良好であったり，身体的・精神的健康が良かったりするという結果が30年ほど前から報告されている。ところが，最近の研究によれば，家庭環境や子どものときの認知機能などを考慮すると，幼児期のマシュマロテストの成績はその子の将来をほとんど予測しないという。

もちろんこのような研究ばかりではないが，心理学やその周辺領域の研究が，全体的に社会や他の学問から疑いを持たれているのは事実である。

ここまで見てきたのは，主に国外の研究をベースとした話である。さて，日本国内で行われている研究に再現性はあるだろうか。残念ながら，国外の研究の比ではないぐらい再現性はないだろう。しかし，再現性の問題についての危機意識は十分に共有されていないように思える。

わが国の発達心理学研究は，そもそも量的な研究や科学的な研究を好まない。発達心理学が，世界的な潮流として，発達科学を志向していることを考えると，これは不思議な話である。その内容はといえば，数例の事例をもとに，その一部を切り取って研究者の概ね主観的な解釈を重ねるものが少なくないように見受けられる。研究者側の主観でいくらでも結果が変わってしまうのでは学問としてのディシプリンが疑われかねない。

さて，本書で紹介されている研究にはどれだけの再現性があるのだろうか。

わが子の発達を眺めながら，かのように考える毎日である。

（森口佑介）

引用文献

森口佑介（2016）．発達科学が発達科学であるために　心理学評論，59（1），30-38.

第4章 家族はどのようにはぐくまれていくか？

小島康生

■しらべてみよう
・本章では，弟や妹が生まれた際に上の子に見られることがある「赤ちゃん返り」と父親の関わりに注目した研究が紹介されています。「赤ちゃん返り」と父親の関わりには，どのような関係があるとされているでしょうか。
・冒頭で紹介されている地下鉄でのエピソードを参考に，赤ちゃんを連れた家族の行動を観察し，気づいたことをまとめてみましょう。

1. はじめに

はじめに，筆者がつい最近，地下鉄で見かけたある家族のエピソードを紹介しよう。

　地下鉄はさほど混雑していなかったが，座席はそれなりに埋まっていた。ある駅でベビーカーに乗せた赤ちゃんを連れた夫婦がホームから乗り込んできた。父親はかなり重たそうな荷物を持っていて，母親がベビーカーを押している。ちょうど折よく扉の横の座席が一つ空いたので，母親はベビーカーから手を放してその座席に座った。すると父親は持っていた荷物を母親の膝の上に置き，続いてベビーカーの赤ちゃんを抱きあげた。母親はすぐさま荷物をベビーカーの座面に置き，父親から子どもを受け取ると自分の膝に乗せた。父親はベビーカーがほかの乗客の邪魔にならないように，ベビーカーをドアの脇に移動させた。

どこにでもありそうなエピソードだが，この夫婦はこの一連の動きの間，一言も言葉を交わさず，筆者の目には，まるではじめからそうすることが決まっているかのように見えた。

もう一つ，今度は架空のエピソードを紹介しよう。読者のみなさんも状況を想像してほしい。生後半年を過ぎたばかりの赤ちゃんと3歳のお兄ちゃんがいる家族が登場人物で，父親は仕事で不在，家にいるのは母親と2人の子どもだけという設定である。

　赤ちゃんはかなりお腹を空かせていて機嫌が悪く，母親はせっせと離乳食を食べさせていた。お兄ちゃんはというと，そのすぐそばで，絵本を読みながらコップに入ったオレンジジュースを飲んでいる。しばらくすると，お兄ちゃんがコップをひっくり返し，ジュースを床にこぼしてしまった。

さてこのあと，この母親はどうするだろうか。対処の仕方はいくつも考えられよう。上

の子に対し，すぐ台所へ行って雑巾を持ってくるように言い，自分で拭かせるかもしれない。また，自分で処理したほうが早いので，お兄ちゃんに雑巾を持ってこさせるだけ持ってこさせて，片方の手でジュースを拭きながら，もう片方の手で離乳食を食べさせるという芸当をこなすかもしれない。

　では，このシーンに父親がいたらどうだろうか。この続きについては，また後半で触れたいと思うが，子どものいる家族においては，こうしたことが立て続けに起こるのだということをまず頭の片隅においておいてもらいたい。

2．本章のねらいは何か？

　われわれの日常は，上に述べたような予想もつかない出来事や各種の場面・文脈（家の中，公園，電車の中，子育てひろば，スーパー，病院…）から成り立っている。冒頭の地下鉄の事例でもわかる通り，子ども連れの家族は，そうした一つひとつの出来事や文脈の変化に応じて，臨機応変に対応することが求められる。

　本章では，子どものいる家族に的を絞って，どのような出来事や状況に対し，どういった対応がとられるか，それが子どもの発達とどう関係しているかを考える。家族のあり方，家族の育ちを考える上では，このように生態学的に妥当な場面や状況を丹念に拾い上げること，またその比較を行うことが重要だというのが筆者のスタンスである。

3．家族の関わり合いはこれまでどのように研究されてきたか？

　家族の関わり合いやその発達について理解しようとするときによく行われるのが，アンケート調査である。親子関係，夫婦関係，子育てスタイルなどについての10〜20程度の質問項目への回答を求め，それを点数化して変数間の関連を見たり，発達に伴う変化を分析したりする。家族をまるごと掬い取るというよりも，「親子」，「夫婦」などの要素にいったん還元し，それらを後からつなぎ合わせるようにして家族を理解しようとするのが特徴である。

　観察研究もよく行われる。実験室に親子（あるいは家族）を招き，課題を行ってもらったり，所定のおもちゃで自由に遊んでもらったり，ときにはあるテーマについて話し合いをしてもらったりする。それらの様子はビデオ撮影して，あとで詳細に分析するのが一般的で，いくつかの行動（行動カテゴリー，行動目録などという）に焦点化して，頻度を計測したり特徴を分類したりする。

　観察研究は家庭で行われることもある。そこでもやはり，特定のおもちゃで遊んでもらうなどして，その様子を行動解析するといったことを行う。

4．ある出来事に注目すること，文脈間の比較をすることで，家族の何が見えるか？

　一方この章では，上に述べたオーソドックスなやり方とは少し違う角度から家族の育ちを理解することを提案する。一つは，何かしらの出来事が起こったときにその家族がそれにどう対応するかを見るやり方である。一例を挙げると，家族に新たなメンバーが加わったときに何が起こるかといったことがこれに該当する。これに関連して，のちほど，2人目の子どもが誕生して4人家族になったときに家族に起こる変化，家族ダイナミクスを取

り上げよう。

　もう一つ，家族のありようを捉える新たな視点は，日常生活や文脈を横断するかたちで，家族を理解するというものである。しかも，先ほど述べたような要素還元型の研究ではなく，その家族の特徴をまるごと包括的に取り出すことを目指す。具体的には，子ども（子どもたち）を中心に夫婦がどのように役割を調整するか，各種の文脈間にどのような違いがあるかを検討する。日常に密着したいくつかの場面に注目して，文脈を横断するかたちでデータを整理するなかから，家族の発達や個人差，その背景にある問題に迫ろう。

(1) 新たなメンバーが家族に加わると何が起こるか？

　よく知られているように，弟や妹が生まれると，上の子どもは赤ちゃん返りを起こすことがある。赤ちゃん返りとは文字通り，「赤ちゃん」のような状態に逆戻りすることを指し，多くの親はこの事態に手を焼くこととなる。だが実は，赤ちゃん返りは，親の注意をさらっていく"ライバル"（弟妹）に対抗して，「自分もまだ手がかかるのだからもっと注目してよ！」という気持ちを表すものとされ，子どもにとっては適応的な行動だとみなすのが専門家の共通した見解である。赤ちゃん返りといっても現れる行動は単一ではなく，おっぱいを欲しがる，哺乳瓶でミルクを飲みたがる，おもらしをするなど，まさに「赤ちゃん」に「返る」行動のほか，ものや人に当たる（攻撃する），引きこもりがちになって元気がなくなるなどの行動が出現することもある。

　筆者は，これに関して，父親がどのような動きをとるかによって上の子どもの赤ちゃん返りの出現に違いが見られることを確認した（小島ら，2001）。この調査では，第二子が生まれて1か月あまりの家庭を対象に，父親が上の子どもにどのように関わっているかを質問紙で母親に尋ねた。簡単に結果を述べると，父親が率先して上の子どもとよく関わるように心がけている場合とそうでない場合を比較したときに，前者のほうが赤ちゃん返りが少ないことがわかった（図4-1）。第二子の出産から1か月頃，母親は，頻繁な授乳もあり，どうしても上の子どもに関わる気力や時間が少なくなる。その時期に，父親が重点的に上の子どもとよく関わるほど，上の子どもは心理的に安定しやすく，その結果，赤ちゃん返りが起こりにくいという結果が得られた。

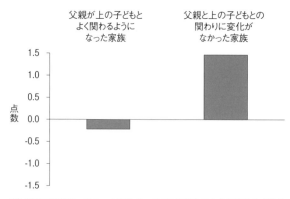

注）縦軸の数値は，赤ちゃん返りの一つである引きこもりに行動を点数化したものである。

図4-1　第二子の誕生1か月後の父親と上の子どもとの関係の変化と赤ちゃん返りとの関係

(2) ショッピングモールで夫婦はどのように役割調整するか？

　先ほどの赤ちゃん返りの研究では，父親が上の子どものサポートに回ることが適応的な

意味を持つことが示されたが，そうした役割調整は他の場面でも見られるのだろうか。ここで，筆者の行った，ショッピングモールでの観察調査を紹介しよう（小島，2001）。子どもが1人ないし2人の家族約300組を観察し，どの子どもとどの親が関わっていたか（ベビーカーに乗せて押す，抱っこする，手をつなぐなど）を記録して分類した。図4-2は，子どもが2人の家族に関し，どちらか一方の親とどちらか一方の子どもが関わりを持っていた約200組を取り出して，どの組み合わせが多かったかを見た結果である。上の子どもが2-3歳（下の子どもは0歳か1歳）の家族では，「父親-上の子」，「母親-下の子」という組み合わせが多く，上の子どもが4-5歳の家族では，そのような偏りは消失していた（統計的に見ても組み合わせの比率には違いがあった）。少なくとも下の子どもに手がかかる間は，父親と上の子どものペアがつくられやすい，そしてそれにはおそらく適応的な意味があることが推察される。

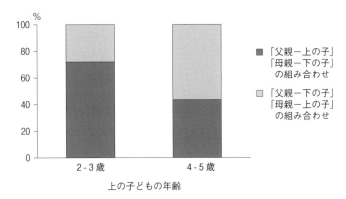

図4-2　子どもへの関わりに関する夫婦間の役割調整（ショッピングモールでの観察）

(3) 外食のとき親子はどのように着席するか？

　では，違う場面ではどうだろう。次に紹介するのは，外食をするときに，どの子どもとどの親が隣り合って座るかを調べた研究である（小島，2010）。この調査では，子どもが2人いる家族に，図4-3のようなテーブルで食事をとるならどこに誰が座ることが多いか，を記入してもらった。結論的には，下の子どもが5歳ごろまでは，父親の隣に上の子，母親の隣に下の子が座るという回答が多かった（回答例1）。下の子どもが6歳を過ぎるとそうした偏りがなくなり，先ほどと反対のパターン（父親の隣に下の子，母親の隣に上の子）も同じ程度見られた（回答例2）。

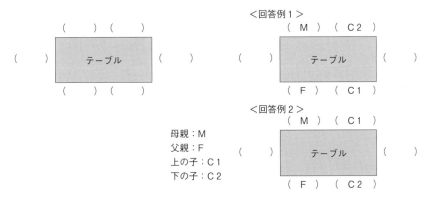

図4-3　外食の際の着席位置を記入してもらった図版

　最初に紹介したショッピングモールの結果との大きな違いは何だろう。どちらの場面でも，一時的に「父親－上の子」，「母親－下の子」という組み合わせが見られたが，外食のときのほうが，そのパターンが長い期間にわたって続いていた。この原因として，ショッピングモールの場合は，周辺に危険があるわけではなく，ただ単に「歩いている」状況だったのに対し，外食の場合は，席が固定で，しかも食事の世話（大きな具材，熱くて食べにくいものを小さく切り分けたり，冷ましたりする，口に運ぶなど）が必要なことが関係していると考えられる。このような状況では，一層，手のかかる子どものほうに母親が寄り添うパターンがより強く現れること，また比較的年齢が高い場合にもその傾向が維持されることがわかる。ちなみに，図4-4に見られるように，下の子どもが3歳の場合は，例外なく母親が下の子の隣に座るという結果であった。

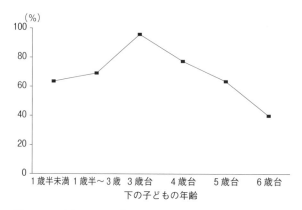

図4-4　外食の際に，「父親の隣に上の子」，「母親の隣に下の子」の組み合わせが見られた割合

　ただ，この調査結果には続きがある。個人差の問題である。4歳ぐらいになると，なかには親が世話をしなくても一人で食事がとれるケースが出てくる。そうした個人差を想定して，先のデータに関し，4～6歳の子どもだけを取り出して，普段食事の世話が必要か必要でないかにより，どの親がどの子どもの隣に座るかを改めて分析してみた（図4-5）。すると，食事の世話が必要な家族においてほど，先ほどの組み合わせに偏ることが明らかになった。親は，周囲の状況（危険なところか，特別な配慮が必要か），子どもがどの発達段階か，一人でどんなことができるか，といったことを念頭において，夫婦間で役割調整を行っていることが推察された。こうしたことも，家族が状況に合わせて柔軟に（あるいは試行錯誤しながら），ダイナミックに対応を変えている可能性を示している。

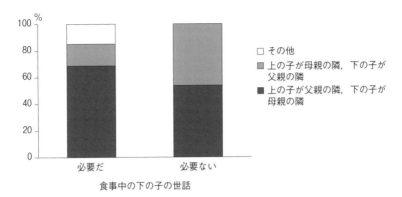

図4-5　下の子どもの食事中の世話が必要かどうかによる両親と子どもとの座席配置

5. 家族は閉じられた集団なのか？

　少し話が横道にそれるが，ここでもう一点，家族の問題は果たして家族内のメンバーだけに閉じられたものと見るのが適切なのか，という疑問を呈したい。はじめに紹介した赤ちゃん返りの研究では，父親が上の子どもの（いわば）"避難所"としてふるまうことが，赤ちゃん返りの出現を抑制する役目を担うという話をした。実はあの研究では，父親ではなくそれ以外の人物（祖父母）が"避難所"になった場合でも，同様の効果が確認されている。父親の中には，仕事がめっぽう忙しく子どもと十分な関わりを持てない人も多いだろう。そういうケースでは，必ずしも子どもの"避難先"が父親でなくともよく，祖父母，あるいはもっというなら，近所にいる親戚でも何でもないおばちゃんでもいいのかもしれない。都市部でこそ，子育てという行為は家族という枠に閉じられて行われる面が強いが，数十年前までさかのぼれば，子どもの育ちはもっと外へと開かれていたことが多くの資料から示されている。

　これに関連して筆者は，数年前から，沖縄県にある多良間島という小さな離島で子どもの対人関係の調査を行っている（小島，2016）。この島は，人口が1,000人余りで，子どもの数もますます減少傾向にあるのだが，きょうだいをはじめ，年上の子どもが年下の子どもの面倒を見る場面が，筆者の住む名古屋など人口の多いところとは比べものにならないほど頻繁に見られる。根ヶ山（2012）は，このように親以外の人物が子どもの育ちに深く関わることを「アロマザリング」と呼び，生物学的に見れば，ヒトの子どもの育ちはそもそもそのように家族外にも開かれていたはずだと指摘する。実際に筆者が収集したデータでも，乳児期の子どもですら，多くの家族外の人物との関わりを経験しており，さらに年齢をかさねて4,5歳になると，親以外の人物との関わりが都市部（名古屋）より格段に多いことが確認できた（小島，2019）。本章では，こうした家族外に開かれた子どもの育ちについては紙数の都合上これ以上述べることができないが，都市部の状況だけでなくさまざまな地域性，あるいはさらに広く文化差にまで手を広げて家族の成り立ちを見る視点も重要と考える。

6. モノと他者は家族の関わり合いにどのような影響をもたらすか？

　最後に筆者の研究をもう一つ紹介しよう。それは，上で紹介したのとはまた別のショッ

ピングモールでの家族観察の調査である。この調査では、ショッピングモールのなかを筆者が歩き回り、すれ違った子ども連れのグループ（ユニットと呼んだ）に関し、どのようなメンバーだったか、誰がどの子どもに関わっていたかなどを記録した（詳しい手続きについては、小島（2017）をご参照願いたい）。母子だけのユニットのほか、父親も一緒にいた3人ユニット、母子と祖父母と思われる人物からなるユニットなどさまざまな組み合わせがあった。子どもが一人であったケース300数十組に関し、それぞれのユニットで誰が子どもに関わっていたか、どんな運搬具（ベビーカー、店内のカート、抱っこ紐など）が使われていたかを記録した。かいつまんで結果を紹介すると、父親が一緒にいるユニットでは、子どもの年齢に関係なく、父親が子どもによく関わっていた。それに対し、祖父母が一緒にいるユニットでは、子どもが0,1歳の場合は祖父母が子どもによく関わっていたが、子どもの動きが激しくなる2,3歳ではその傾向が消失した（つまり母親が子どもによく関わっていた）。一方、運搬具は、子どもがどの年齢でも、母子ユニットにおいてよく利用されており、父親が一緒のユニットでは、運搬具の利用が比較的少なかった。また祖父母が一緒の場合には運搬具がよく利用されていた（図4-6）。

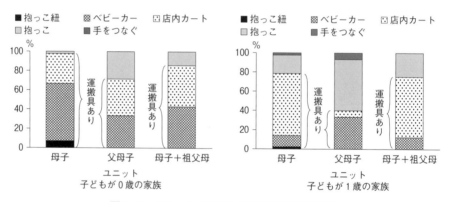

図4-6　ユニットごとにみた運搬具の利用の有無

　以上から、子どもが2,3歳になって一人で歩き回れるようになると、父親は依然として母親の自由を保障する（つまり夫が子どもの相手をしてくれる）ものの、祖父母は必ずしもそういった役目を果たしてくれないことが示唆された。また、母子だけでの買い物のときや、同行する相手に子どもを任せにくいような状況では、抱っこ紐で子どもを固定する、ベビーカーに乗せて子どもの動きを制限するなどが母親の自由な動きを少しでも高めるのに有効である可能性が示された。どういった場面なのか、子どもが何歳なのか、誰が一緒か、どういった道具（この場合、運搬具）を利用するか、といったことは複雑に絡み合っていることがわかった。

7. おわりに

　本章のテーマは、「家族はどうはぐくまれるか」であった。この表現からは、時間の経過とともに家族がおのずとはぐくまれていくようなイメージが浮かぶかもしれない。しかし筆者は、それは少し違うのではないかと考える。冒頭のエピソードを思い出していただきたい。そこでは、夫婦が互いに自らの役割を認識し、状況の変化を見ながら絶妙に呼吸を合わせてよどみなく動く姿が見られた。しかしその様式は、自然とその家族のなかではぐくまれたというよりも、子どもが生まれた後の（あるいはもっと前からの）その家族の歴史、ときに葛藤があったり、試行錯誤した末にたどり着いた「うちの家族のやり方」に

ほかならないのではないかと考える。

　二つ目のエピソードの場面でも，「このやり方が正解」というものがあるわけではきっとない。ある家族にとってしっくりくる対応が別の家族にも通用するとは限らない。本章で紹介した夫婦間の役割調整の話も，あくまで一般的な傾向に過ぎず，一つひとつの家族，あるいはさらに細かな相互作用にまでフォーカスを絞り込めば，実はそのあり方はもっと多様だろうと考えられる。それぞれの家族がさまざまな局面で試行錯誤を重ね，どういう動きをとるのが最も心地よいかを模索していくこと，また子どもの発達などに合わせそれをアップデートしつづけることが家族の育ちなのではないか。

■ **かんがえてみよう**

・本章では，家族の関わりに関するさまざまな研究アプローチが紹介されています。そのうち，著者が行っている研究アプローチの特徴とはどのようなものでしょうか。また，そのようなアプローチによって明らかにできる家族のあり方とはどのようなものでしょうか。（本章の内容に即したもの）

・親以外の人物が子どもの育ちに深く関わる「アロマザリング」について調べ，子どもの成長や子育てをする親に対して持つ意味について考察してみましょう。（発展的学習）

・著者は，「それぞれの家族が次々に訪れるさまざまな局面で，試行錯誤を重ね，どういう動きをとるのが最も心地よいかを模索していくこと，また子どもの発達などに合わせそれをアップデートしつづけることが家族の育ちなのではないか」と述べています。このことについて，あなたはどのように考えますか。（著者の主張に対する意見）

引用文献

小島康生（2001）．外出中の家族を対象とした親子の関わりと夫婦間の役割調整：子どもが1人の家族と2人の家族の比較を通して　家族心理学研究, *15*, 25-34.

小島康生・入澤みち子・脇田満里子（2001）．第2子の誕生から1ヵ月目にかけての母親：第1子関係と第1子の行動特徴　母性衛生, *42*, 212-221.

小島康生（2010）．外食場面での着席パターンに見る家族発達の特徴：子どもが2人の家族に着目して　家族心理学研究, *24*, 146-156.

小島康生（2016）．多良間島における子どもの対人的かかわり　教育心理学年報, *55*, 251-258.

小島康生（2017）．自然観察に基づくショッピングモールでの親子の関わり：構成メンバー・運搬具の利用との関連において　家族心理学研究, *30*, 113-121.

小島康生（2019）．就学前の子どもの対人的かかわり　根ヶ山光一・宮内　洋・外山紀子（編著）　共有する子育て：沖縄多良間島のアロマザリングに学ぶ（pp. 116-130）金子書房

根ヶ山光一（2012）．アロマザリングの島の子どもたち　新曜社

Column 5

発達障害のある子どもを育てるということ

子育てにさまざまな難しさのある時代を私たちは生きている。親が子育てに戸惑い，育児疲れを感じることもある（大日向，2017）。まして，発達障害のある子どもの子育てはより大変なのではと想像する方もいるだろう。本コラムでは，知的障害と自閉症のあるタケル（仮名，年長児）を育てる父母の語りを提示し，子育ての中で生じる親の心の動きに光をあててみたい。

タケルが4歳の頃，父親が仕事に行く前になると，父親の靴を隠す姿が見られるようになった。このエピソードを巡る，タケルの両親と筆者とのやりとりを以下に示す。なお倫理的配慮と文意をわかりやすくするため，一部修正を行った。

〈語り：お父さんの靴を隠す〉
筆者— （仕事に行く前に靴を隠されて）お父さん，どんなお気持ちだったのですか。
父親— ほんとに素直にうれしい。困るけどうれしい。
母親— そう。そういうことを考えてするっていうのがね。靴ないと行けないって思って隠すんだもんね。
父親— とか，普通にばいばいって言えるときもあるんですけど，たまにそういうことがあって。服を着始めると怒るんですよ。
母親— そうそうそう。
父親— 上着とかを着ると，出かけるんだと思われて。行ってほしくないときがそれで。脱げ脱げって。靴下脱がされたりとか。
（中略）
父親— たまにそういうことがあって。彼がいてほしいときが。靴隠したのは本当にすごいことなんです。
母親— そうそう。私もあれは感動した。
父親— そう行けないもんねって。
母親— 思考がつながってんだなと思って。自分で考えてそういうことするっていうのが。
父親— 服脱がせんのも同じようなことなんやけど。
母親— 言葉では行かないでって言えないから，きっと，彼なりに考えて。
父親— 服着るから出かけるんだ，駄目って。靴なければ行けないだろうっていう。
母親— そうそう。先を見通して動けたっていうのはすごく感動した。
父親— 困るけどすごーいって。
（中略）
筆者— じゃあ，何か遊びをしてほしいなっていうときに，靴隠したり，上着をっていうときがあったんですね。困ったけどうれしいっていう。感動はありますね。
父親— そういう考えに至るんだっていうところが。
母親— そうやって困らされることがあんまりないって

いうか，思ってることがわからんとか，わかってやれなくて困ることはあるけど，彼のわがままっていうか，痛いって言うとか，これで遊びたいとかで，そういう思いをぶつけてきてくれるのがないもんだから。
父親— ないんだよね。
母親— あまり。うれしかったね。（会社を）休めばとか言ってた。どっちか休んだらいいって。
父親— お父さんも行きたくないよ。ぎゅーってして。

タケルは3歳児検診のときに発達障害の診断がなされ，やりとりをする力に弱さがあると発達検査で指摘されていた。両親は，言葉の遅れから，タケルに何かあるかもしれないと思っていたが，診断された当時は「スペシャル」に生まれてきたのだという認識を持つようになったと語っていた。

発達障害のある子どもの親が障害を認識したときの受容モデルとして，段階的モデルや慢性的悲哀，螺旋型モデルなどが知られている（中田，2018など）。しかし，私たちが着目すべきは，受容モデルに示されている心の動きを辿るかどうかの確認ではなく，わが子とのつながりを紡ぎ出していくことに心を砕き，わが子「らしい姿」を子育てのなかで見出していこうとする親の心持ちである。

提示した語りから，タケルが靴を隠すことを，父親は「困るけどうれしい」姿として，母親は「思考がつながった」姿として受け止めていたことがうかがえ，両親の間にかすかな違いがあるように筆者は感じていた。しかし，わがままさえ日頃見られないタケルが，靴を隠すことで気持ちをぶつけてきているという受け止めへと両親の語りが展開し，「感動」という言葉が私たちを包み込んでいった。定型発達であれ発達障害であれ，親がわが子らしい姿に「感動」を見出していく面は変わらない。発達障害のある子どもの子育てを考えるとき，障害を受容できているかどうかという視点で親を捉えるのではなく，わが子の「らしい」姿に心動かされる，親の生きるかたちに迫ってみてほしい。　　（勝浦眞仁）

引用文献
中田洋二郎（2018）．子どもの発達障害を親はいかに受容するか　教育と医学．779，4-12．
大日向雅美（2017）．親はいつ，どこで子育てに困るのか　そだちの科学．28，46-49．

第2部　つながる

　私たちは，幼いころから家族との関係を基軸として，多くの人とのつながりのなかで発達する。成長するにつれて，家庭から保育園や幼稚園，学校，そして社会へとそのつながりの場は多層的，かつ多様に広がっていく。人とつながることなくして，人になることはできないことは，いわゆる野生児研究が示してきたところでもある。それは，「絆」というかたちで，さまざまな次元で実践されている。第2部では，多様な「つながり」がどのようにわたしたちの発達と関係しているかについて考えてみてほしい。

　第5章では，家族の次に身近であると考えられる人とのつながりとして，ともだちとのつながりをテーマとしている。ともだちとのつながりでは，そのメリット，デメリットともに多くの経験を持っているだろう。とはいえ，そもそも友人関係とは，メリット・デメリットとして語られるべきものであるのか。時には，その面倒くささから，関係撤退する人も少なくない。関係の面倒くささから，撤退する人が増える傾向にあるのは，恋愛関係も同様のようである。第6章では，恋愛関係について，異性間の恋愛のみならず，多様な恋愛のありようについて論じている。そして，恋愛の多様性に目を向けることが，生き方の多様性，多様な人の生きやすさにつながるのではないかと提言している。それぞれを幸せにするつながりは，「わたし」の確立と関わるのではないかということが示されてもいる。

　私たちが経験するつながりは，個々の人と人とのつながりばかりではない。成長とともに，社会とのつながり，社会のなかでの自己の位置づけを考えていくことにもなるだろう。第7章では，「働く」という観点から，社会とのつながりのありようについて，検討している。オトナは働くことで社会とつながると考えられるため，とりわけ働いていない若者はなんらかの問題を抱えていると問題視されることが多い。しかし，「働かない若者」にも多様な背景があること，わがままや怠慢のみではない背景理解の重要性が指摘されている。そして第2部最後の第8章では，現代社会のなかでつながるために欠かすことができないツール，さまざまなメディアを取り上げて検討している。今では当たり前となっているメディアによるつながり方は，すべての人にとって同じ意味を持つとは限らないことを踏まえたうえで，これから多様な人々がともに生きていくうえで，メディアがどのように役立つか，メディアとのつながり方，それにまつわる学びについての示唆を与えてくれる。さらに第2部では，よそおい（化粧，ファッション）の違いによるつながり，世界とのつながり，などの多様なつながりについてのコラムや，恋愛によるつながりにもさまざまなカタチがあること，さらにそれらの多様な生き方やつながりを知り，表現するメディアとしてのマンガについてなどのコラムが収められている。

　私たちは，誰かとのつながりのなかで生きている。そのカタチは多様でありうるにもかかわらず，そこには「ふつう」の障壁も垣間見える。「ふつう」のともだちって……。「ふつう」の恋愛は……。大人になったら働くのが「ふつう」……。メディアのある生活って「ふつう」だし……。つながりの多様性と「ふつう」の障壁のはざまで，悩んだり苦しんだりしている人はいないか。わたしたちは，つながること，絆にどのような意味を見出すことができるのだろうか。

ともだちってどんな存在？

保坂裕子

■**しらべてみよう**
- ともだちとの関係は，年齢とともにどのように変化していくとされているのだろうか。本文を参考にして，考察してみましょう。
- あなたがともだちがいてよかった，と感じたのはどのようなときですか。またそれはなぜですか。

---

1. はじめに：ともだちのつくりかた？

中学，そして高校でも，学校行事や部活で「青春」を謳歌した（しなかった人もいるだろうけれど）。そして，大学生になったらさらに活動の範囲も広くなるし，サークル活動やアルバイトをして，もっともっとたくさんのともだちをつくって，充実した毎日をSNSにアップする，いわゆるリア充を目指す。留学して，世界中にともだちをつくるのもいいだろう。何より，世界中とつながるグローバルな人間が，これからの社会では求められている。「ともだちがたくさんいること」は，よいことだし，イコール，充実した楽しい毎日が約束されている。どんなともだちがいるのか，どれくらいともだちがいるのかが，自分への評価や存在意義，アイデンティティとも関わるような気さえする（土井，2006）。

でも，ともだちができなかったら？　そんな不安を持ち，大学生活をスタートさせた人も少なくないだろう。大学にはホームルームクラスの設定がないことが多い。中学への入学，高校への入学。それぞれの移行期において，同様の不安を抱えつつも，ホームルームクラスで近くの席になった人に話しかけ，ともだちになった。しかし，大学にはそれがない。だとすればどのようにともだちをつくればよいのだろうか。入学式にオリエンテーション。初めての環境で，よくわからないことも多いし，知っている人がいない。すでにともだちになったのか，楽しそうに盛り上がる人たちもいる。同じ高校からの進学者だろうか。すでにグループができてしまっていたら，そこに入るのも難しいだろう。ほかにひとりの人はいないかな。あ，でも，あの子。なんとなく，自分とはタイプがちがうみたい。服装や持ち物，髪の色。あれ？　ともだちって，どうやってつくるんだったかな。だれか，話しかけてくれないかな…。

そもそも，ともだちって，どのような存在なのだろう？　必要だ，大切だというけれど，何のために？

本章では，「ともだち」について，改めて考えてみたい。

2. ともだち関係はどのように発達するのか？：〈おなじ〉から〈ちがう〉へ

　日本の多くの若者はどうやら，「友だちとの友情をはぐくむ」ために学校へ通うようだ（内閣府, 2009）。日本を含む5カ国において行われた調査において，学校に通う意義についてアメリカ，フランス，イギリスでは「一般的・基礎的知識を身につける」が，韓国では「学歴や資格を得る」が1位に挙がっている一方で，日本のみ「友だちとの友情をはぐくむ」が65.9％で1位であった。数年の変化を見ても，学校でともだちとの関係を重視する傾向が，年々高まっている。

表5-1　学校に通う意義（各国比較）（内閣府. 2009）

(%)

	N	友達との友情をはぐくむ	専門的な知識を身につける	学歴や資格を得る	一般的・基礎的知識を身につける	自分の才能を伸ばす	職業的技能を身につける	自由な時間を楽しむ	先生の人柄や生き方から学ぶ	特に意義はない	わからない・無回答
日本	498	65.9	62.0	61.4	58.4	45.4	33.3	31.9	30.1	0.6	0.2
韓国	729	40.3	62.0	62.1	42.5	45.1	39.4	17.0	18.1	1.1	0.3
アメリカ	529	45.2	64.1	64.1	79.6	34.2	44.0	31.6	49.5	0.6	1.1
イギリス	305	49.2	55.4	61.3	61.3	34.1	49.5	30.2	38.0	1.0	1.3
フランス	612	16.7	59.3	52.0	74.2	52.5	39.9	9.3	18.3	0.8	0.2

　小学校入学前には，まど・みちおの詩『一年生になったら』にあるように，一年生になったら，ともだちをたくさんつくって，楽しく過ごすことを期待し，またそれが大切だと学ぶ。

　そもそも「ともだち」とは何だろう。アーノルド・ローベルによる『ふたりはともだち』というお話をご存知だろうか。がまくんとかえるくんが主人公のシリーズで，ふたりは，ともだち。いや，しんゆうだ。同じかえるのふたりだけれど，かえるくんは緑色のアマガエルで，がまくんは茶色のガマガエル。性格も異なるふたりは，ちがうからこそ，ともだちなのだ。ちがうからこそ，相手のことをもっと知ろうとする。ちがうからこそ，相手を尊重し，相手にとっての幸せを追求する。しんゆうだから。

図5-1　『ふたりはともだち』
（アーノルド・ローベル作. 文化出版局）

　ともだちとの関係は，発達に応じて変化する。小さい子どもたちは，同じことをすること（模倣）で，ともだちになっていく。砂あそびをしている子の隣にすわり，同じようにあそびはじめる。走り回る子のあとを追っているうちに，いつのまにかいっしょに走り，次第におにごっこがはじまることもあるだろう。まねをすることで，相手との距離を縮め，次第にともだちになっていく。「同じ」であることは，ともだちになる上で，大切な条件らしい。

　同じであること，つまり外面的な同一行動による一体感（凝集性）は，小学校低学年くらいまでのともだち関係の特徴である。同じあそびに興じる，同じものをおそろいで持つなど，外面的に同じであることが，仲良しの証となる。そして高学年へと成長するにつれて，これまで大人を安全基地としていた子どもたちが，自分たちだけで徒党を組んで時には反抗的な態度を見せるようになる。親や教師などまわりの大人から見ると，ギャング集団のようだと捉えられ，この時期を「ギャング・エイジ」，そして保坂・岡村（1986）はこの時期の友人関係のあり方を「ギャング・グループ」と名づけた。中学生くらいになると，「同じ」であることは変わらず重要な要因でありながらも，次第に内面的な類似性の確認による結びつきが，友人関係形成の基軸となってくる。同じものを持つだけでなく，同じものが好きで，互いの気持ちを共有し，言葉で確かめ合うことでともだちになり，自分たちだけの閉鎖的な関係を形成する（チャム・グループ）。その一方で，同じでないこと，「ちがう」ことは，排除の対象となるため，排他的関係でもある。とくに，言葉を介しての確認が大きな特徴とされており，このような発達的特徴と閉鎖的コミュニケーションを可能にする SNS によって，さらに閉じた関係になり，「同じであるべき」という同調圧力の強まりと同じでないものに対する排他性，さらには攻撃性が強められる危険も孕んでいる。

　榎本（2003）によると，高校生くらいになると，このような閉鎖的な関係のなかでともだちと仲良くしていたいという親和欲求が示されるとともに，互いのちがいを認め合い，尊重し合う「相互尊重欲求」が高まる。そして友人関係は，内面的にも外面的にも，互いに自立した個人としての違いを認め合いながら共存する，ピア・グループとして形成されるようになる。

　しかし保坂（2010）は，核家族化や都市化によって子どもたちの育ちの環境が変化し，集団における社会経験が乏しく，みんな同じであるべきだという同調性のみが強く求められるようになっていると指摘している。その結果，同調圧力による集団関係の形成の仕方が，思春期までのみならずさらに広い年代にも広がっており，人と人がつながる際に起こるトラブルの原因になっている可能性も否定できない。そのため，多くの人が友人関係に関してかなりデリケートになっているのではないだろうか。友人関係を維持するために，「空気を読む」ことに腐心する（浅野，2006）。人に「ちがう」と思われないよう，細心の注意を払い，気を使う。相手の気持ちを考えるため，やさしさ世代ともいわれるが，相手に自分がどう思われるかを気にしての気遣いは，やさしさ，なのだろうか。

　がまくんとかえるくんの友情は，互いがちがうからこそ成り立っている関係なのである。互いが互いにちがうことを認め合い，だからこそ，気持ちを共有しようと努め，互いを思いやり，相手のためにできるかぎりを尽くす。自分が，相手のために，そうしたいから。

3．ともだちは何のために必要？：ともだちがいる意味

　お互いに大切に思えるともだちがいたら，毎日は楽しいだろう。でもいないと，なんとなく不安だし寂しい。ともだちの役割は，寂しいときに一緒にいてもらって安心したり，

困ったことや悩みがあるときに相談にのってもらって少し気が楽になったりといった，情緒的安定のための役割を担っているといわれている。また，自分にないところを持っているともだちに憧れを抱き，あんなふうになりたいと努力をするなど，自己形成にも影響を及ぼす。自分とは違う人とともに過ごすことは，青年期における自己形成に大きな影響を与えることは間違いないが，先に述べたように，人間関係における発達的変化や他者とのちがいを認めるためのレディネス（準備性）およびそもそも自身の「らしさ」（＝自己）の確立とも大きく関わる（中間，2014）。がまくんとかえるくんは，もちろん物語だからではあるが，互いの性格がはっきりしている。それぞれの「らしさ」がぶつかり合うところに面白さがある。ともだちとの関係の発達は，互いにぶつかり合いながら自分を壊しつつ創っていくという創造的側面がある。

　ただし，親密かつ閉じた関係になることによるリスクについても検討する必要があるだろう。とくに中学生や高校生では，ともだちとのつながりが固定的かつ閉塞したものになりがちで，さらにそのつながりは教室という物理的空間にとどまらず，SNSなどを介し，24時間つながり続けており，そのことがもたらすプラスの側面もある一方で大きなリスクともなっている。

図5-2　「やめましょう，歩きスマホ」キャンペーンの広告（東京都交通局，2018）

　これは2018年11月，一般社団法人電気通信事業者協会（TCA）や全国の鉄道事業者などが共同で展開する「やめましょう，歩きスマホ。」キャンペーンの一環として制作された電車内のつり広告だ。すぐに返事をしようとして，ついつい歩きスマホをしてしまうことを注意する目的で作成されたものだが，「即レス」圧力は中高生にとってはかなり大きなものだろう。閉じているからこそ，そのなかでの「つながり」はとても大切で，相手への配慮や気遣い，相手を大切に思っていることの証の一つとして，「即レス」は重視されている。毎日を楽しく過ごすためのともだちが，気遣いと配慮への圧力となり，大きなストレスでしかない「友害」ともいえる状況に苦しんだ経験を持つ人は少なくないだろう。

　一方で，大学に入学すると，行動範囲が広がるとともに，閉鎖性や束縛のような暗黙のルールからは解放されるはずだ。また，大学生になるとともだちとの内面的な深いつながりを期待する傾向が高くなるといわれている（和田，1996）。しかし実際には，配慮すべき他者が増えているだけなのかもしれない。

　大学入学直後から継続的に友人関係についての調査を行った山中（1998）は，大学生が親密な関係を形成していくプロセスに，二つのレベルを見出した。一緒にいる/することを重視する「行動レベル」と相手に対する友情を感じる「認知・感情レベル」であり，より認知・感情レベルで強いつながりを感じるともだちが後にできたとしても，大学に入学してすぐにできたグループを，行動レベルにおいて優先する傾向が見られた。この背景には，最初にともだちになったことへの配慮および，入学当初のグループを抜けることによ

る周囲からのまなざしによる影響が見られた。入学当初にできたともだちとのつながりが，たとえ「推薦で合格した」ことや「授業が同じ」「下宿である」など些細なものであったとしても，である。どうやらともだちとの関係は，当事者同士の感情や関わりのみならず，他人からどう見られるか，どう評価されるかといった他者の視点，他者評価も大きく影響しているようだ。

　大学では，ともだちがいないと思われるのがいやで，トイレの個室で昼食をとる学生もいるという。いわゆる「便所飯」（和田，2013）であり，もう少し表現を変えて，「ランチメイト症候群」（町沢，2002）とも呼ばれる。彼・彼女らに実際ともだちがいるかいないか，は関係ない。そのときに，〈ひとり〉でいることを，ほかの誰かに見られること，が問題なのだ。とくに，大学の授業で顔見知り程度の関係の人に，ひとりでいるところを見られることは致命傷。初対面ではなく，ちょっと知っている，あるいはもしかするとこれからともだちになるかもしれない存在であるからこそ，余計にやっかいだ。このちょっと知っている関係だからこそ困難を感じることを「ふれあい恐怖的心性」（岡田，2002）という。全然知らない人に，カフェでひとりでいるところを見られることは気にならないけれど，ちょっと知っている人には見られたくないし，かといって話しかけるほど仲がよくないので，「今日はたまたまともだちがやすみでぼっちめしなんだ（笑）」という言い訳さえさせてもらえず，「ぼっちのさみしいやつ」確定となる。それがこわい。ということは，特定のともだちという存在が必要なのではなく，ともだちがいない人と思われないために，ともだちが必要なのだろうか。

　他者の目を気にすることも大切だが，何よりもまず，自らがどうしたいのか，どうありたいのかを考えるとき，ともだちを必要とする意味とは何か，考えてみてほしい。

④．男と女，友人関係はちがう？：ともだちに見るジェンダー

　他者の目を気にして，ともだちに過剰に気を使う傾向は，グループをつくりがちな女子の特徴という印象を持っている人が多いかもしれない。女子はグループを作り，いつも固まっている。しかもその関係はフクザツでややこしそう。女子グループの友人関係は「友害」の代表格！　それに比べて，男子は一匹狼でいることが多い。女子の友人関係はドロドロしているけど，男子はさばさばしている？

　チェンバース（Chambers, 2006/2015）によれば友人関係は，男らしくあること，女らしくあること，男性性・女性性にもとづくアイデンティティを表現する，あるいはそのようにふるまうための暗黙のルールとして機能しているという。つまり，男の子は一匹狼でいるほうが，より「男らしい」とされ，女の子はグループを形成し，互いに助け合うことによって「女らしさ」を表現する。たしかに，グループを作っている男子に対して，「女子みたい」と表現したり，ひとりで行動する女子を「男らしい」と言ったりする。いわゆるジェンダー・バイアスに違いないが，他者の目を気にして友人関係を形成する背景には，間違いなく男女の友人関係のちがいについての認識も影響しているだろう。

　なぜ，男女の友人関係にこのような差が生まれたのだろうか。チェンバースはその背景に，男女の社会的役割発達の違いを見る。男性の友情は，集団への所属とそのネットワークを通じて，社会的・文化的資源として機能するものとして位置づけられてきた。社会的地位の重視である。それに対して女性は，養育役割という女らしさの言説（ケアする自己）にもとづき，互いに助け合う必要から，小さなコミュニティの形成および，そこでの世間体のよさが重視される傾向にあるという。つまり男性は，自らの社会的権力を示すと

ともに社会的地位を保持するためにともだちをつくり，女性は助け合うためにグループを形成することを通してともだちをつくってきたというわけだ。

　では近年のジェンダー認識の変化は，友人関係のあり方にどのように影響しているだろうか。確かに，女子にグループを形成する傾向は見られ，多くの友人グループに関する調査は，女性を対象としている。しかし，筆者の勤める学部のように，男女比に大きな差があり，女子学生がマジョリティとなると，男子学生がグループ化する傾向が顕著であり，「男だから」「女だから」で，グループ形成を論じるのはいささか時代と合わなくなっている可能性もある。社会的背景の変遷のなかで，男性の友情，女性の友情のあり方も，変化しているのかもしれない。

5. ともだちは永遠？：大人の友情

　社会的背景の変化だけでなく，時の流れも当然ともだちとの関係に影響するだろう。先に論じたように，成長するにつれて友人関係のあり方も変化している。大学生として振り返ったとしても，その時々のともだちとの関係を思い出してみると，そのあり方には変化が見られ，現在での関わりとは違っているのではないだろうか。小学校で永遠の友情を誓った親友，いわゆる「ずっ友」（他に，親友よりさらに上の関係を指すことばに，「神友」などがあるらしい）と，今も同じ関係のままだろうか。一生続くかのように感じていた中学で悩んだ友人関係は，今どうなっているだろうか？　いい思い出もいやな思い出もあっただろう。これから大人になってもずっと，ともだちに気を使い，友人関係に悩まなければならないのだろうか。いや，そもそも大人ってともだち，いるの？

　ともだち（ママ友）とランチに出かけるおかあさん。でも，幼稚園のときのママ友とはもうあんまりつきあいはないみたいだし，子どもの卒園・卒業とともに母親同士の関係も変わっていく。でもそれって，子どもがともだちというだけで，おかあさんのともだちって？　ともだちとウォーキングに出かけるおじいちゃん。でも，おじいちゃんのともだちって，いつからの？　大人にもともだちがいるのだろうけれど，学校があるわけでもないし，仕事でのつきあいでゴルフに出かけるおとうさんは，ともだちと行く，とは言わない。おとなになると，「つきあい」が増えるようだけれど，「ともだち」はいるのだろうか。

　ライフステージの変化に伴い，人間関係も変化するのは当然であろう。内閣府（2015）が実施した4カ国の60歳以上の高齢者を対象とした調査において，「家族以外に相談あるいは世話をし合う親しい友人がいるか」について見ると，友人性別にかかわらず「いずれもいない」の割合は日本25.9％であり，同様の調査を行った他国に比べ，最も高くなっている。また，「家族以外に頼れる人はいるか」についての回答で日本は，「頼れる人はいない」が16.1％で最も高い。青年期に大切にし，努力して維持してきたともだちは，年をとると失われてしまうのだろうか。

表5-2　同居の家族以外に頼れる人（内閣府，2015）

（複数回答）（％）

	日　本	アメリカ	ドイツ	スウェーデン
1　別居の家族・親族	66.2	60.7	69.0	59.2
2　友人	18.5	45.0	45.0	43.4
3　近所の人	18.3	24.6	42.2	31.2
4　その他	3.7	7.6	5.0	7.7
5　頼れる人はいない	16.1	13.0	5.8	10.8
無回答	0.1	0	0.4	0

　ともだちという存在が寿命と関係することも指摘されているが（石川，2014），回答者が「友人」をどのような存在として意味づけていたのかが結果に影響している可能性がある。たとえば丹野（2010）が高齢者を対象に行った調査によると，友人のなかでも日常で顔を合わせる頻度が多い親密な友人と，めったに会うことはないけれど親密だと考えている友人とを比較したところ，それぞれの果たす機能は異なっていたことから，「友人」の認識とともにさらなる調査が必要だろう。「ともだち」と一言でいっても，その意味づけは人によって，年代によって，時代によって異なる可能性がある。表現の仕方も多様で，何をもって，どのような関係を「ともだち」としているのかを注意して見ると，さまざまなちがいがあるかもしれない。実際日本の高齢者は，他国と比べともだちが少ないようだが，知っての通りの長寿国である。青年期のともだちと高齢者にとってのともだちは，何かちがうのだろうか。

　たとえば大森（2003）が前期高齢女性を対象として，家族以外の身近な他者との関係についてインタヴュー調査を行った結果，高齢女性は，日常の身近な他者との交流において，適度な距離を保つように気遣いを必要とするが，そのような交流を通じて，自らの居場所を見出すことができるという意味づけを行っていることがわかった。つまり，高齢女性は，自らの居場所を確認し，今の自分を肯定的に受け止めるために，気を使ってでも他者とのつながりを大切にするよう心がけているというのである。この傾向は，女子高校生がグループの友人関係を維持しようと努力することと，同じなのかあるいは違うのか。

　友人関係に関する研究は，ほとんどが青年期を対象としたものであり，ライフステージによって，「ともだち」の認識や役割，位置づけなどが変化していく可能性も含め，今後検討していく必要がありそうである。

6．おわりに：ともだちという存在

　ともだち。多くの人にとって，家族以外の人とのつながりにおいて最も重要な関係と考えられる一方で，いったいそれが何であるのか，改めて定義したり，語ったりすることはほとんどない。寿命に関わるのだと言われれば，大切にしなければ，と思うかもしれない。でも，他者の目を気にしながら，気を使いながら維持する友人関係はとても労力を使うし，ストレスフルだ。ストレスのほうが大きいと考えれば，ともだちなどいらない，〈ひとり〉でいいのだ，と割り切ってしまうのもいいだろう。でも，友人関係は，まさに人と人とのつながりであるがゆえに，その関係のあり方も，本来多様であるはずだ。「ともだち」の定義だって，人によって大きく異なるだろう。人それぞれで，いい。みんなそれぞれ違うんだから，あえてぶつからず，〈ひとり〉もいいだろう。〈ひとり〉でいられる力も大切だ（菅野，2008）。当然，〈ひとり〉を許容し，排除しない社会環境も必要だ。実際，近年では一人用のラーメンカウンターやひとり焼肉店，ひとりカラオケ，カフェや大学の食堂にもひとり席が設けられ，〈ひとり〉への配慮がなされている。

　常につながっている必要は確かにないが，人それぞれだからこそ，「ちがう」ことを前提として，その都度，異なる他者との具体的な関係において，友人関係は学ばれなければならない（Blatterer, 2015）。『ふたりはともだち』のがまくんとかえるくんが，〈ちがう〉からこそ互いにぶつかり合いながらも，茶色いがまくんは緑のジャケットを，緑色のかえるくんは茶色いジャケットを身に着け，二人の間で起こるさまざまな出来事を通して，新たな気づきとともに，互いの友情を深めているように。そしてさらに，多くの新たなつながりにおける日々の友人関係についての学びは，新たな自分との出会いをもたらしてもくれるだろう。

　他人と交渉し，折り合いをつけることは確かにめんどうだ。つきあう必要のない人だっているかもしれない。でもそれも一つの学びであり，発達の契機だ。一人ひとりが異なる存在であることを，互いに認め合い，批判し合いながら，自己のアイデンティティを更新し続ける（保坂，2017）。さらにその経験をもとに，自分とは異なる誰かと向き合うこと。そして，もし仮にその人との関係が思うようにいかなくても，その人との関係は，その人との具体的なつながりのなかで考えていけばいい。ただそこから逃げているだけでは，新しい可能性は開けないのではないだろうか。

The bird a nest, the spider a web, man friendship.
（鳥には巣，蜘蛛には網，人には友情を）

　　　　　　　　　　　　ブレイク（Blake, 1908/ 2004, 訳書 pp. 192-193）

■かんがえてみよう
・ともだちがいないことで悩むくらいなら，ともだちなんていなくてもいいと割り切ったほうが楽かもしれないとも考えられます。しかし，本当にそれでいいのだろうかと著者は問いかけています。あなたは，ともだちがいること，いないこと，それぞれについて，どのように考えますか。（著者の主張に対する意見）
・ともだちとの関係に困難を感じる背景について，映画や小説，漫画などの物語や，各種統計データなどを参照しながら，検討してみましょう。（発展的学習）

引用文献
浅野智彦（2006）．若者の現在　浅野智彦（編）検証・若者の変貌：失われた 10 年の後に（pp. 233-260）勁草書房
Blatterer, H.（2015）. *Everyday friendships: Intimacy as freedom in a complex world*. London, UK: Palgrave Macmillan.
Blake, W.（1908）．松島正一（編）（2004）．ブレイク詩集：イギリス史人選（4）岩波書店
Chambers, D.（2006）. *New social ties: Contemporary connections in a fragmented society*. Basingstoke, UK: Palgrave Macmillan.（辻 大介・久保田裕之・東 園子・藤田智博（訳）（2015）．友情化する社会：断片化のなかの新たな〈つながり〉岩波書店）
土井隆義（2008）．ともだち地獄：「空気を読む」世代のサバイバル　筑摩書房
榎本淳子（2003）．青年期の友人関係の発達的変化：友人関係における活動・感情・欲求と適応　風間書房
保坂 亨・岡村達也（1986）．キャンパス・エンカウンター・グループの発達的・治療的意義の検討：ある事例を通して　心理臨床学研究，4，15-26.
保坂 亨（2010）．いま，思春期を問い直す：グレーゾーンに立つ子どもたち　東京大学出版会
保坂裕子（2017）．女子高校生を対象とした友人関係についてのグループインタヴューのナラティヴ・アイデンティティ分析　兵庫県立大学環境人間学部研究報告，19，53-61.
石川善樹（2014）．ともだちの数で寿命はきまる：人との「つながり」が最高の健康法　マガジンハウス
菅野 仁（2008）．ともだち幻想　筑摩書房
町沢静夫（2002）．学校，生徒，教師のための心の健康ひろば　駿河台出版社
内閣府（2009）．第 8 回世界青年意識調査
内閣府（2015）．平成 27 年度 第 8 回高齢者の生活と意識に関する国際比較調査結果
中間玲子（2014）．青年期の自己形成における友人関係の意義　兵庫教育大学研究紀要，44，9-21.
岡田 努（2002）．現代大学生の『ふれあい恐怖的心性』と友人関係の関連についての考察　性格心理学研究，10(2)，69-84.
大森純子（2005）．前期高齢女性の家族以外の身近な他者との交流関係に関する質的研究　老年社会科学，27，(3)，303-313.
丹野宏昭（2010）．高齢者の QOL に果たす友人関係機能の検討　対人社会心理学研究，10，125-129.
東京都交通局（2018）．「やめましょう，歩きスマホ。」キャンペーンの実施について Retrieved from https://www.kotsu.metro.tokyo.jp/pickup_information/news/subway/2018/sub_p_201810258263_h.html
山中一英（1998）．大学生の友人関係の親密化過程に関する事例分析的研究　社会心理学研究，13，93-102.
和田 実（1996）．同性への友人関係期待と年齢・性・性役割同一性との関連　心理学研究，67，232-237.
和田秀樹（2013）．スクールカーストの闇：なぜ若者は便所飯をするのか　祥伝社

Column 6

よそおい（化粧・ファッション）の違いと人間関係

人のよそおい（化粧・ファッション）は，友達をつくるときや，対人関係を築き上げるときにどれくらい影響するだろうか。もちろん，私たちはよそおいだけを手がかりに友達関係を構築するわけではないが，ここでは，よそおいの違いと人間関係について，化粧とファッションの観点からその役割を考察したい。

よそおいは，個人にとって身体的な不安感やコンプレックスを隠したり覆ったりするものである。その一方で，アイデンティティの形成と変容の過程にも関わるものでもあり，個人の特徴を際立たせ，強調する際にも用いられる。とくに若者にとっては，他者と類似した集団に所属していることと他者とは異なるアイデンティティを持つことは，個人の中で拮抗する強い願望となる。そのため，自身を変容させる手段として，化粧やファッションに対する意識も高まる傾向が認められる。私たちが，よそおいを手がかりに，無意識に他者に対する判断や評価をする過程は，専門的な観点からは，非言語コミュニケーションと印象形成に関連する認知的アプローチとして知られている。とりわけ，日本では，よそおいが役割期待に沿っていること，さらにその役割期待における規範にしたがっていることがその人の望ましさの評価と結びつきやすい傾向にある。つまり，化粧・ファッションから受ける人格の印象内容は，他者に対する期待や他者のよそおいに対する関心に左右され，評価の仕方が変わるのである。

よそおい（化粧・ファッション）は，個人の容貌を変容させるために用いられるが，そこには本人が気づかない無意識的な心理過程が潜んでおり，結果として友達同士のファッション，ひいては見た目（雰囲気）が似るという現象が生じると考えられる。なぜなら，私たちのよそおいは多くの場合，日常における試行錯誤と実践を通して自分自身について学び，その結果としてスタイルが完成するからである。化粧やファッションをめぐっては，親の規範意識との交渉過程もある。また，友達同士でショッピングに出かけることは，他者との類似性や差異性を認識するきっかけを得ることにもつながる。人間関係という文脈で考えると，自分自身と友達が共通の態度や価値を持つ人間であると認識する場合に，その友達は魅力的な相手となるのである。誰かを好む（like）こととよく似ている（alike）ことは同じ語源であり，連帯感や同一性が共有感覚から結果的に生じ，結果として友達同士のよそおい（化粧・ファッション）の傾向が似るという現象が生じるのである（Kaiser, 1985/1994）。

さらには，よそおいについての意識は人生を通じて徐々に変化していくことも明らかになりつつある。筆者が生涯発達における化粧の意味づけを調べた研究（木戸，2015）では，若者にとっては「可愛い」「美しい」「モチベーションを上げる」のように，より個人的な意味があることが認められた。一方，年を重ねるにつれ，「社会的」「常識的」「マナーを守る」「品格がある」というより社会的な意味があることが認められた。つまり，発達を経ることでより広い人間関係を作るためのよそおいを志向する傾向があるのではないかと考えられる。

ここまで，よそおい（化粧・ファッション）の違いと人間関係について述べた。ただし，現実の社会では人間関係を築く上で私たちは多様な手がかりを用いており，よそおいの類似性はそのなかの一つの手がかりにすぎないという点については留意する必要がある。現に，類似性と他者に対する好意については，心理学の学説としてはまだ仮説とされるに留まっており，実証的な研究による検証には至っていない。今後は，よそおいの違いを作り出す道具としての化粧・ファッションに関心を向けた研究の必要性がより高まるだろう。なぜなら，私たちは自らが独自性を持つ人間であると信じようとする個人的欲求を持つ存在だからである。　（木戸彩恵）

引用文献

Kaiser, S. B. (1985). *The social psychology of clothing and personal adornment*. New York: Macmillan. （高木　修・神山　進（監訳）被服心理学研究会（訳）(1994). 被服と身体装飾の社会心理学：装いのこころを科学する（下巻）北大路書房）

木戸彩恵（2015）．心理・社会的発達と化粧行為の関連の検討：ライフ・ステージによる化粧意識の相違と老年期の化粧　コスメトロジー財団報告, *23*, 155-161.

第6章 恋愛ってどういう関係？

髙坂康雅

■しらべてみよう
・恋人を欲しいと思わない人が増加している背景には，何があると考えられますか。
・あなた自身は恋愛に何を求めますか。近年の若者の状況に照らして考えてみましょう。

---

1. はじめに

　恋愛なんて，誰かに教えてもらったり，本を読んだりしなくても，わかっていると思っている人は多いだろう。しかし，身のまわりにあるものほど，案外わからないことや気づかないことがあったりする。この章では，一般的な恋愛（異性間の恋愛）について説明するとともに，①性的マイノリティの恋愛，②二次元創作物に対する恋愛，③恋人を欲しいと思わない若者，について概説し，恋愛に対する多様な考え方や恋愛の多様なあり方について考えていきたい。

2. そもそも恋愛って何？

（1）みんな恋愛している？

　確かに恋人をつくることも，恋愛関係を維持することも大変ではあるが，それでも多くの青年は恋愛に憧れ，誰かを好きになり，実際に恋愛関係を構築していく。

　ところで，「高校生になったら，みんな恋愛している（恋人がいる）」と思ったことはないだろうか。これが「大学生になったら」だった人もいるかもしれない。そして，自分も高校生や大学生になったら，好きな人ができて，恋愛をするんだと，漠然と思っていたりしていなかっただろうか。

　しかし，残念なことに，実際に恋人ができる人は驚くほど少ない。日本性教育協会（2019）の調査によると，高校生のうち恋人がいる者は男子で25.4%（「1人いる」と「複数いる」の合計；以下同様），女子で33.5%であり，大学生では男子で36.9%，女子で44.1%であった。また，国立社会保障・人口問題研究所（2017）が18歳から34歳の未婚者を対象に行った調査では，恋人がいる男性は21.3%，女性は30.2%であった（「婚約者がいる」と「恋人として交際している異性がいる」の合計）。国立社会保障・人口問題研究所（2017）の調査対象者には学生だけではなく，正規労働者やパート・アルバイトも含まれている一方，既婚者が含まれていないため，比較的男女が出会いやすい環境にある大学生に比べて低い値になっている。それでも，大学生で恋人がいる者は3分の1を超える程度，高校生や社会人では3〜4分の1程度しか恋人がおらず，「みんな恋愛してい

る」状況とは決していうことはできないのである。

　このように実際に恋人がいる者が半数以下であるにもかかわらず，「みんな恋愛している」と思ってしまう現象は，「恋愛普及幻想」と呼ばれている（若尾，2003）。この恋愛普及幻想の背景には，青年が多く接するメディアの影響が大きいとされている。たとえば，森永（1997）は，1990年代の流行歌の90％以上が恋愛に関するものであったとしている。また，雲野（1996，2006）は少女向けコミック誌の内容分析を行い，1995年では88.7％が，2005年でも65.1％が恋愛に関わる内容であったことを明らかにしている。牧野ら（2012）はこのような傾向から，「少女向けコミックは，内容がほぼ恋愛に関しているものであり，女子は恋愛への関心からコミックを情報源にすることで，恋愛のプロセスを学習している」（pp.563-564）と推測している。このように青年の身近にある音楽，マンガ，映画，アニメ，雑誌（コミック誌もファッション誌も）などがこぞって恋愛を取り上げていることが，恋愛普及幻想の背景にはあると考えられる。

(2) 恋愛はどのように進展するのか？

　実際に異性と恋愛関係が構築・維持されると，恋愛関係特有の現象が生じる。たとえば，松井（1993）は，1982年に大学生を対象に恋愛行動の進展に関する調査を実施している。その結果，恋愛関係は5つの段階に分けられることが明らかにされている。第1段階は，友愛的な会話から内面の開示に至るコミュニケーションの進展やプレゼントを贈る/もらうなどの行動，肩や身体に触れる程度の身体接触が特徴となっている。第2段階では，用もないのに電話したり会ったりしたり，一緒に出掛けたり，手や腕を組むなどの身体接触が行われるようになる。第3段階では，部屋を訪れたり，キスや抱き合うなど性行動がみ

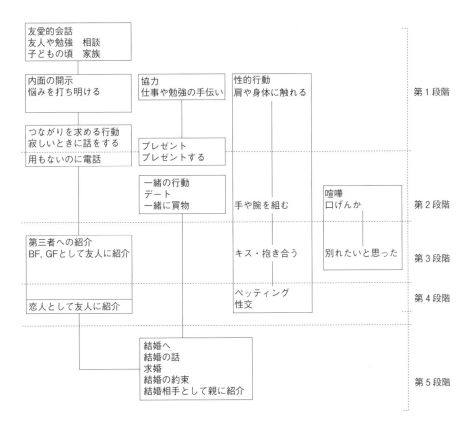

図6-1　2000年における恋愛行動の進展に関する5段階説（松井，2000，2006より作成）

られるようになる。第 4 段階では恋人として友人に紹介するなど，関係が安定し，オープンなものになる。そして，第 5 段階では，結婚の話が出始めるとともに，ペッティング・性交といった性行動が行われる。この恋愛行動の 5 段階は，2000 年に行われた調査でも再度確認されているが，ペッティングや性交が，第 5 段階から第 4 段階へと早まっているという変化も明らかにされている（松井，2000，2006；図 6 - 1）。これは，恋愛行動・性行動の低年齢化・活発化などの観点からも説明することができるが，恋愛・性行動・結婚という三者関係に対する意識の変化からも理解することができると考えられる。つまり，1980 年代には，まだ性行動（性交）は結婚と結びついており，性交は結婚する相手とのみすべきであるという意識があった。しかし，1990 年代になると結婚が "家と家との結びつき" から "個人と個人の結びつき" という意識に変化し（結婚の自由化），それに伴い，いつ誰とどのように交際するかということも個人の意思が重要視されるようになってきた（恋愛の自由化）。そのなかで，性行動（性交）も結婚とは切り離され，「恋愛関係になれば性交はするもの」というように，徐々に恋愛との結びつきが強くなっていったと考えられる。

　この恋愛行動の進展には，当然カップル間差がある。Huston et al.（1981）は，恋愛行動の進展には，急進 - 減速型，急進型，中間型，長期型の 4 つのタイプがあることを示している。また，髙坂（2014）は恋人がいる大学生を対象とした縦断調査から，70％以上の大学生は交際期間 8 か月までに性交を経験する一方，交際 2 年半を経過しても，結婚の約束をしたり，結婚相手として親に紹介した者は 10％程度であり，第 4 段階と第 5 段階の間には大きなギャップがあることを明らかにしている。

　また，恋愛関係特有の心理状態として，詫摩（1973）は①相手を美化する結晶作用，②相手と同じ言動をするようになる同調傾向，③相手のことを思い続けるようになる憑 執傾向，④ 2 人の間に生じる内閉的世界と共存感情，⑤感情が不安定になることによって生じる疑念の克服，⑥人間的な成長に伴う精神的成熟，を挙げている。これ以外に，大野（2010）はドキドキしたり，顔が赤くなるなどの身体的現象も恋愛（とくに恋）の特徴であると述べている。他にも，嫉妬（やきもち）や羞恥心，独占欲，激情（怒りや悲しみなどの激しい感情の動き），関係不安（漠然とした別れる不安），多幸感，恋人がいることによる優越感・充足感など，恋人がいることによって多様な感情が生起することが指摘されているが，どのような時期・段階においてどのような心理状態・感情が生じるのかについては，カップルの関係性などによっても異なるため，一貫した知見が得られているとは言い難い。

（3）どんな恋愛が幸せ？

　恋人ができ，恋愛関係を構築できたからといって，必ずしもみんなが幸せになれるとは限らない。前述したように嫉妬や不安のようなネガティヴな感情が生じることもあれば，浮気をされることもある。ストーカーやデート DV なども近年では注目されている。何より恋愛関係はその多くが失恋・別離というかたちで終わることが多い。それでも，最初からネガティヴな感情・行動が生じたり，ネガティヴな結果となることを予期して恋愛関係を構築する者は少なく，相手と長く一緒にいたい，幸せになりたいと思って恋愛関係をスタートさせていく。

　では，どのような恋愛は幸せなのだろうか。言い換えると，どのような関係を構築できれば，幸せになることができるのであろうか。この問いに対して一概に応えることは難しいが，その一つの答えとして，髙坂（2011）は恋愛様相モデルを提唱している。

　恋愛様相モデルは，恋愛を恋と愛を両極に持つ一次元的なものと捉えている（図 6 - 2）。

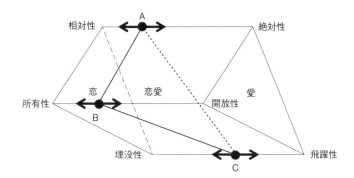

図6-2　恋愛様相モデル（髙坂，2011 より作成）

　このモデルでは，恋には相対性，所有性，埋没性という3つの特徴が，愛には絶対性，開放性，飛躍性という3つの特徴が示されている。相対性は，相手を他の異性や自分の理想・条件と比較して評価することであり，他の異性と比べて劣っていたり，自分の理想・条件に相手が合致していないと思うと相手への想いは減少・消失する。所有性は相手を物理的・心理的・時間的に独占し，常に相手の意識を自分に向けていたいという思いである。相手を占有できていると強い満足感を得るが，それができていないと感じると不安や怒り，焦燥感を抱く。埋没性は，自分の意識や生活が相手や相手との関係中心になってしまうことであり，常に相手のことを考えてしまうため，学業や仕事への意識・意欲の低下，友人関係の疎遠化，相手以外への関心の低下などが生じる。一方，愛の特徴の絶対性は，相手の短所・欠点も含めて相手をそのまま受け入れることであり，開放性は相手のために自分の時間や労力を惜しみなく提供することであり，飛躍性は相手との関係を基盤として，自分の学業や仕事に対して努力ができたり，興味関心の幅が広がったりすることである。相対性と絶対性，所有性と開放性，埋没性と飛躍性がそれぞれ対応した関係となっており，たとえば相対性が高ければ，絶対性は低くなる関係にある。

　そして恋愛様相モデルでは，これら恋の特徴と愛の特徴が渾然一体となって，同時に生起したり，交互に生じたりする状態を恋愛としている。恋愛の様相（状態）は，「相対性―絶対性」「所有性―開放性」「埋没性―飛躍性」という3つの次元上の動く3つのパラメーターを結んだ三角形で表される。これらのパラメーターが愛の方向（図6-2の右側）に進むほど，個々の満足度が高く，関係も安定している良好な関係になるとされている。

　このパラメーターは，年齢が高ければ，あるいは，交際期間が長ければ愛の方向に動くとは限らない。髙坂・小塩（2015）が恋愛様相モデルに基づいて作成した恋愛様相尺度（Scale of Immature / Mature Love; SIML）を用いて調査を実施したところ，絶対性得点，開放性得点，飛躍性得点のいずれも年齢や交際期間との間に関連が見られなかった。対して，アイデンティティ得点とは有意な正の相関が見られたことから，幸せな恋愛をするため（恋愛状態を愛に近づけるため）には，まず互いが自身のアイデンティティを確立するよう努める必要があるといえる。

3．異性愛だけが恋愛か？

　ここまでは，恋愛に関する知見や研究成果を中心に紹介してきた。しかし，現在，恋愛のあり方や価値観は多様化し，恋愛を取り巻く状況も刻々と変化している。以下では，これまでの恋愛研究ではあまり取り上げられてこなかった恋愛の多様なかたちを紹介していきたい。

(1) 性的マイノリティの恋愛

　これまで論じてきた恋愛は，基本的に「異性愛」についてである。従来の心理学では，恋愛関係は異性関係とほぼイコールであり，また人（青年）が異性に関心を持ち，異性と恋愛関係を持つことは当たり前のことであるとされてきた。しかし，現在，少なくとも「誰もが異性に関心を持つ」という認識は適切ではないという見方が広まってきている。

　性的マイノリティとは，性のあり方が多数派ではないものの総称である。性を理解する視点としては，セックス（生物学的・生理学的性），ジェンダー（社会的・文化的性），セクシュアリティ（性的指向など対人的・関係的性）がある。日本では，性的マイノリティは LGBT と同義に捉えられることもあるが，L はレズビアン（Lesbian; 女性同性愛者），G はゲイ（Gay; 男性同性愛者），B はバイセクシュアル（Bisexual; 両性愛者）と性的指向に関わる言葉の頭文字であるのに対して，T はトランスジェンダー（Transgender），つまり身体の性（生物学的性）と心の性（性自認）が異なっている者を指す言葉である。他にも，X ジェンダー（男女のどちらにも決めたくない人），インターセクシュアル（身体的性がどちらであるといえない人），クエスチョニング（性自認や性的指向で迷っている人），アセクシュアル（無性愛者）など，性的マイノリティのなかでも細分化されている。

　電通ダイバーシティ・ラボ（2015）が行った大規模調査によると，日本における性的マイノリティは 7.6% であるとされている。内訳はレズビアンが 0.5%，ゲイが 0.9%，バイセクシュアルが 1.7%，トランスジェンダーが 0.7%，その他（X ジェンダーなど）が 3.8% であった。

　このような性的マイノリティの者のなかには，実際に同性間での恋愛関係を構築・維持している者がいる。近年では，インターネットの発達により，SNS などを通して，以前よりも容易に同性愛者を見つけ，交流することが可能になっている。また，2015 年には渋谷区と世田谷区で同性パートナーを証明する条例や仕組みが成立したことで社会的な認知が広がった。しかし一方では，日本では社会制度においても研究領域においても異性愛が前提とされており，また性的マイノリティであることによる偏見・差別もあり，当事者がカミングアウトしたり調査協力したりすることが難しい状況にある。

　海外の研究では，男性は同性愛者も異性愛者もパートナーの身体的魅力を重視し，女性はいずれもパートナーのパーソナリティを重視する傾向（Bailey et al., 1994）があり，パートナーに求める魅力に同性愛者も異性愛者も違いがないことを示している。また，出会いの場（Elze, 2002）や別れの理由（Kurdek, 1997）についても，同性愛カップルと異性愛カップルに差異は見られていない。

　一方，同性愛者の恋愛の仕方や両者間の関わり，そこで生じる感情などについては国内外問わず，あまり研究が行われていない。そのような現状のなかで，山川（2016）は，女性と交際経験がある女性（レズビアンおよびバイセクシュアル）8 名を対象にインタヴュー調査を行い，同性と交際することの肯定的側面・否定的側面について分類している。その結果，肯定的側面としては①同性ならではの共感，②外出時の利得，③魅力的な女性像，④自由な性役割，⑤心理的成長への関与の 5 カテゴリーが，否定的側面では①周囲の視線に対する懸念，②家族関係の悪化，③法律で認められないことへの不安，④類似性への嫌悪，⑤性行為における不満足の 5 カテゴリーが見出されている。肯定的側面の⑤心理的成長への関与以外はいずれも同性愛であるからこそ生じるものであると考えられ，同性愛の恋愛と異性愛の恋愛は，その様相が異なっている可能性が示唆されている。

　今後もこのような知見が蓄積されることで，性的マイノリティに対する理解が高まることが期待される（コラム 7 参照）。

（2）二次元創作物への恋ごころ

　異性愛者から見ると，同性愛・同性愛者のこともなかなか理解しづらいかもしれないが，それら以上に理解しがたいものに，「二次元創作物への恋ごころ」があるかもしれない。「オタク」という言葉はすでに市民権を得て，広く使われるようになっているが，このような「オタク」と称する者のなかに，マンガ・アニメ・ゲーム等のいわゆる二次元創作物に登場するキャラクターに対して，恋愛感情を有する者がいる。

　「オタク」というと，男性のイメージが強いが，現在では女性でも自らを「オタク」と称する者は少なくなく，男性キャラクターに恋愛感情を持つ者もいる。内閣府（2011）が20・30代の男女を対象に「メディアの中のキャラクターや登場人物に恋をすることがあるか」と尋ねているが，「あてはまる」と回答した未婚男性が9.9％であったのに対し，未婚女性は20.4％となっており，実は男性よりも女性の方が二次元創作物に対して恋愛感情を抱いていると考えられるのである。

　この二次元創作物に対して恋愛感情を抱く者に対する評価は，おおむね良くない。たとえば斎藤（2003）は二次元創作物に恋愛感情を抱く「オタク」について，オタク趣味は「本来なら小学校か，せいぜい中学までに卒業してしかるべき対象物」であるとし，そこに恋ごころを抱く者は，「現実に触れて傷つくことを回避し，虚構の世界に逃げ込んでいる」（斎藤，2006）者であり，「非モテ，すなわち現実の異性関係がなかなか持てない」ために二次元創作物に耽溺することにより，「『関係性の排除』という『後ろめたさ』を背負い込んでいる」（斎藤，2010）としている。これらの議論では，異性愛であれ同性愛であれ，そこには実際の人間関係があり，相互作用が生じる。一方，二次元創作物との間には相互作用が生じない。そして，二次元創作物に恋愛感情を持つ者は，実際の人間との相互作用に耐えられないため，自己完結的な二次元創作物との創造的相互作用によって，実際の人間関係を代替・模倣していると論じているのである。

　しかし，これらの論（仮説）は実証的に検証されてはいない。先に紹介した内閣府（2011）の調査において，既婚者の9.5％（男性5.3％，女性13.5％），恋人がいる未婚者の13.0％（男性7.4％，女性18.0％）が，メディアの中のキャラクターに恋をすることがあると答えている。この割合は，恋人のいない未婚者（12.3％（男性8.0％，女性18.1％））や交際経験のない未婚者（19.7％（男性14.5％，女性30.2％））と比べて，極端に低いとは言い難い。「オタク」男性にインタヴュー調査を行った大倉（2011）も，「大多数の消費者は二次元メディアに現実の模倣ではない独自の価値を積極的に見出していた。またその内容も時代を追うごとに現実の性行動・恋愛行動から乖離し，現実の代替品・模造品としての機能を持たなくなってきている」（p.127）と述べている。家島・岡田（2018）はアニメ・マンガのキャラクターに対する態度として「尊敬」「恋慕」「同一視」の3因子を抽出し，いずれも「オタク」を自認している者の方がしていない者よりも高いことを明らかにしている。これらから，二次元創作物に恋ごころを抱く者は，現実の恋愛や人間関係を回避し，逃避しているのではなく，二次元創作物に対する恋ごころに加え，尊敬や同一視など多様な思いを抱いているといえる。

　なお，2000年代に入り，「腐女子」という言葉が用いられるようになってきている。一般的には，「オタク」女子のなかでも，「男性同士の恋愛を扱った作品を好む趣味を持った女性」（笹倉，2016）であるとされている。「オタク」が二次元創作物内のキャラクターに想い・欲望を向けるのに対して，「腐女子」はキャラクター同士の「関係」に想いを向ける点で異なっている（斎藤，2006）。「腐女子」が求める関係は「『全人的な愛』と『対等性』が併存した関係」であるとされ（笹倉，2008），キャラクターに恋ごころを抱く「オタク」とは一線を画すものである。

　このように，二次元創作物に恋ごころを抱く者もさらに細分化され，多様な世界を作り上げているようである。

(3) 恋人を欲しいと思わない若者

　2000 年代に入り，「草食化」という言葉のように，若者の恋愛離れに関する言説が多く見られるようになってきている。もちろんそのような若者のなかには，性的マイノリティのアセクシュアル（無性欲者）に該当する者もいるであろうし，「オタク」のように現実の恋愛よりも二次元創作物の方に興味関心を持っている者も含まれる。しかし，やはり恋人を欲しいと思わない若者も，概して否定的に捉えられ，本当は恋人が欲しい，恋愛をしたいにもかかわらず，コミュニケーション能力が低く，異性と話したり恋愛したりすることができないため，そのような状況を自己正当化していると評されることも少なくない（森川，2015 など）。

　国立社会保障・人口問題研究所（2017）が 18 歳から 34 歳の未婚者を対象に調査を行った結果，恋人としても友人としても交際している異性がおらず，とくに異性との交際を望んでいないと答えた者は，男性で 30.2%，女性で 25.9% であり，前回調査（2010 年）から男女ともに 3% 程度増加している。また毎年新成人を対象に調査を行っているオーネット（2018）では，「交際相手が欲しい」と回答した者の割合は 2015 年新成人の 62.6% が最も少なく，2016 年新成人からは上昇に転じ，2018 年新成人は 76.5% となっており，「欲しくない」と回答した者は 9.3% となっている。大学生を対象とした調査（髙坂，2013）では，男性の 20.3%，女性の 19.9% が恋人を欲しいと思っていないと回答している。対象者や尋ね方によって多少異なるが，おおむね 20% 程度が「恋人を欲しいと思っていない若者」にあたると推測される（髙坂，2016）。

　髙坂（2018a）は恋人を欲しいと思わない若者を「恋愛に対する準備性」と「生活感情のネガティブさ」という 2 つの基準から，ひきずり型，自信なし型，楽観予期型，積極的回避型の 4 つのタイプに分類している（図 6 - 3）。ひきずり型は以前の恋人を忘れられていなかったり，恋愛で嫌な経験をしていたりして，次の恋愛に気持ちを向けることができていないタイプである。自信なし型は，自信がなく，異性から魅力的に見られるとも思っていないタイプであり，コミュニケーションに対する自信は低く，友人関係も浅いつきあいに留まっている。このようなタイプは森川（2015）が指摘したような，コミュニケーション能力が低く，恋人が欲しいのに欲しいと思わないことで自己正当化している者といえるかもしれない。一方，楽観予期型は，今は生活が充実しているため恋人を欲しいとは

図 6 - 3　恋人を欲しいと思わない青年の
4 類型 （髙坂，2018a より作成）

思っていないタイプであるが，このタイプはコミュニケーションに対する自信が高く，友人関係も良好である。また，積極的回避型も決してコミュニケーションに対する自信が低い訳ではないが，対人関係によって生じる負担を嫌悪しているタイプである。このように恋人を欲しいと思わない若者といっても，そのタイプはさまざまであり，一緒くたに論じることはできないのである。

　また，高坂（2018b）は，恋人を欲しいと思っていない大学生の1年後の状況を追跡調査している。その結果，対象者の61.5％は1年後も恋人を欲しいと思っていなかったが，9.4％には1年の間に恋人ができ，30.2％は恋人を欲しいと思うように変化していることを明らかにしている。このように，「恋人を欲しいと思わない」という気持ちも，一時的なものであり，周囲の状況などによっても変化しうるものであると考えられる。ある一時点で「恋人を欲しいと思わない」と思っていたからといって，即座にコミュニケーション能力がないなどと断じることはできないのである。

4. おわりに

　個人の生き死にだけを考えた場合，必ずしも恋愛が必要なわけではない。恋愛をしなくても，楽しい日々を送り，充実した人生を全うしている者も少なくない。パートナーシップや事実婚など，徐々に法的な婚姻関係以外の，結婚に類似した関係性が認知され認められるようになってきている。そのような時代の変化のなか，恋愛についても，若者みんなが欲し，男女間でするものという固定観念を見直すときに来ていると考えられる。

　恋愛をする/しないも含めた，多様な恋愛のあり方を認めていくことで，人の生き方の幅が広がり，多様な人々が生きやすい社会につながっていくと期待される。

■ **かんがえてみよう**

・著者は，恋愛には多様な立場や考え方などがあるとしつつも，人生を豊かにするものではないかと提言しています。あなた自身は，人生を豊かにする恋愛とは，どのようなものであると思いますか。（著者の主張に対する意見）
・青年のみではなく，壮年期や高齢者の恋愛について関連資料を調べ，その特徴や違いなどについて検討してみましょう。（発展的学習）

引用文献

Bailey, J. M., Gaulin, S., Agyei, Y., & Gladue, B. A. (1994). Effects of gender and sexual orientation on evolutionarily relevant aspects of human mating psychology. *Journal of Personality and Social Psychology, 66*, 1081-1093.

電通ダイバーシティ・ラボ（2015）．電通ダイバーシティ・ラボが「LGBT調査2015」を実施　Retrieved from http://www.dentsu.co.jp/news/release/2015/0423-004032.html

Elze, D. E. (2002). Against all odds: The dating experiences of adolescent lesbian and bisexual women. *Journal of Lesbian Studies, 6*, 17-29.

Huston, T. L., Surra, C., Fitzgerald, N., & Cate, R. (1981). From courtship to marriage: Mate selection as an interpersonal process. In S. Duck & R. Gilmour (Eds.), *Personal relationships 2. Developing personal relationships* (pp. 53-88). London: Academic Press.

家島明彦・岡田有司（2018）．オタクの心理学（2）　アニメ・マンガのキャラクターに対する態度尺度作成の試み　日本パーソナリティ心理学会第27回大会発表論文集

国立社会保障・人口問題研究所（編）（2017）．平成27年現代日本の結婚と出産：第15回出生動向調査（独身者調査ならびに夫婦調査）報告書　厚生労働統計協会

高坂康雅（2011）．青年期における恋愛様相モデルの構築　和光大学現代人間学部紀要，*4*，79-89.

高坂康雅（2014）．大学生の恋愛行動の進展　和光大学現代人間学部紀要，*7*，215-228.

高坂康雅（2016）．恋愛心理学特論　福村出版

髙坂康雅 (2018a)．青年期・成人期前期における恋人を欲しいと思わない者のコミュニケーションに対する自信と同性友人関係　青年心理学研究, *29*, 107-122.

髙坂康雅 (2018b)．恋人を欲しいと思わない大学生の1年後の恋愛状況の変化：恋人を欲しいと思わない理由と恋人を欲しいと思うようになった理由に着目して　パーソナリティ研究, *27*, 90-93.

髙坂康雅・小塩真司 (2015)．恋愛様相尺度の作成と信頼性・妥当性の検討　発達心理学研究, *26*, 225-236.

Kurdek, L. A. (1997). Adjustment to relationship dissolution in gay, lesbian, and heterosexual partners. *Personal Relationships, 4*, 145-161.

牧野友紀・石田志子・藤田　愛 (2012)．小中学生対象の月刊コミックにおける恋愛と性に関する言語とシーンに関する分析　母性衛生, *52*, 563-569.

松井　豊 (1993)．恋愛行動の段階と恋愛意識　心理学研究, *64*, 335-342.

松井　豊 (2000)．恋愛段階の再検討　日本社会心理学会第41回大会発表論文集, 92-93.

松井　豊 (2006)．恋愛の進展段階と時代的変化　齊藤　勇（編）イラストレート恋愛心理学　出会いから親密な関係へ（pp. 62-70）　誠信書房

森川友義 (2015)．論壇スペシャル　恋愛しない若者たち　読売新聞　8月10日朝刊, 9.

森永卓郎 (1997)．「非婚」のすすめ　講談社

内閣府 (2011)．平成22年度結婚・家族形成に関する調査報告書【全体版】　Retrieved from http://www8.cao.go.jp/shoushi/shoushika/research/cyousa22/marriage_family/mokuji_pdf.html

日本性教育協会（編）(2019)．「若者の性」白書　第8回青少年の性行動全国調査報告　小学館

大倉　韻 (2011)．現代日本における若年男性のセクシャリティ形成について：「オタク」男性へのインタビュー調査から　社会学論考, *32*, 109-134.

オーネット (2018)．第23回新成人意識調査　2018年「新成人」の恋愛・結婚に関する意識調査　ことぶき科学情報, *97*.

大野　久 (2010)．青年期の恋愛の発達　大野　久（編）シリーズ生涯発達心理学④　エピソードでつかむ青年心理学（pp. 77-105）　ミネルヴァ書房

斎藤　環 (2003)．博士の奇妙な思春期　日本評論社

斎藤　環 (2006)．戦闘美少女の精神分析　筑摩書房

斎藤　環 (2010)．博士の奇妙な成熟：サブカルチャーと社会精神病理　日本評論社

笹倉尚子 (2008)．腐女子心性と関係を生きること　京都大学大学院教育学研究科附属臨床教育実践センター紀要, *12*, 79-91.

笹倉尚子 (2016)．腐女子・BLに傾倒する若者心性と心理支援　日本家族心理学会（編）　家族心理学年報34　個と家族を支える心理臨床実践Ⅱ：性をめぐる家族の諸問題と支援（pp. 53-61）　金子書房

詫摩武俊 (1973)．恋愛と結婚　依田　新・大西誠一郎・斎藤耕二・津留　宏・西平直喜・藤原喜悦・宮川知彰（編）　現代青年心理学講座5　現代青年の性意識（pp. 141-193）　金子書房

雲野加代子 (1996)．漫画におけるジェンダーについての考察：少女漫画の恋愛至上主義　大阪明浄女子短期大学紀要, *10*, 187-196.

雲野加代子 (2006)．漫画におけるジェンダーについての考察：恋愛と武闘　大阪明浄大学紀要, *6*, 77-85.

若尾良徳 (2003)．日本の若者にみられる2つの恋愛幻想：恋人がいる人の割合の誤った推測と，恋人がいる人へのポジティブなイメージ　東京都立大学心理学研究, *13*, 9-16.

山川茉美 (2016)．女性同性愛者の交際における否定的側面および肯定的側面の解明　2015年度和光大学現代人間学部心理教育学科卒業論文（未公刊）

Column 7

恋愛のかたちは一つじゃない

あなたはこれまで誰かに恋心を抱いたり，その人とずっと一緒にいたい，触れてみたいと感じたりした経験はあるだろうか？　「ある」と答えた人は，その相手は異性だろうか？　同性だろうか？　それとも両方だろうか？　それとも…？

どのような性別の相手に恋愛感情や性的魅力を感じるかという方向性のことを性指向（sexual orientation）という。もっぱら自分と同性の人に対して性指向が向く場合を，同性愛（ホモセクシュアル）といい，異性に向く場合を異性愛（ヘテロセクシュアル）という。同性愛のなかでも女性の同性愛者をレズビアンといい，男性の同性愛者をゲイという。女性と男性の両方に対して恋愛感情を抱く人を両性愛者（バイセクシュアル）という。ほかにも，自分の性別や相手の性別にとらわれないという点で両性愛とは異なる全性愛（パンセクシュアル）というあり方もある。一方で，なかには「誰かに対して恋愛感情や性的欲求を持ったことがない」と答える人もいるだろう。性指向がどの性別にも向かない場合を，無性愛（アセクシュアル）という。

性指向は，自分自身を男性，女性のどちらの性別と認識するか（性自認）によって変わりうるということにも注意してほしい。たとえば，身体的には女性で，性自認が男性である人（つまり，身体の性別と心の性別が異なる人）の性指向は，①女性に向けば異性愛者となり，②男性に向けば同性愛者となる。さらに，自分の性指向を本人がどのように受け止め，どのように内在化するかという問題もある（平田，2014）。本人の性指向の受け止め方のことを性指向アイデンティティという。性指向と性指向アイデンティティは分けて考える必要がある。なぜなら，同性に対する性指向があったとしても，本人が自身を同性愛者と自認しているかどうかは別問題だからである。このような人のなかには，同性愛や両性愛の性指向を持ちながらも自分を異性愛者としてカモフラージュしている人もいる（Hugel, 2003/2011）。異性愛者として結婚した後，同性愛の性指向を持っていることに気づいていく場合もある。異性愛を前提として成立している社会では，それ以外の性指向を持っている人々はマイノリティとみなされ，生きづらさを抱えることが多い。

しかし，ひとたびネットの世界に入れば，当事者たちが用いる性指向の用語の多様さに驚くだろう。とくに SNS を通じて，性指向を含むセクシュアリティ（性のありよう）にまつわるアイデンティティは日々，作り出され，細分化されている。これらは人間のセクシュアリティの多様性そのものを表すだけでなく，個々人の身のおき方，つまり自分をどのような者として認識し，他者に向けて名乗るのか（名乗らずにいるのか）という自己表現の多様性を示している。最近では「LGBT」や「性的マイノリティ」以外にも，Sexual Orientation（性的指向）とGender Identity（性自認）の頭文字をとった「SOGI」（ソジ）という標記も使用されるようになっている。この概念の出現によって，「性的マイノリティとは誰か」という問いから，非当事者として語られることのなかった側（異性愛者など）のセクシュアリティの問い直しが迫られることになったといえよう。さて，自分たちは語るべき言葉を果たして持っているだろうか。今一度振り返ってみてほしい。

（荘島幸子）

引用文献

Hugel, K. (2003/2011). *The survival guide for gay, lesbian, bisexual, transgender, and questioning teens.* Minneapolis, MN: Free Spirit Publishing. （上田勢子（訳）(2011). LGBTQってなに？：セクシュアル・マイノリティのためのハンドブック　明石書店）

平田俊明 (2014). セクシュアリティの概念　針間克己・平田俊明（編）セクシュアル・マイノリティへの心理的支援：同性愛，性同一性障害を理解する (pp. 15-23) 岩崎学術出版社

第7章　働くってどういうこと？

田澤　実

1. はじめに

「一つ上の代の就職活動は売り手市場で内定を得やすかったらしい。それなら，自分た
ちの時でも大丈夫だろう。」

　就職活動シーズンになれば，上級生たちの就職活動の様子を耳にすることがあると思わ
れる。そこで得た情報は，多かれ少なかれ自らの就職活動のイメージに影響を与えるであ
ろう。

2. いつの時代でも就職はしやすいのか？

　文部科学省の「学校基本調査（平成30年度（速報））」によれば，卒業者に占める就職
者の割合は77.1%であった。この調査での計算方法は分母が大学学部卒業者，分子が就
職者（正規の職員等に就職した者，正規の職員等以外に就職した者，大学院等への進学者
のうち就職している者の合計）で計算する。この値には進学者や臨床研修医のようなほか
の進路に決定した者は含まれていない。そこで，解釈を容易にするために，不詳・死亡の
者，進学者および臨床研修医を除いた卒業者のうちの就職者の比率を求めてみよう。以下
の計算式で算出できる。

$$就職率 = \frac{就職者}{卒業者全体 - 不詳・死亡の者 - 進学者 - 臨床研修医（予定者含む）}$$

　この値の推移に影響を与えていると考えられるのが，大学卒業者を取り巻く環境側の要
因である。その一つの例が大卒求人倍率である。リクルートワークス研究所の「ワークス
大卒求人倍率調査」では，求人総数を民間企業就職希望者数で除することにより，大卒求
人倍率を算出している。先述の計算式で算出した就職率と大卒求人倍率の推移を示す（図
7-1）。就職率と大卒求人倍率はおよそ連動していることがわかる。総じて，大学卒業者
を取り巻く環境が厳しい状態におかれている年度では，大学を卒業して就職する者が減少

することが考えられる。とくに未就職のまま卒業する学生が多い大学では，キャリアセンター等の職員は，景気が悪化したときに，就職活動を途中でやめる学生が増えていると捉えている（労働政策研究・研修機構，2012）。環境が厳しくなったときには，内定を得にくいだけでなく，就職する意欲を維持することも困難になりうる。

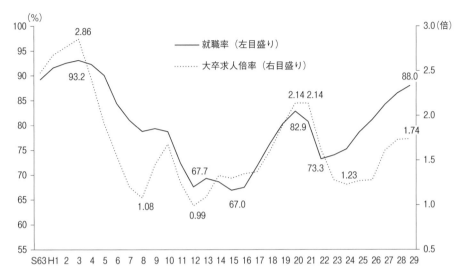

図7-1　就職率と大卒求人倍率の推移

（文部科学省「学校基本調査」（各年度）およびリクルートワークス研究所「ワークス大卒求人倍率調査」（各年度）をもとに作図）

注）各年3月卒業者の値。就職率は，「進学者」「臨床研修医（予定者を含む）」「不詳・死亡の者」を除いた卒業者数のうち，「就職者」の比率として算出。

3. 働くことはどのように分類されているのか？

　本章では，社会に出ることについて，働くことを中心に考えていく。

　働くことについては，意識と行動で分類することがある。就業を希望するか否か，また，求職行動をしているか否かである。

　2018（平成30）年1月に公表された「労働力調査」によれば，2017年の完全失業者は190万人であった。完全失業率は，2017年平均で2.8％と，前年に比べ0.3ポイントの低下（7年連続の低下）となった。しかし，年齢階級別に見ると15歳～24歳で4.6％，25歳～34歳で3.7％というように相対的に若い層の完全失業率が高い。

(1) 完全失業者，就業者，非労働力

　完全失業者と就業者は，「労働力調査」において以下のように定義されている。

　完全失業者とは，（1）「仕事を持たず」，（2）「現に就業が可能で」，（3）「仕事を探していた」者とされている。そのため，求職活動をしていない人は，完全失業者には含まれない。

　就業者とは，特定の短い期間（1週間又は1日）に，（1）「有給就業者」，すなわち，賃金または給料を得る目的で，調査期間に1時間以上の仕事をした者，または（2）「自営就業者」，すなわち，利益または家族の利得のために調査期間に1時間以上の仕事をした者で，一定年齢以上（15歳以上）のすべての者からなるとされている。

　非労働力とは完全失業者でも就業者でもない者である。

（2）フリーター

　総務省統計局の「労働力調査」を用いてフリーターの人数を調べる際には，「15～34歳」で，男性は卒業者，女性は卒業者で未婚の者とし，①雇用者のうち勤め先における呼称が「パート」又は「アルバイト」である者，②完全失業者のうち探している仕事の形態が「パート・アルバイト」の者，③非労働力人口のうち希望する仕事の形態が「パート・アルバイト」で，家事も通学も就業内定もしていない「その他」の者」と定義してカウントすることがある。同調査を用いて集計した「平成30年版　子供・若者白書」によれば2017年で152万人であった。

（3）若年無業者

　総務省統計局の「労働力調査」を用いて若年無業者の人数を調べる際には，「年齢15歳～34歳の非労働力人口のうち，家事も通学もしていない者」と定義してカウントすることがある。同調査を用いて集計した「平成30年版　子供・若者白書」によれば2017年で53万人であった。また，近年では35歳から39歳も注目されることがあり，同白書によれば，15歳から39歳の若年無業者数は2017年で71万人であった。

　わが国では，2004年頃より，失業者でもフリーターでもない存在としてニートと呼ばれる若年無業者の存在が社会的に注目され始めた。2004年9月，厚生労働省は労働経済白書による分析で「非労働力人口のうち，特に無業者として，年齢は，15～34歳，卒業者，未婚者であって，家事・通学をしていない者」が2003年には52万人であることを示した。このことは，「ニート，働く意欲ない若者52万人──労働経済白書，雇用対策の課題に」（日本経済新聞　2004年9月10日　夕刊）や「労働経済白書：仕事も職業訓練もせぬ若者「ニート」，全国初集計で52万人」（毎日新聞　2004年9月10日　東京夕刊）というような見出しがついて新聞で報じられた。

　その後，内閣府（2005）は，「（1）高校や大学などの学校及び予備校・専修学校などに通学しておらず，（2）配偶者のいない独身者であり，（3）ふだん収入を伴う仕事をしていない15歳以上34歳以下の個人」の無業者を，就業希望を表明しかつ求職活動を行っている「求職型」，就業希望は表明していながら求職活動は行っていない「非求職型」，就職希望を表明していない「非希望型」に分類し，いわゆる「ニート（通学も仕事もしておらず職業訓練も受けていない人々）」は，非求職型と非希望型の無業者に該当するとした。厚生労働省による分類との違いは，内閣府（2005）が「収入となる仕事をしない理由として家事をしていると答えた人々」を対象に加えている点である。小杉（2005）は，このような無配偶で家事をしている無業の若者のなかにも職業生活への移行に問題を抱えた存在が少なからずいることを指摘している。

4. なぜ求職をしないのか？　なぜ就業を希望しないのか？

（1）国による調査から見えてくる若年無業者

　本章では，「未婚で，通学をしていない15歳から39歳の無業者」を若年無業者と呼ぶことにする。

　総務省統計局の「就業構造基本調査」においては，ふだん何か収入になる仕事（家業の手伝いや内職も含む）の有無を尋ねている。ここでの仕事をしている人には家事が主で仕事もしている人や通学が主で仕事もしている人も含んでいる。

　仕事をしていない人には「家事をしている」「通学している」「その他」の中から一つを選ぶように求めており，就業希望の有無，求職活動の有無を尋ねている。これらの質問項

目を用いると無業者は下記の３タイプに分類できる。

①求職型　（就業希望があり，求職行動をしている者）
②非求職型（就業希望はあるが，求職行動をしていない者）
③非希望型（就業希望がない者）

　無業者を広義に捉えた場合は①②③すべてが当てはまる。無業者を狭義に捉えた場合は①は完全失業者に近いと判断できるため②③のみとなるであろう。
　まず，非求職型の若年無業者が求職をしない理由を図７-２に示す。男女ともに上位を占めていたのは「病気・けがのため」「知識・能力に自信がない」であった。次に，非希望型の若年無業者が就業を希望しない理由を図７-３に示す。男女ともに上位を占めてい

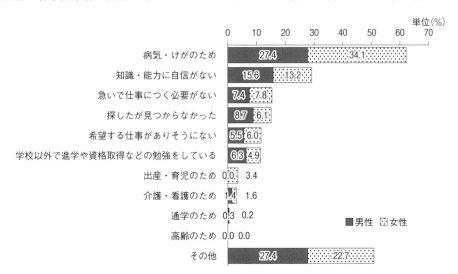

図７-２　非求職型の若年無業者が求職をしない理由（総務省統計局，2018b をもとに作図）

注）15 歳から 39 歳の無業者から，「通学している」と回答した者を省いたデータ。

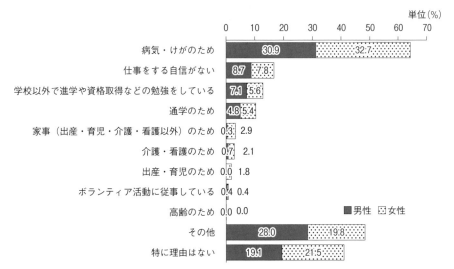

図７-３　非希望型の若年無業者が就業を希望しない理由（総務省統計局，2018b をもとに作図）

注）15 歳から 39 歳の無業者から，「通学している」と回答した者を省いたデータ。

たのは「病気・けがのため」「特に理由はない」「仕事をする自信がない」であった。ただし，求職をしない理由，就業を希望しない理由ともに「その他」の割合が高いとも判断できる。すなわち，若年無業者が求職をしない，および，就業を希望しない主たる理由は男女ともに病気・けがであることは読み取れるものの，それ以外の理由は国による調査ではよくわかっていないともいえる。

なお，本稿では，15歳から39歳の未婚の無業者から，「通学している」と回答した者を省いたデータを用いて集計したが，求職をしない理由，就業を希望しない理由ともに，「通学のため」という回答がわずかに見られた。これについては，推測の域を出ない解釈となるが，何かしらの理由により通学していない在学者など（とくに，主たる理由が「病気・けがのため」に該当しない者，もしくは，そのように回答しない者）が，今後の通学を視野に入れていたことなどが考えられる。

(2) 支援機関の利用者を対象にした調査から見えてくる若年無業者

若年無業者を対象にした調査は国によるものだけではなく，支援機関の利用者を対象にした調査もある。西田ら（2013）は，支援機関に初回来所した利用者に対する聞き取りフォーマットのデータを用いて，「若年無業者白書」としてまとめている。同白書においては，「高校や大学などに通学しておらず，独身であり，ふだん収入となる仕事をしていない15歳から39歳までの個人」を若年無業者と定義し，求職型733名，非求職型636名，非希望型367名のデータを分析している。これら若年無業者のタイプごとの来所目的について表7-1に示す。それぞれ該当する者の割合が高かった上位5項目について，求職型は網掛けを，非求職型は外枠を，非希望型は濃い網掛けを施した。どのタイプでも上位を占めていた項目は，「働く自信をつけたい」「漠然とした不安を改善したい」「コミュニケーションの苦手意識を改善したい」であった。

表7-1 若年無業者のタイプごとの来所目的 （西田ら，2013をもとに作表）

	求職型	非求職型	非希望型
働く自信をつけたい	47.5%	63.4%	34.0%
自分に合う仕事をしたい	44.7%	53.6%	21.9%
漠然とした不安を改善したい	31.6%	43.9%	25.4%
コミュニケーションの苦手意識を改善したい	29.5%	50.2%	31.7%
ブランクがあるので履歴書や面接対策をしたい	28.1%	38.4%	10.4%
社会性を身につけたい	25.5%	45.3%	28.0%
仕事のイメージを深めたい	21.4%	31.1%	13.8%
生活改善したい	18.0%	32.4%	25.6%
集団行動を身につけたい	13.9%	26.7%	14.7%
仲間が欲しい	11.5%	19.2%	11.5%
新卒で就職活動をしたい	3.0%	5.5%	0.9%

注）それぞれ上位5項目に対して網掛け，外枠，薄い網掛けを施した。

言い換えれば，支援機関を利用する若年無業者にとっては，働く自信がないこと，漠然とした不安があること，コミュニケーションの苦手意識があることが働くことに向けての妨害要因になっていることが考えられる。また，タイプごとの特徴に注目してみると，求職型は「ブランクがあるので履歴書や面接対策をしたい」というニーズが，非求職型や非希望型は「社会性を身につけたい」というニーズがあることがわかる。言い換えれば，支

援機関を利用する若年無業者のなかでも，求職活動をしている者は，仕事のマッチングや選考過程に関連することが課題となり，まだ求職活動はしていないものの，働きたいと思っている者は，社会性を身につけることが課題となっていることが考えられる。

5. どのように生活を改善するのか？　どのように社会性を身につけるのか？

（1）中間的就労とは

　宮本（2015）は，就労に距離があると見立てられた若者には，「支援をしても出口が相当むずかしいことが見込まれる者」と「一般就労に到達するまでに，体験や訓練を丁寧に継続することが必要とされる者」が含まれ，後者には，中間的就労の必要性と有効性が認識されていることを指摘した。また，宮本（2015）はある地域若者サポートステーション（若年無業者を支援する機関）の事例を用いて，支援の見通しと支援の方法の関連を分析した。支援の見通しは，「ハローワークにつなぐことが可能」「プログラムが必要」「困難度が高い」と分類し，支援の方法は「面談のみ」「プログラム参加」「中間的就労」「不明」に分類した。そして，「ハローワークにつなぐことが可能」または「困難度が高い」という支援の見通しがあるケースでは「面談のみ」の支援を提供することが多いのに対して，「プログラムが必要」という支援の見通しがあるケースでは「中間的就労」の支援を提供していることが多いことを示した。

　なお，宮本（2017）はサポートステーション事業の範囲に中間的就労という機能は含まれておらず，支援する民間団体の独自事業として広がっていったことを指摘している。また，小杉（2012）によれば，「中間的就労」は，一般就労と福祉的就労との間に位置する就労形態という意味であり，就労以前の課題を整理・克服して，初めて一般就労の継続が可能になるという複合的な課題を抱える人たちの実態に即した支援の考え方が示されている。

　2015年4月には「生活困窮者自立支援法」が施行された。これにより，福祉政策からも日本でのニート問題に対するアプローチが始まったが，この法律が対象とする生活困窮者はニートと一部重なる関係であって，すべてを包含するわけではない（小杉，2016）。

（2）中間的就労の事例

　以下には，三菱UFJリサーチ＆コンサルティング（2014）をもとにして中間的就労の事例について述べる。栃木県にある一般社団法人栃木県若年者支援機構は，「概ね16歳から39歳までの働くことに困難や不安を抱える若者」を支援の対象としている。就労体験

表7-2　就労体験の業務の3段階（三菱UFJリサーチ＆コンサルティング，2014をもとに作表）

第1段階 　屋外での作業を通じて体力や生活リズムを整えることができる業務 　例）公園の除草作業，アミューズメントパークでのイベント準備（軽作業）
第2段階 　他者とのコミュニケーションが求められる業務 　例）中古車の洗車，農園などの作業
第3段階 　地域住民の多様なニーズに対応する業務 　例）ハウスクリーニング，買い物代行

の業務は概ね以下の3段階に分けられる（表7-2）。ジョブトレーナーが第1段階での対象者の様子を見て，次の段階に進んでもよいか判断する。第2段階の就労体験を経て，そのまま協力企業にアルバイトとして雇用されることもあれば，遅刻や欠席が多いなど，うまく適応できない場合は第1段階に戻ることもある。また，第2段階を経てもなお一般就労への不安があり，引き続き就労体験を希望する者に対しては，第3段階に入る。

（3）筆者の考え

　若年無業者全体の中には，支援機関に訪れる若年無業者が含まれる。支援機関に訪れる若年無業者の資料を参考にすれば，非求職型と非希望型の無業者には，不安や自信のなさが中核にあり，社会性を身につけていきたいという見通しがあることが特徴といえる。そして，中間的就労からは，複合的な課題を抱える人たちの実態に即した働く場やジョブトレーナーのような伴走者の存在が就労以前の課題の整理に有効になりうる。支援機関に訪れる若年無業者に限定して述べるならば，その存在は「働きたくない」「怠けている」というイメージからは程遠い。

6. おわりに

（1）「働くってどういうこと？」

　本章では，各種調査結果を通じて，求職状況が多様であること，またその背景（理由や現状）も多様であることを示してきた。また，中間的就労の事例より，働き方そのものにも多様性があることを示してきた。
　宮本（2012，p. 127）は下記のように述べている。

　　そもそも自立支援の究極の目標は，社会的存在としての「私」を取り戻すことにある。そのためには，社会に参加し，活動し，他者との相互関係のなかで自分自身の存在意義を実感できる場が必要となる。これが「生きる場」の意味である。「生きる場」に参加し活動することが中間的就労の本質的な意義である。

　「働く意欲の問題を扱うのは，どのタイミングが適切なのか？」という視点があってもよい。「働く意欲が高いか？　低いか？」を問うのはその個人が社会とのつながりがどのような状態になっているのかを確認してからでも遅くないのではないだろうか。

（2）「多様な人生のかたち」に迫ることの意味

　エリクソン（Erikson, E. H.）は「心理・社会的なモラトリアム」という語を提示し，青年期において，大人としての社会的役割や責任等が一時的に猶予され，「自由な役割実験を通して，社会のある特定の場所に適所を見つける」（Erikson, 1959/2011，訳書 p. 125）ことが可能になるとした。茂原（2013）は，モラトリアムには役割実験を真剣に行う試行期間の意味合いを含む延期と，責任逃れの怠慢による延期という2つの側面があり，モラトリアム期を青年がどのように活用しているか，あるいはできないか，その理由はなぜかという観点が青年理解につながることを指摘した。現代社会において，どのような人に役割実験を行う試行期間が存在しているか，または十分には存在していないのかを考える意義はあると思われる。

■**かんがえてみよう**

・著者は，若者が持つ就労に関わるさまざまな課題を解決する最優先課題のひとつとして，基本的な対人スキルの獲得が必要であると指摘しています。若者の対人スキルの獲得に関して，あなたが考える具体的対応とはどのようなものですか。（著者の主張に対する意見）

・あなたのまわりにいる「働いている人」に，「働くということ」「社会とのつながり」について，話を聞いて考察してみましょう。（発展的学習）

・「就職する」以外に，社会とのつながり方にどのようなものがありますか。具体的に提示し，考えを述べてください。（発展的学習）

引用文献

Erikson, E. H.（1959）. *Psychological issues: Identity and life cycle*. New York: International Universities Press.（西平　直・中島由恵（訳）（2011）. アイデンティティとライフサイクル　誠信書房）

小杉礼子（2005）. 若者の就業・不就業と就業形態：「就業構造基本調査」個票データの特別集計から　労働政策研究・研修機構　若者就業支援の現状と課題：イギリスにおける支援の展開と日本の若者の実態分析から　労働政策研究報告書, *35*, 79-135.

小杉礼子（2012）. 若者の就労支援と「中間的就労」　DIO：連合総研レポート, *277*, 4-7.

小杉礼子（2016）. 「周辺」の若者の職業能力形成：現状と今後の課題　職業とキャリアの教育学, *21*, 21-133.

厚生労働省（2004）. 平成 16 年版　労働経済白書 Retrieved from https://www.mhlw.go.jp/wp/hakusyo/roudou/04/

三菱 UFJ リサーチ＆コンサルティング（2014）. 就労訓練事業（いわゆる中間的就労）事例集 Retrieved from https://www.mhlw.go.jp/file/06-Seisakujouhou-12000000-Shakaiengokyoku-Shakai/0000080389.pdf

宮本みち子（2012）. 若者が無縁化する：仕事・福祉・コミュニティでつなぐ　筑摩書房

宮本みち子（2015）. 若年無業者と地域若者サポートステーション事業　季刊社会保障研究, *51*（1）, 8-28.

宮本みち子（2017）. 若年無業者政策と課題　日本労働研究雑誌, *59*（1）, 2-75.

茂原まどか（2013）. モラトリアム　日本発達心理学会（編）発達心理学事典（pp. 16-317）　丸善出版

文部科学省（2018）. 学校基本調査―平成 30 年度結果の概要― Retrieved from https://www.mext.go.jp/b_menu/toukei/chousa01/kihon/kekka/k_detail/1407849.htm

内閣府（2005）. 若年無業者に関する調査（中間報告）Retrieved from https://www8.cao.go.jp/youth/kenkyu/shurou/chukan.pdf

内閣府（2018）. 平成 30 年版　子供・若者白書 Retrieved from https://www8.cao.go.jp/youth/whitepaper/h30honpen/pdf_index.html

西田亮介・工藤　啓・NPO 法人育て上げネット（2013）. 若年無業者白書：その実態と社会経済構造分析　バリューブックス

労働政策研究・研修機構（2012）. 学卒未就職者に対する支援の課題　労働政策研究報告書, *141*.

総務省統計局（2018a）. 労働力調査（基本集計）平成 29 年（2017 年）平均（速報）結果の要約 Retrieved from https://www.stat.go.jp/data/roudou/rireki/nen/ft/pdf/2017.pdf

総務省統計局（2018b）. 平成 29 年就業構造基本調査の結果 Retrieved from http://www.stat.go.jp/data/shugyou/2017/index2.html

Column 8

世界とのつながり方あれこれ

「世界とつながろう！」

なんて響きがよく前向きな言葉なのだろう。世界とつながることができれば，英語も話せるようになるかもしれない。今，注目されているグローバル人材にだってなれる。きっと就職にも有利だろう。そんな期待がありながらも，日本で暮らしていると，実際行動に移すことは難しいのではないだろうか。日本に住む外国人は現在240万人を超えており，海外に住む日本人は135万人にのぼるというのに，日本にいる私たちは世界とのつながりを特別視する傾向がある。たとえば，日本では「ハーフ」という独特の言葉がメディアなどでも日常的に使われている。どちらかの親が外国にルーツを持つ場合，「ハーフタレント」，「ハーフのスポーツ選手」などと悪気のない言い回しで使われているが，海外でこのような言葉を使うのは珍しい。

筆者はアメリカで暮らしたことがあるが，移民国家という背景もあり，外国にルーツがあって当たり前である。アメリカでは異なるルーツについてもいちいち驚かないのが心地よい。世界とつながったり，多様性を持ったりすることは当たり前で，そのことを人々のポジティヴな財産と捉えている。ちなみに「ハーフ」という言葉は，「半分」という意味なので，現在，2倍を表す「ダブル」という言葉を用いるような動きが出ている。まさに2つの文化を兼ね備えることは財産なのである。

このことは，筆者が約20年以上研究のフィールドとしている東南アジアの開発途上国，ラオスでも同じである。ラオスでは49もの民族が暮らしており，タイにルーツを持つ民族，中国にルーツを持つ民族がいて，同じ国でも話す言葉が違う。仏教を信じる人，精霊崇拝という自然のすべてに魂が宿ると信じる人々など，宗教が異なる人が共存しているが，とくに違いは気に留めず，貧しいながらも日々の生活を懸命に営んでいる。

筆者はラオスに通ううちに，近隣のアジア諸国にも関心を持ち，カンボジア，タイなどにも出向くようになって視野が広がった。とくに，貧困に苦しむ開発途上国にできることがないかと考えるようになってから，学生団体とともにラオスに学校を建てる活動を始め，日本で集めた寄付金をもとにこれまで4校の学校を建ててきた。学校を建てたことで子どもたちが学校に通えるようになり，子どもたちの世界が広がる様子を見ていると，自分が持つ世界観もさらに広がっているように感じる。

日本でも外国人労働者が多く住む街では，海外や多様性に関する意識が変わり始めているように思う。普段，大学のキャンパスにいると感じないかもしれないが，街に出て意識して見てみると日系ペルー人，日系ブラジル人，フィリピン人など多くの外国人に出会うことができる。彼らの子どもたちは，日本の学校に通っているが，親が夜遅くまで働いたり，親の日本語が不十分なため家で勉強を教えてもらえないなどの問題がある。筆者は神戸の外国人が多く住む地域で外国人の子どもたちの学習教室のお手伝いをしているが，学生，社会人，退職した教員など地域の人がボランティアとなって活躍していることに頭が下がる。学習支援教室では，地域の外国人と日本人をつなぐために多文化フェスティバルを開催し，交流を深めるなどの活動もしている。

最後に，みなさんにはこのように「日本にいても世界とつながることができる」ということを伝えたい。地域（ローカル）でグローバルに活躍できる人，すなわち「グローカル人材」は，今後の社会で必ず重宝されるはずである。世界と自然につながって，グローカルに活躍する，そんな意識を持って社会に出ていく姿勢をぜひみなさんに目指してほしい。　　　（乾　美紀）

推薦図書
「外国につながる子どもたちの物語」編集委員会（2009）．クラスメイトは外国人　明石書店

青山征彦

第8章　メディアが変わると私も変わる？

■しらべてみよう
・私たちの日常にあるメディアには，どのようなものがあり，どのように利用されているでしょうか。またその利用方法や状況は，年齢や性別，生活環境などによってどのように異なるでしょうか。さまざまな角度から検討してみましょう。
・メディアとの関わり方について，あなた自身が気を付けていることは何ですか。

1. はじめに

　スマートフォンについているカメラは，性能もなかなかのものだし，いつでも写真が撮影できて便利である。友達と食べに行ったケーキもおいしそうに撮れるし，自分が食べたラーメンを記録しておくのにもいい。もちろん，遊びに出かけたときには楽しい瞬間を残したくなるし，ちょっとキレイな夕焼けに感動して，気合いを入れて撮影することもできる。時には黒板をノートに写しきれなくて，メモがわりに使うこともあるだろう。撮影した写真を SNS にアップしてみたり，ダイレクトメッセージで友達に送ってみたりするのも日常茶飯事だ。

　しかし，写真を撮ることがこのように日常化したのは，ごく最近になってからのことである。携帯電話にカメラが搭載されるようになったのは 2000 年前後のことだし，メガピクセルと呼ばれる高画質のカメラが搭載されるようになったのは 2003 年のことである。スマートフォンの代名詞といっても過言ではない iPhone が発売されたのは 2007 年（日本での発売は 2008 年），写真をメインにした SNS である Instagram がサービスを開始したのは 2010 年のことだ。

　このように考えてみると，スマートフォンのカメラで，気軽に何枚も写真を撮ったり，それを他者に送ったりするのが当たり前の生活は，ごく最近まで当たり前ではなかったことがわかる。もしスマートフォンがなかったら，あなたはその写真を撮っただろうか？ Instagram などの SNS がなかったら，あなたはその写真を他者に見せただろうか？　私たちが日々使っているメディアは，私たちの生活を便利にしてくれるだけではなく，私たちの生活のあり方を確実に変えている。私たちの今は，メディアによってつくられているといっても過言ではないだろう。

　そこで，この章では，メディアが私たちのあり方をどう変えてきたのか，考えてみたい。私たちが，メディアのあり方によって大きな影響を受けながら生きていることを改めて見つめ直してみよう。

2. **映像は見ればわかるか？**

　現代では，もはや映像を見ない日はないといっても過言ではないだろう。テレビ離れといわれているが，テレビの平均視聴時間は，2016年の時点でも，10代から60代までのすべての年代で平日（図8-1参照）に1時間を優に超えており，休日（図8-2参照）には2時間から5時間になる（情報通信政策研究所，2014，2017）。また，スマートフォンで動画を見るのも当たり前になった。YouTubeやニコニコ動画を見ない日はないという人もいるだろう。いずれもサービスを開始したのは2006年で，短期間に急速に成長し，いまや生活に欠かせないものになりつつある。

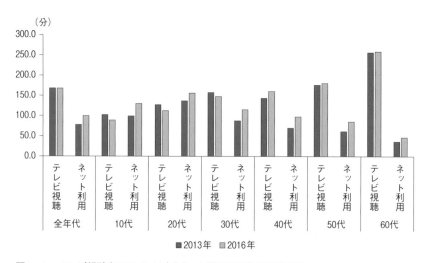

図8-1　テレビ視聴(リアルタイム)とネット利用の平均時間(平日)（情報通信政策研究所，2017）

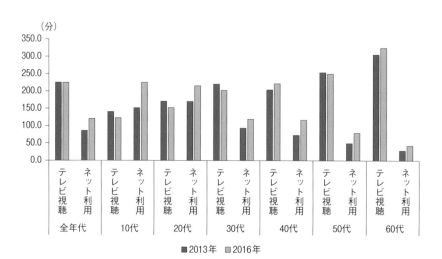

図8-2　テレビ視聴(リアルタイム)とネット利用の平均時間(休日)（情報通信政策研究所，2017）

(1) 映像の難しさ

　ここで考えてみたいのは，私たちはいつ映像の見方を学んだのか，ということである。映像も言葉と同じように表現である。言葉を用いるのには相当の学習が必要なのだから，

映像を理解するのにも，それなりの学習が必要なはずである。一方で，映像なんて見れば
わかるじゃないか，幼い子どもだって映像を楽しめているし，学習なんて必要ない，と思
う人もいるかもしれない。いったい，私たちは，どのようにして映像を理解できるように
なったのだろう。

　そのことを考えるために，映像がまだ珍しいものであった時代にさかのぼってみよう。
フランス映画の巨匠として知られるルネ・クレールは次のようなエピソードを記している。

　　　私はある日，映画を一度も見たことのない五歳の子供と試写室にいた。スクリーン
　　のうえでは一人の貴婦人が広間で歌を歌っていた。映像の流れは以下のごとくつづい
　　た――

　　ロングショット――広間。婦人はピアノの傍らに立っている。暖炉の前にグレーハ
　　ウンド犬が寝そべっている。
　　クローズ・アップ――歌う婦人
　　クローズ・アップ――彼女を見つめる犬

　　　この最後の映像で，子供が思わず驚きの叫びをあげた――『あっ，見て！　女の
　　人が犬になっちゃったよ』。

（Clair，1970/1975，訳書 pp. 194-195）

　映像は，いくつもの短い映像をつなげてつくられている。そのつなぎめを，カットと呼
ぶ。カットは，文章の句読点のようなもので，映像を編集する上で欠くことのできないも
のだ。このエピソードでは，子どもは初めて映像を見たため，当然ながらカットというも
のを知らなかった。それゆえ，映像が急に歌う婦人から犬に切り替わったことを，変身と
解釈したのだろう。

　昔の子どもは，ずいぶんな勘違いをしたものだと思うかもしれない。しかし，映像の
カットは，内容の異なる映像をつなぎあわせるものであるが，私たちの日常では，一瞬で
見るものが変わるような知覚はけっして生じない。つまり，カットとは，そうと知らなけ
れば変身にしか見えないような「途方もない約束事」（Clair，1970/1975）なのである
（青山，2002）。逆にいえば，私たちが，映像を理解できるのは，こうした約束事を理解し
ているからなのである。

(2) 映像理解の発達

　では，このような約束事を，私たちはどのように身につけていくのだろうか。例として，
インスタント・リプレイについての研究を紹介しよう。インスタント・リプレイとは，ス
ポーツ中継での得点シーンなど，特定のシーンを繰り返して見せることである。たとえば，
サッカー中継で得点のシーンを繰り返して流したりするのが，これにあたる。大人でも，
よく見ていないと2回得点が入ったように勘違いする（そのため，近年ではリプレイとい
う表示がつくことが多い）。子どもは，インスタント・リプレイをどのように理解してい
るのだろうか。

　4歳から9歳の子どもに，野球をする，電話をかけるといった場面にインスタント・リ
プレイを挿入した映像を呈示した。その結果，インスタント・リプレイを反復であると理
解できるようになるのは6～7歳ぐらいからであること，野球の場面は他の場面よりもイ
ンスタント・リプレイと解釈されやすいことが明らかになっている（Rice et al., 1986）。

つまり，幼い子どもは，インスタント・リプレイという約束事を知らないので，2 回とも得点が入ったと考えてしまうのである。映像の内容を正しく理解するには，やはり何らかの学習が必要であることがわかるだろう。

　木村・加藤（2006）は，テレビが映像という表象であり，自分と直接にはやりとりできない存在であることを，子どもが理解しているかどうかを，巧妙な実験によって明らかにしている。彼らの実験では，テレビの中の人物が，テレビの前にある紙人形に息を吹きかけたり，テレビの中の紙人形に，テレビの前にいる実験者が息を吹きかけたりしたらどうなるかを子どもに聞くことで，子どもがテレビの中の世界をどのように認識しているかを検討している。たとえば，テレビの中の紙人形に，テレビの前から息を吹きかけたらどうなるか，という問いの場合，6 歳でも，およそ 3 分の 1 の子どもが，人形が倒れると誤答した。つまり，6 歳であっても，テレビの中の存在とは交渉できないことを，理解できていない子どもが一定数いることがわかる。

　このように考えると，映像を見るには，やはり約束事を学ぶ必要があるようだ。映像は，ものごとを直接，目に見えるかたちで提示するので，わかりやすいと一般的には考えられている。ところが，話はそう簡単ではない。映像にも，言葉と同様に表現のルールがあり，それを理解していないと映像を適切に理解することはできないのである。

(3) 高齢者のテレビ理解

　このことがよく表れているのが，高齢者のテレビ番組の理解についての研究である。村野井（2016）は，高齢者がテレビを理解する上でどのような勘違いをするかを，高齢者への聞き取り調査や，大学生の回想による事例をもとに示している。高齢者も，幼い子どものように，テレビ番組の理解に苦戦する（村野井，2016）。

　たとえば，インスタント・リプレイは，高齢者にも難しい。スポーツ中継のなかでVTR と実際の試合の区別がつかず，ホームラン等のシーンを流していると「あっ，またホームラン打った」などと言うことがある（村野井，2016，p.35）。

　このように，子どもだけでなく高齢者にとっても，映像を理解するのは難しいことなのである。映像はけっして，見ればわかるというものではない。誰にとってもわかりやすい映像を作るには，それなりの工夫が必要であると考えた方がよさそうだ。

　映像を作ることは，今やごく普通のことになりつつあるし，これからの社会ではますます大切になることだろう。誰にでもわかりやすい映像を作るために，どのような工夫が必要かという問題は，映像制作者にとって重要なのはもちろん，心理学にとっても挑戦すべき問いであろう。

3.　インターネットとどうつきあうべきか？

　次に，インターネットについて考えてみたい。私たちが動画を見たり，SNS でのやり取りを楽しんだり，どこかの誰かとゲームの対戦を楽しんだりできるのは，すべてインターネットがあってのことである。インターネットと無縁な生活を送ることはできないと思うほど，インターネットは私たちの生活に入り込んでいる。

　インターネットはさまざまな技術の組み合わせによって構築されていて，いつ成立したかを特定するのは難しいが，最初のブラウザである Mosaic が発表されたのが 1993 年であることを考えると，情報通信技術の急速な進歩は驚異的というしかない。たとえば，今日では社会基盤の一つといってよいほど多くの人に使われている Twitter が，日本でのサービスを開始したのは 2008 年のことだし，日常的にコミュニケーションの手段として

広く使われている LINE がサービスを開始したのは 2011 年のことである。

　このように，インターネットをもとにした情報通信技術は，私たちの生活を急速に，そして確実に変えてきた。以下では，SNS を中心に，インターネットと私たちの関わりについて考えてみたい。

(1) 私たちの生活と SNS

　私たちがインターネットを利用する時間は，年々増えている。先に示した図からわかるように，2016 年には，10 代や 20 代の若者は，テレビよりもインターネットを利用している時間のほうが長くなっている（図8-1，8-2参照）。内訳を見ると，SNS の利用が最も多く，ついで動画共有サービス，ゲームでの利用が多い。

　では，SNS が実際にどのように使われているか，筆者が大学生を対象に 2016 年に実施した調査（青山，2018）にもとづいて具体的に見てみよう。まず，主な SNS について，アカウントの有無を質問した結果，LINE のアカウントは回答者の 89.0%，Twitter では 90.3% と，大多数の学生がアカウントを持っていることがわかった。アカウントの有無ではなく，実際に利用しているかどうかを聞いた情報通信政策研究所の平成 28 年度の調査（2017）によると，20 代の LINE の使用率は 96.3% で，筆者の調査と同様の傾向を示しているが，Twitter の使用率は 59.9% と報告されていて，数値に開きがある（なお，平成 29 年度の調査では LINE の使用率は 95.8% とほぼ変化していないが，Twitter の使用率は 70.4% と上昇している）。ここから，Twitter の場合，アカウントを持ってはいるが，実際にはあまり利用していないユーザーが一定数いることがわかる。

　筆者の調査からは，多くの学生が複数の SNS にアカウントを持っていることも明らかになった。Twitter と LINE に加え，Instagram と Facebook もあわせた 4 つの SNS すべてにアカウントを持っていると回答した学生も 39.4% に上った。特徴的なのが，Twitter や Instagram では，複数のアカウントを利用しているユーザーが多いことであった。Twitter ではアカウントを持っている人の 57.9%，Instagram では 24.8% が 2 つ以上のアカウントを持っている。とくに，趣味のために別のアカウントを作成しているとする回答は 75.3% と多い。また，「以前のアカウントでつながっていた人に見られたくない」という理由でアカウントを追加したと回答した人も 28.6% と少なくないことから，趣味を同じくする人や，人間関係にあわせてアカウントを作成しているために，複数のアカウントを持っていると考えられる。

　また，友達になっている特定のアカウントからの投稿を非表示にしたことがあるとした回答は 69.9%，友達のアカウントを削除したことがあると回答した学生は 59.7% と，いずれも半数以上に上っていた。非表示の理由は「更新が多すぎるから」が最も多く，削除の理由には「フォローを外されたから」「今後連絡を取らなくなることがはっきりしたから」など，人間関係のもつれを思わせる回答が目立った。

　このような SNS の利用実態からは，現代の若者は，SNS によってコミュニケーションする機会が増えているために，誰とどのように関わるかを常に考えざるをえないことが浮き彫りになっているように思われる。岡部（2008）は，毎週，少年マンガ誌を買う女性が，交際相手の男性にはそのことを隠している，というエピソードを紹介している。このような自己呈示の戦略を指して，岡部はアイデンティティ・ゲームと呼んでいる。SNS でどのように振る舞うかを考え続ける現代の若者たちのアイデンティティ・ゲームは，SNS が登場する以前の時代に比べて，かなり複雑化しているように見える。

（2）ネットをめぐる問題

　インターネットをはじめとする情報通信技術は，人と人とが容易につながりあうことを可能にした一方で，私たちの人間関係をかなり複雑にしたことも否めないだろう。結果として，情報通信技術は私たちの生活にプラスの影響をもたらすだけでなく，マイナスの影響をもたらすこともある。

　その一つがネットいじめであろう。ネットいじめには，「ネット上で仲間はずれにされた」「ネット上で悪口や嫌なことを言われた」「ネット上で事実でない噂を流された」「ネット上で誰かになりすまされた」などの行為が含まれる（浦野ら，2018）。通常のいじめと重なる部分もあるが，ネットならではの行為も含まれている。

　浦野ら（2018）は，中高生を対象にした大規模な調査を実施している。その結果，過去6か月間に何らかのネットいじめを受けた経験は，学年によって異なるものの，回答者の13.9％から22.0％にのぼることが示された。つまり，ネットいじめはかなり多く発生していることがわかる。当然のことながら，ネットいじめの加害者になった経験も，学年によって異なるが6.5％から13.6％と少なくない。

　つまり，中高生にとっては，ネットいじめはめずらしいことではないといえるだろう。この研究からは，ネットいじめの被害を受けた生徒の方が，加害者になりやすくなることも示されている。いじめが，次のいじめを生む傾向があるのである。

　こうしたいじめの多くは，学校での人間関係をもとにしているようだ。このことについて，土井（2014）は，インターネットが「身近な仲間どうしが，時間と空間の制約を超えて，互いにつながりつづけることを容易にする閉鎖的なシステムとして使われる」（p.16）ことを指摘している。このことは，現実の場面でも，ネット上でも，仲間どうしがつながりあうことを意味する。そのため，教室でのいじめが，ネット上にも持ち込まれることになる。以前であれば，学校から帰宅すればいじめから逃れることができたのに，インターネットによって帰宅しても仲間とつながり続けることで，いじめも続いてしまう。しかも，ネット上のいじめは，周囲から見えにくいため，問題が明らかになりにくい。

　また，最近はネット依存も問題になってきている。世界保健機関（WHO）は，国際疾病分類の改訂版（ICD−11）に，依存症の一つとしてゲーム障害を追加した。その特徴は，日常生活に支障を来すほどゲームにのめりこんでしまうなど，自分をコントロールできなくなることとされている（本書のコラム10も参照されたい）。ネットいじめも，ネット依存も，私たちがインターネットにつながり続けることによって，深刻な問題になっている。インターネット上で提供されるサービスが豊富になったり，インターネットを利用するための環境が充実したりすればするほど，インターネットにつながり続ける人が増えるのは当然のことである。急速に発達したインターネットとうまく折りあいをつけることは，社会にとって喫緊の課題になってきている。

4. みんなに役立つメディアとは？

　インターネット上のサービスを利用する際に，今最もよく用いられているのはスマートフォンだろう。動画共有サイトには幅広い年代が楽しむことができるコンテンツが揃っているし，SNSを楽しむ高齢者も少なくない。

　しかし，視覚障がい者にもスマートフォンが広く使われていると知ったら，驚く人がいるかもしれない。画面を見て操作するのが当たり前と思う人にとっては，視覚以外の方法でスマートフォンを操作することは考えも及ばないに違いない。実際には，スマートフォンやパソコンには音声読み上げの機能があるため，視覚障がい者にも広く用いられている。

渡辺ら（2017）によれば，スマートフォンは視覚障がい者の53.1％が利用しており，10代，20代に限れば利用率は8割前後に上る。メールやブラウザに加えて，GPSナビゲーションや画像認識のアプリもよく利用されているようである。

このように，情報通信技術は障がいを持つ人の暮らしも変えている。そこで，障がいを持つ人の暮らしを支援する技術とはどのようなものなのかを，具体例を挙げながら考えてみよう。こうした支援は，バリアフリーと呼ばれることがあるが，バリアフリーという考え方の裏側には，健常者と同じように生活できるようにバリア（＝障壁）をなくす，という発想があることに注意したい。それは，健常者を基準にして物事を考えることに他ならない。

近年，バリアフリーに代わって，ユニバーサルデザインという考え方が広まってきたが，ユニバーサルという言葉は，健常者にも障がいのある人にも，誰であっても使いやすい，ということを意味している。たとえば，鉄道の駅にかつてあった車イス専用の階段昇降機は，階段というバリアをフリーにしてくれる。しかし，エレベーターがあれば，車イスを利用する人だけでなく，ベビーカーを押している人や，松葉杖をついている人にも便利である。これがユニバーサルデザインの発想である。

情報通信技術にも，ユニバーサルデザインを実現しているものがある。たとえば，テレビの生放送にリアルタイムで字幕を表示できるようになったのは，それほど前のことではない。字幕は，耳の不自由な人にとって有用なのはいうまでもないが，周囲がうるさい駅や空港でも役に立つし，音がじゃまになる役所や病院でも便利である。日本語に慣れていない外国人にも，理解の助けになるだろう。

このような例は多くある。道案内アプリの音声案内は視覚に障がいがある人にとっても役に立つし，タブレット端末は表示を拡大するのが容易なので，視力の低い人や，視力の低下した高齢者にも便利である。SNSのメッセージ機能を使えば，発話に障がいがあっても，スムーズなやりとりが可能になる。聴力に障がいのある人にとって，音声を文字に変換する音声認識の技術は，強力なサポートになる。

もちろん，こうした情報通信技術の進展が，障がいのある人の抱える問題すべてを解決できるわけではない。しかし，すべての人が暮らしやすい社会に近づけていくための助けになるのは，間違いないことだろう。ここでも，情報通信技術は私たちの生活を大きく変える可能性があるといえるだろう。

5. おわりに

本章の冒頭でも述べたように，私たちのスマートフォンの中には数え切れないほどの写真や動画が保存されている。InstagramなどのSNSに，写真や動画をアップロードしている人も少なくない。いったい，それらのデータはこれからどうなっていくのだろう。以前であれば，写真は印刷して見るものだったが，これほどの分量になってしまっては印刷することもできず，アルバムにして見返すことは不可能に近い。あのときの動画を見たいと思っても，大量のデータに埋もれてしまって，うまく探せないほどだ。

このような状況を，野島（2004）は思い出の危機と呼んでいる。私たちの思い出はさまざまな記憶媒体に残されているが，それらが10年後，20年後に利用可能である保証はどこにもない。それに，もし記憶媒体が利用可能であったとしても，そのデータがうまく検索できる保証もない。たとえば，あなたが今日，Instagramに投稿した写真に，10年後のあなたが検索しやすいようなハッシュタグをつけておくのは，困難というしかないだろう。現代の私たちは，さまざまなかたちで思い出を残すことができるがゆえに，かえって

思い出を振り返りにくくなっているのかもしれない。

　さらにいうならば，私たちが死んだ後，そうしたデータはどうなってしまうのだろう。SNS が普及してから，それほど年月は経っていないにもかかわらず，すでに膨大なアカウントが作られていて，その中には，もはや持ち主がこの世にいないものもある。私たちが日々，作り出すデータは，どんどん膨大なものになっていく。それらを死後，誰がどのようなかたちで整理するのかは，これから問題になってくることであろう。

　この章では，メディアが私たちの生活をどのように変えてきたかを考えてきた。そこにはさまざまな可能性と同時に，多くの問題も生じているように思う。新しい社会を構築していくためには，一つひとつの問題について考え，対応していくことが必要になる。心理学も，こうした現実的な問題に貢献していく必要があるだろう。

■かんがえてみよう

・著者は，メディアの利用に際して，「約束事」を学ぶ必要があると述べています。この「約束事」には，具体的にどのようなものがあるでしょうか。また，これからの社会において他者と多様につながっていくために，どのような「約束事」が必要であると思いますか。（著者の主張に対する意見）

・今後，メディアはどのように「つながる」ことと関わりうると思いますか。近年目覚ましい発展を遂げている新しいメディアについて調べ，その特徴や問題点について考察してみましょう。（発展的学習）

引用文献

青山征彦（2018）．大学生における SNS 利用の実態：使い分けを中心に　社会イノベーション研究, *13*（1）1-18.

青山征彦（2002）．映像と理解　坂本　昂（監修）　高橋秀明・山本博樹（編）　メディア心理学入門（pp. 55-70）　学文社

Clair, R.（1970）. *Cinéma d'hier, cinéma d'aujourd'hui*. Paris: Gallimard.（山口昌子（訳）（1975）．映画をわれらに　フィルムアート社）

土井隆義（2014）．つながりを煽られる子どもたち：ネット依存といじめ問題を考える　岩波書店

情報通信政策研究所（2017）．平成 28 年　情報通信メディアの利用時間と情報行動に関する調査報告書 Retrieved from http://www.soumu.go.jp/iicp/research/results/media_usage-time.html

情報通信政策研究所（2014）．平成 25 年　情報通信メディアの利用時間と情報行動に関する調査報告書（URL は同じ）

木村美奈子・加藤義信（2006）．幼児のビデオ映像理解の発達：子どもは映像の表象性をどのように認識するか？　発達心理学研究, *17*（2），127-136.

村野井均（2016）．子どもはテレビをどう見るか：テレビ理解の心理学　勁草書房

野島久雄（2004）．思い出工学　野島久雄・原田悦子（編）〈家の中〉を認知科学する：変わる家族・モノ・学び・技術（pp. 269-288）　新曜社

岡部大介（2008）．腐女子のアイデンティティ・ゲーム：アイデンティティの可視／不可視をめぐって　認知科学, *15*（1），671-681.

Rice, M. L., Huston, A. C., & Wright, J. C.（1986）. Replays as repetitions: Young children's interpretation of television forms. *Journal of Applied Developmental Psychology, 7*, 61-76.

浦野由平・大賀真伊・滝沢　龍・星野崇宏・下山晴彦（2018）．中高生におけるインターネット上のいじめ被害と加害の関連性：大規模横断調査による検討　臨床心理学, *18*（4），486-491.

渡辺哲也・加賀大嗣・小林　真・南谷和範（2017）．視覚障害者のスマートフォン・タブレット利用状況調査 2017　信学技報, *117*（251），WIT2017-42, 69-74.

Column 9

マンガに描かれる多様な生き方

メディアには「多様な人生」が描かれている。私たちは映画，ドラマ，アニメ，小説，マンガなどさまざまなメディアを通して，個性的な登場人物の多様な人生の物語に触れることができる。メディアを通して見たり聞いたり読んだりした人物の中で日本の高校生や大学生が最も影響を受けたのはマンガ・アニメの登場人物であるということが複数の先行研究で示されているので，ここではマンガというメディアに焦点を当てる。

マンガは基本的に物語（ストーリー）と登場人物（キャラクター）の表現を誇張（デフォルメ）した架空（フィクション）の物語である。当然ながらマンガに描かれる生き方は，世間一般のいわゆる「常識」の枠から外れていることも少なくない。他と同じでは売れないし，他の作品と差異化していく必要があるという商業的な理由，いわゆる「大人の事情」もある。ところが，それが結果的にはマンガに描かれる生き方のバリエーション・多様性を担保することにもつながっている。マンガの舞台はファンタジーの世界だけでなく，学校や職場など身近な場所になることも多い。また，マンガの主題も冒険や恋愛だけでなく，日常生活から政治や差別などの社会問題に至るまで幅広く扱われる。年齢や性別など登場人物の属性もさまざまである。いわばマンガは「ゆりかごから墓場まで」（ときに前世や死後の世界，異次元の世界まで）を網羅し，少数事例（マイノリティ）も含めて古今東西あらゆる人生テーマを取り扱いうるメディアであり，生涯発達における生き方モデルの宝庫と言えよう。身近な他者に自分と同じ境遇・感覚の人が見つからなくても，マンガのなかになら見つかるかもしれない。そのくらいマンガには多様な生き方が描かれている。

マンガに描かれる多様な生き方のなかには，ノンフィクション（実際に起きた出来事や実在の人物を基にしたもの）も含まれているし，当事者による体験マンガも存在する。たとえば，未婚での出産・育児を決意した女性の体験マンガ『おひとりさま出産』（七尾ゆず／集英社），性別適合手術を受けた元・男性の体験マンガ『生まれる性別をまちがえた！』（小西真冬／KADOKAWA）などがある。これらは「当事者マンガ」「私マンガ」などと呼ばれることもあるが，当事者ならではの視点で，普通の人には見えにくく気づきにくい（オルタナティブな）生き方について教えてくれる。

このように，マンガは多様な生き方を伝える媒体（表現するツール）としても優れている。なぜならマンガにすることで辛く厳しい体験でも笑いを交えながらユーモラスに語ることができるからである。マンガは「押し付けがましくないかたちで」生き方の多様なあり方を示してくれるのである。

一方で，マンガというメディアに多様な生き方を制限されてしまう場合，マンガに特定の価値観を「刷り込まれてしまう」場合もある。たとえば，幼い頃に読んだ少女マンガに恋愛観（恋愛とはかくあるべし）を「教えられてしまった／刷り込まれてしまった」と語り，本当の自分は好きなことに時間を費やしたいのだけれど，同時に恋愛では彼氏に献身的な彼女でありたい／あるべきと思ってしまう自分に葛藤する女子大学生の事例が報告されている（家島，2006）。

他にも『マンガに人生を学んで何が悪い？』や『人生の大切なことはおおむね，マンガがおしえてくれた』というタイトルの書籍，「#大事なことは全部マンガが教えてくれた」というTwitterのハッシュタグの存在を鑑みると，日本人がマンガから実にさまざまなことを学んでいることがわかる（家島，2018）。

あなたはマンガ（あるいはメディア）から何を学んでいるだろうか。　　　　（家島明彦）

引用文献

家島明彦 (2006).　ナラティブから見るマンガの影響と自己形成：少女マンガによって恋愛のモデルが形成された事例を中心に　日本心理学会第70回大会発表論文集，19.

家島明彦 (2018).　マンガ・アニメで学ぶレジリエンス　N：ナラティヴとケア，9，45-52.

第3部　うしなう

　私たちは人生を経験するなかでさまざまなものをうしなう。生老病死というが，老いや病い，そして死は人生において不可避の経験であり，そこで私たちは，若さや健康や，そして愛する人や自らの人生そのものをうしなう。同時に，そうした経験を通じて私たちは人生の新しい側面に気づいたり，成長したりもする。うしなうことへの着目は，そうした経験から今私たちが経験しているさまざまな出来事，そして生きることの意味を問い直す機会を与えてくれるものである。これまでの発達心理学では，もっぱら得ること，できるようになることに目が向けられていた。しかしながら，老いや死によってさまざまなものをうしなう経験をどのように自らの人生に組み込み，それとともに生きていくのかは生涯発達心理学における極めて重要な主題なのである。

　第3部ではこうした「うしなう」ことをテーマとした3つの章と4つのコラムによって構成されている。第9章「死ぬってどういうこと？」では死生観，つまり私たちが死と生をどのように見つめているのかについて，子ども，若者，高齢者での違いやその影響要因について丁寧に説明されている。あなた自身の死生観と照らし合わせながら，読んでほしい。第10章「老いるってどういうこと？　看取るとは？」は老いることの意味について，さまざまな角度から捉え直すきっかけを与えてくれるものである。介護や看取りの問題など，現代社会における重要なテーマについても取り上げられているため，ぜひ身近な問題として考えてほしい。第11章「がんを生きるとは？：死を意識した時，人はどう生きるのか？」では，がんという病いを通じた死と生の意味について論じられている。三人に一人はがんで亡くなるという時代において，がんをどのように経験し，またその後をどのように生きていくのか，示唆に富んだ章である。この他，ゲーム使用と自殺，高齢者とユーモア，宗教とスピリチュアリティ，若者の死別経験といったユニークなコラムも収められている。

　なお本書では詳しく取り上げることはできなかったが，中高齢期における死別は人生における重大な経験である。2018年に改訂された国際疾病分類（ICD-11）では新たに遷延性悲嘆が含まれるなど身近な人との死別経験が及ぼす影響については今後ますます注目が集められることが予想される。また超高齢化が進むなか，活発化してきているエンド・オブ・ライフについてのさまざまな議論，たとえば尊厳死や終末医療についての事前指示書，死後の無縁化なども老いや死を取り巻く現代的な問題である。そこでのさまざまな選択が多様な発達を生み出しているという側面についても今後改めて着目することが必要だろう。

死ぬってどういうこと？

第9章

田中美帆

■ **しらべてみよう**
・生や死についての見方は子ども，若者，高齢者ではどのように異なるかを，解説してみましょう。
・あなたのイメージする「生と死」とはどんなものでしょうか。考えられる形容詞を5つ挙げてみましょう。

---

1. はじめに

　「死」と聞くと「自分にはまだ関係ない」と思われる読者も多いかもしれない。一方で，災害やテロのニュースを目にすると生や死について考えさせられるという人もいるだろう。死は単に，病とともにある人や老年期の人，大切な人との死別を経験した人だけのものではなく，すべての人にとっていつか訪れ，必ず経験するライフイベントといえる。本章では，心理学における生や死についての捉え方を概観し，各発達段階における死生観の特徴を取り上げた上で，死生観に多様性や個人差を生む影響要因について見ていく。自らはもちろん，家族，友人，その他みなさんの親しい人に当てはめながら，是非読み進めてほしい。

2. 人は生や死についてどう考えている？

　唐突だが，みなさんは「生」や「死」についてどのようなイメージを持っているだろうか。生や死については，これまで哲学や医学，倫理学，社会学など，さまざまな領域で検討されてきたが，以下では，主に心理学領域で研究されてきたものを詳しく見ていく。

(1) 死生観・死に対する態度

　人々の持つ生と死についての考え方は心理学において，死生観や死に対する態度として検討されてきた。一般的に，死生観は死に対する意味づけや観念，信念に焦点を当てているのに対し，死に対する態度は死に対する反応やそれに対する心の構え，準備などが含まれるが，これらは同じような意味として使用されている（河野，2016）。これら2つの概念に共通するのは，死や生を捉える多元的な価値観や態度を示しているという点である。従来，死は恐怖や不安[1]といった側面から検討されることが中心であった。しかし，このような死の一側面のみを扱った研究では，日本人の死生観の全体構造を把握できないことが指摘されている（河合ら，1996; 隈部，2006）。したがって，日本では死生観をより多

元的に捉えようとする研究が行われてきた。

(2) 日本人の死生観

　では，日本人の死生観にはどのような要素が含まれるのだろうか。これまでの研究から，日本人の死生観には，死の恐怖，人生，死後の世界に関するものが含まれることが示されている（表9-1）。なお，日本では成人の約半数が死後の生まれ変わりを信じている（小谷，2004）という文化的背景もあり，死後の世界に関するものとして生まれ変わり思想も含めて測定されることが多い。

　他方，欧米では，共通する要素として死の不安，死の恐怖，死の脅威，死への関心，死の受容があることが指摘されている（Tomer，1994）。表9-1に示した日本人の死生観に共通する各要素と比較すると，国内では生と死の両面を含んでいる一方で，欧米では死のみについてもっぱら検討されていることがうかがえる。

　日本で死観という用語よりも死"生"観という用語が使われている背景には，私たちの多くが，生まれ変わり思想に代表されるように生と死を表裏一体と捉えた方が自然であると考えているからなのかもしれない。

表9-1　日本人の死生観に共通する各要素とその内容例（平井ら，2010；植田，2010をもとに筆者作成）

要　素	内容例
死の恐怖	死の未知性や存在の消滅についての不安や恐怖
人生に関するもの	人生の意味，目標あるいは目的や，人生において死がどのように位置づけられるのかについての事柄
死後の世界に関するもの	死後の世界や生活の存在に関する認識や生まれ変わり思想

3. 死生観は変化する？

　ここまで死生観の要素を見てきたが，それでは生や死についての考え方は生涯にわたって同じなのだろうか。本節では，人が生涯にわたりどのように生や死を認知および理解し，生や死と向き合っているのかについて，子どもから高齢者まで発達のプロセスに沿って述べていく。

(1) 子どもと死

　先に見た死生観の要素それ自体を，子どもを対象にして検討したものは実は多くない。その代わりに，死の概念，つまり子どもは死をどのように認識しているのかについての研究がこれまで実施されてきた。そこで明らかになった主な要素として，普遍性，不可逆性，身体の機能の停止，因果性がある（表9-2）。

表9-2　死の諸要素（白神，2016をもとに筆者作成）

要　素	内容例
普遍性	生きているものはすべて，いつかは必ず死ぬこと
不可逆性	生あるものが一度死ぬと，その肉体は二度と生き返らないこと
身体の機能の停止	死ぬことにより身体の機能はすべて停止すること
因果性	死には，それをもたらす現実的な原因があること

1）厳密には，特定の対象に対する恐れが「恐怖」，対象のない漠然とした恐れが「不安」と異なるが，国内ではほぼ同義として見られている（丹下，1999）ため，ここでは以降「恐怖」とのみ表記する。

　このような死の概念は，欧米では5～7歳ごろ，日本でも10歳ごろから定着するようになる。また，概念獲得には認知発達段階，病気や死別の経験などさまざまな要因が影響しているが，親との会話やメディアなどの影響も少なくない（Longbottom & Slaughter, 2018）。なお，これらの概念は同じスピードで獲得されるわけではなく，さらに概念が一度獲得された後も行きつ戻りつしながら定着に至ると考えられている。加えて，死の諸要素には含まれないが，日本の子どもに特徴的な死の概念として，第2節の（2）で指摘した生まれ変わり思想がある。仲村（1994）によれば，年齢が上がるにつれて一見死の概念獲得，とくに不可逆性の理解に逆行するような「人は死んでも生まれ変わる」という思考を有するようになるという。こうした文化差には十分な配慮が必要である。

（2）若者と死

　みなさんのなかには「自分は大きな事件や事故には巻き込まれないし，万が一巻き込まれたとしてもまさか死ぬことはないだろう」と思っている人もいるのではないだろうか。実際，青年期では，年齢の上昇とともに死の恐怖は低下していき（丹下，2004），他の世代と比較しても低いことが示されている（川島，2009）。青年期にイメージされる死は具体性に欠けた抽象度の高いイメージであるとの報告からも（川島，2009），死が現実に差し迫った問題ではないことが恐怖の低さに関連しているのかもしれない。死の恐怖の低さはしばしば自殺の問題との関連などからネガティヴに捉えられがちである。しかし，行動範囲や交友関係が広がる青年期では，死の恐怖の低さがさまざまな経験や挑戦を可能にしているとも考えられる。

　ところで，若者と死との関係を語る際に避けることができないのは，自殺である。とくに近年注目されているのは，インターネット上の自殺関連情報による影響である（勝又，2016）。先行研究においてメディアなどによる自殺報道の後に自殺が誘発される「ウェルテル効果」が指摘されている（Hawton & van Heeringen, 2009）。一方，インターネットを用いて自殺を防ごうとする取り組みも本格化している。これまで自殺予防では電話相談が中心であったが，10代や20代の利用は少なかった（一般社団法人 日本いのちの電話連盟，2018）。これを受けて，厚生労働省は2018年3月よりSNSを用いた若者への悩み相談事業を開始したところ，1か月で延べ10,129件の相談があり，その8割が未成年もしくは20代の若者であったという（厚生労働省，2018）。また，長野県は全国に先駆けて中高生対象にLINEによる悩み相談を受け付けており，2週間で前年度の2倍以上の相談があったことも報告されている（読売新聞，2018）。このようなSNSなどの文字情報のみによる相談には難しさがある一方で，若者の相談に対する抵抗感を低下させることにもつながる。一般的に自殺とインターネットの関係は自殺の誘発などの問題から否定的に見られがちだが，このような自殺予防の取り組みにも着目する必要があるだろう。

（3）大人と死

　成人期では，自らの死が周囲にどのような影響を及ぼすのかを配慮するため，生に執着しようとする傾向が顕著になることが示唆されている（田中，2017）。また，30代や40代は大切な人の死について考えることを避ける一方で，死後の世界についての信念も強いことが示されている（松田，2000）。成人期は生のあり方自体にも多様性が生まれ，またそれが重視される一方で，死別などの死に関する経験が少ないという特徴がある。この成人期の特徴がこうした死生観の変化に関連しているのかもしれない。しかしながら，発達心理学における他の領域の研究と同様に，死に関する研究においても成人期についての研究は蓄積が乏しい。今後のさらなる研究の蓄積が望まれる。

　中年期になると老化などの体調の変化をきっかけに，自分の持ち物の保管や身の回りの整理などの死を意識した具体的行動が見られるようになる（長崎ら，2006）。さらに中年期では，老年期と比較して，子どもや配偶者などの大切な人の死を恐れる意識が強く，大切な人の死について考えたくないという意識が働くことも報告されている（小谷，2008）。これらのことから，中年期では自らの身体の衰えあるいは親や配偶者との死別により自らの死を意識するようになるが，この時期に多く経験される死別や介護の経験を通じて，他者の死についての認識も変化する時期であるといえるだろう。

（4）高齢者と死

　老年期になると中年期よりも死の恐怖が低くなり，死を受容する傾向が高まることが示唆されている（鹿村ら，2007）。ただし高齢者間では，年齢に伴い死の恐怖が低下するという立場がある（Gesser et al., 1987）一方で，年齢要因が認められないという立場もある（川島，2005）。また老年期では，心身の健康度の違いによって死の恐怖や死の受容に差があることも報告されている（Fortner et al., 2000; 針金ら，2009）。暦年齢（実際の年齢）と主観的年齢（実感している年齢）に大きな差がある老年期では，さまざまな要因が複合して死生観に影響していると考えることができる。

　ところで，老年期にある人々はどのように自らの死を語り，周囲の人に伝えるのだろうか。近年「終活」という言葉が広く知られている。終活には，一般的に医療に関する意思決定だけでなく葬儀や墓の事前準備やエンディングノートを書くことが含まれる（Tanaka et al., 2019）。終活においては，自らで準備できることには限りがあり，死後についての何らかの意向を誰かに伝える必要がある。とりわけ終末期医療に関しては，死に関心があることや死について考えることができることが，家族などとの会話を促進することが報告されている（島田ら，2015）。一方で，医師や家族に意思決定を任せたり，あえて言葉に出さない人（相羽ら，2002），または家族の意思にゆだねたいと考えている人もいる（渡邊ら，2000）。60 歳以上の約半数が自らの希望を家族に伝えていない（厚生労働省，2014）背景には，「察する」という日本独特の家族の関わり方や（川島，2016），あえて終活をしないことで，遺される者に負担をかけたくないという配慮もあるのかもしれない。

4. 死生観に影響するものは何だろう？

　ここまで一般的な死生観の生涯にわたる発達について見てきた。しかしながら，すべての人が先に述べたような発達の軌跡を辿るわけではなく，さまざまな要因によって死生観の個人差や多様性が生まれることが知られている。以降ではその多様性を生み出す要因をいくつか見てみよう。

（1）多様な経験と死

　死生観に影響を与える経験としてイメージされやすいのは，死別，事故，病気などの死に関する経験についてだろう。その中でも死別経験は死生観に影響を与える経験として先行研究で数多く検討されている。トメルとエリアソン（Tomer & Eliason, 2000）によれば，死別経験は自分が死すべき運命にあることについての認識に関連するため，死の恐怖を規定する上で重要な要因であると指摘されている。また，死別経験は，青年期以降のさまざまな世代の人々の死生観に影響を与えるが（朝田ら，2010; Davis & Nolen-Hoeksema, 2001），故人との生前の関係性やどの発達段階での経験なのかによってもその影響は異なる。

　死を身近に感じる経験のうち事故や入院は多大な身体的苦痛を与える経験であり，このような身体的負担を伴う経験が人々に死をよりリアリティのあるものとして認識させる（倉田，2008）。実際，青年期において死を身近に感じる経験がある人は経験がない人よりも死の恐怖が低く，死に意味を求める傾向が低いという（富松・稲谷，2012）。また，入院を経験した青年期の女性は，死を誰にでも起こりうる必然なものとして受容する傾向が高まることも報告されている（倉田，2008）。

　しかし，死に関する経験のみがすべての世代の人の死生観に影響を与えるわけではない。成人期に経験される結婚，出産，子育てなどは人々の生きることへの志向を高めるだけでなく（近藤，2010），死別経験などと同様に死生観に影響を与えることが示されている。たとえば，成人期において，独身，婚約している，結婚している，離婚している，伴侶に先立たれたという婚姻状況の違いによって，死のなかで最も恐れられる側面が異なり，単身でない人ほど「自分を頼っている者たちの面倒を見られなくなる」といった自己中心的でない側面を恐れるといった特徴も指摘されている（Diggory & Rothman, 1961）。また，妊娠することにより，妊娠前には見られなかった生命を尊重するといった死生観の変化が見られ，体内の生命を実感する経験がその契機になることも指摘されている（田口，2012）。

　私たちは，日々さまざまな経験をしている。小さな経験もあれば，人生を大きく変えるような経験もある。また，同一のライフイベントでも個人によって捉え方は異なるだろう。青年期以降ではさまざまな経験や個人的背景要因が発達に大きな影響を与えることが指摘されており（若本，2013），いつ，誰と，どのような経験をするのかが，生や死についての考え方に多様性をもたらす一要因であるといえる。

(2) 性別と死

　死生観には性別による違いはあるのだろうか。また，自分の死について心配することは性によって異なるのだろうか。金児（1994）は，女性は男性に比べて，死に対して真摯に向き合おうとし，死後の世界を思い，来世での再会を期待していると指摘している。また，男性は経済的な意味で，女性は情緒的な意味で自分の死による影響を懸念することも示されている（小谷，2004；森末，2003）。こうした違いには従来男性と女性が社会的に果たしてきた役割の違いが影響していると考えられるが，男女の社会的役割が多様になる今日では，自らの死との向き合い方もより多様化していく可能性に留意しておく必要があるだろう。

(3) 関係性と死

　ここまで，ある個人の経験や性別といった要因が自身の死生観に与える影響について見てきたが，現実生活を営む上で関わる身近な他者との関係性もまた死生観に影響を及ぼす要因である。残念なことに，これまでの死生観研究では，本人の死という個に焦点が当てられ，関係性の視点はほとんど考慮されてこなかったが（近藤・川島，2016），近年では，少しずつ研究も行われ始めている。

　たとえば，筆者は子どもを持つ女性への調査研究を通して，しばしば「私が死んだらこの子が困るから死にたくない」という発言をよく耳にした（田中，2013）。これは成人期の生と死に対する態度の構成要素（田中・齊藤，2016）のうち「生への執着」にあたるが，同時に「私が死ぬと周りが困るので死んではいけないと思う」といった死を関係性から捉えた意味づけでもある（田中，2017）。またこれまでの研究では，未婚者よりも既婚者，妊娠期女性よりも産後すぐの女性，子どもがいない人よりもいる人の方が生に執着するこ

とが示唆されている（田中，2014; Tanaka & Saito, 2015）。さらに，このような「死にたくない」という態度は，先行研究では死の恐怖に含まれていたが，これらの2つの関連は弱いことも確認されている（田中・齊藤，2016）。このように妊娠，出産も含めた子どもを持つという他者との密接な関係は，成人期の死生観に大きく影響すると考えられる。

　一方で，関係性は死に関していつもポジティヴに働くというわけではない。自殺予防の領域では，自殺の対人関係理論（Joiner, 2005）が注目されており，「他者の負担になっている」という感覚が，自殺念慮に影響していることが指摘されている。また欧米では，終末期医療の意思決定に「家族に迷惑をかけたくない」という負担感の知覚が関連していることも報告されている（McPherson et al., 2007）。日本においては十分な研究蓄積がないものの，独居や夫婦暮らしの高齢者よりも家族と同居している高齢者の自殺者数が多いことが報告されており（高橋，2004），これもまた関係性の負の側面を示唆しているといえよう。もちろん関係性の影響は世代やその単位によっても異なるが，死についてのさまざまな問題を考える際，顕著に浮き上がってくるのが身近な他者との関係性という問題なのかもしれない。

5. おわりに

　本章では，心理学における死生観の内容やその発達的な変化，そして死生観に影響を与える要因について概観してきた。これらを通じて見えてきたのは，老年期や死に関する経験が与える影響など，多くの研究が蓄積されている領域やテーマがある一方で，成人期や身近な他者との関係性など，あまり目が向けられていない領域やテーマがあるということである。またここで述べてきた以外にもさまざまなマイノリティ，若くして病気になる人，未婚や子どもがいない人などの死生観がどのようなものなのかは未だ明確ではない。家族のような小さな関係性だけでなく，コミュニティや社会との関係性，あるいはSNSやインターネットなどのメディアを介在させた関係性を考慮した研究の蓄積も，個人の志向や関係性が多様化した現代においてはますます必要になってくるだろう。こうした，これまであまり目が向けられていなかった領域にも着目することによって，死生観の実態をより正確に把握すること，ひいては病とともにある人や大切な人との死別を経験した人へのきめ細かな支援が可能になるだろう。

　「死ぬってどういうこと？」というのは，みなさんが生涯にわたって向き合い続ける問いであるといえる。しかしこれまで概観してきたように，死に関する経験だけでなくさまざまな人生経験を通して私たちは自らの生や死についての考え方を豊かにすることはできる。また，自らの経験を通して生まれた答えは，自分自身のみならず大切な人の死について考えるときにも大きな助けになるだろう。

■かんがえてみよう
・死生観は，葬儀などの葬送儀礼とも密接に関わっています。あなたが住んでいる地域あるいは関心のある地域の葬送儀礼の実際について調べてみましょう。（発展的学習）
・著者は，「死の恐怖の低さはしばしば自殺の問題との関連などからネガティヴに捉えられがちである。しかし，行動範囲や交友関係が広がる青年期では，死の恐怖の低さがさまざまな経験や挑戦を可能にしている」と述べています。このことについて，あなたはどのように考えますか。（著者の主張に対する意見）

引用文献

相羽利昭・デービス アン J・小西恵美子（2002）．家族が捉えた死の迎え方の倫理的意思決定の過程とその要因の探索　生命倫理, *12*, 84-91.

朝田有紀子・日潟淳子・齊藤誠一（2010）．中年期における死別経験と死生観の関連　神戸大学発達・臨床心理学研究, *9*, 1-9.

Davis, C. G., & Nolen-Hoeksema, S.（2001）. Loss and meaning: How do people make sense of loss? *American Behavioral Scientist, 44*, 726-741.

Diggory, J. C., & Rothman, D. Z.（1961）. Values destroyed by death. *Journal of Abnormal and Social Psychology, 63*, 205-210.

Fortner, B. V., Neimeyer, R. A., & Rydarczyk, B.（2000）. Correlates of death anxiety in older adults: A comprehensive review. In A. Tomer（Eds.）, *Death attitudes and the older adult: Theories, concepts, and applications*（pp. 95-108）. New York: Brunner-Routledge.

Gesser, G., Wong, P. T. P., & Reker, G. T.（1987）. Death attitudes across the life span: Development and validation of the Death Attitude Profile. *Omega, 18*, 113-128.

針金まゆみ・河合千恵子・増井幸恵・岩佐　一・稲垣宏樹・権藤恭之・小川まどか・鈴木隆雄（2009）．老年期における死に対する態度尺度（DAP）短縮版の信頼性ならびに妥当性　厚生の指標, *56*, 33-38.

Hawton, K., & van Heeringen, K.（2009）. Suicide. *Lancet, 373*, 1372-1381.

平井　啓・坂口幸弘・安部幸志・森川優子・柏木哲夫（2000）．死生観に関する研究：死生観尺度の構成と信頼性・妥当性の検証　死の臨床, *23*, 71-76.

一般社団法人 日本いのちの電話連盟（2018）．2017年全国いのちの電話受信状況 一般社団法人 日本いのちの電話連盟 Retrieved from https://www.inochinodenwa.org/data/data_2017all.pdf

Joiner, T. E.（2005）. *Why people die by suicide*. Cambridge: Harvard University Press.

金児暁嗣（1994）．大学生とその両親の死の不安と死観　大阪市立大学文学部紀要, *46*, 537-564.

勝又陽太郎（2016）．青年期における死　川島大輔・近藤　恵（編）　はじめての死生心理学：現代社会において，死とともに生きる（pp. 121-135）　新曜社

河合千恵子・下仲順子・中里克治（1996）．老年期における死に対する態度　老年社会科学, *17*, 107-116.

川島大輔（2005）．老年期の死の意味づけを巡る研究知見と課題　京都大学大学院教育学研究科紀要, *51*, 247-261.

川島大輔（2009）．青年の死生観：「死ぬ」とは？　宮下一博（監修）ようこそ！青年心理学：若者たちは何処からきて何処へ行くのか（pp. 155-165）ナカニシヤ出版

川島大輔（2016）．老年期における死　川島大輔・近藤　恵（編）　はじめての死生心理学：現代社会において，死とともに生きる（pp. 175-188）　新曜社

近藤　恵（2010）．関係発達論から捉える死　風間書房

近藤　恵・川島大輔（2016）．終章　川島大輔・近藤　恵（編）　はじめての死生心理学：現代社会において，死とともに生きる（pp. 247-249）　新曜社

小谷みどり（2004）．死に対する意識と死の恐れ　ライフデザインリポート, 5月号, 5-15.

小谷みどり（2008）．中高年の死観：自己と大切な人の死観の比較　日本家政学会誌, *59*, 287-294.

河野由美（2016）．死への態度　川島大輔・近藤　恵（編）　はじめての死生心理学：現代社会において，死とともに生きる（pp. 11-25）　新曜社

厚生労働省（2014）．人生の最終段階における医療に関する意識調査報告書 厚生労働省　Retrieved from https://www.mhlw.go.jp/bunya/iryou/zaitaku/dl/h260425-02.pdf

厚生労働省（2018）．平成30年版自殺対策白書　厚生労働省　Retrieved from https://www.mhlw.go.jp/wp/hakusyo/jisatsu/18/index.html

隈部知更（2006）．日本人の死生観に関する心理学的基礎研究：死への態度に影響を及ぼす4要因についての分析　健康心理学研究, *19*, 10-24.

倉田真由美（2008）．女子大学生の死に対する態度と関連因子の検討　立命館人間科学研究, *16*, 95-104.

Longbottom, S., & Slaughter, V.（2018）. Sources of children's knowledge about death and dying. *Philosophical Transactions of Royal Society of London. Series B, Biological Sciences, 373*（1754）. doi: 10.1098/rstb.2017.0267

McPherson, C. J., Wilson, K. G., & Murray, M. A.（2007）. Feeling like a burden to others: A systematic review focusing on the end of life. *Palliative Medicine, 21*, 115-128.

松田信樹（2000）．死の不安の年齢差に関する研究　大阪大学教育学年報, *5*, 71-83.

森末真理（2003）．あなたと死：非医療従事者の死に対する意識調査　川崎市立看護短期大学紀要, *8*, 67-76.

長崎雅子・松岡文子・山下一也（2006）．年代および性別による死生観の違い：非医療従事者を対象としたアンケート調査を通して　島根県立看護短期大学紀要, *12*, 9-17.

仲村照子（1994）．子どもの死の概念　発達心理学研究, *5*, 61-71.

鹿村眞理子・高橋ゆかり・柴田和恵（2007）．中高年の死に対する態度：性，年齢，職業による違い　日本看護学会論文集 看護総合, *38*, 172-174.

島田千穂・中里和弘・荒井和子・会田薫子・清水哲郎・鶴若麻理・石崎達郎・高橋龍太郎（2015）．終末期医療に関する事前の希望伝達の実態とその背景　日本老年医学会雑誌, *52*, 79-85.

白神敬介（2016）．幼児期・児童期における死　川島大輔・近藤　恵（編）　はじめての死生心理学：現代社会において，死とともに生きる（pp. 103-116）　新曜社

田口朝子（2012）．妊娠葛藤の質的構造：妊娠から出産に至るまでの女性たちの悩みの声　生命倫理, *22*, 14-25.

高橋邦明（2004）．地域における高齢者への自殺予防活動　こころの科学, *118*, 29-33.

田中美帆（2013）．成人期女性の生と死に対する態度についての基礎的検討：妊娠・出産経験の観点から　神戸大学発達・臨床心理学研究, *12*, 18-22.

田中美帆（2014）．成人期の生と死に対する態度の検討：成人期前期に体験されるライフイベントに注目して　神戸大学発達・臨床心理学研究, *13*, 27-31.

田中美帆（2017）．生と死に対する態度の潜在因子モデルに関する比較検討　神戸大学発達・臨床心理学研究, *16*, 23-27.

Tanaka, M., Takahashi, M., & Kawashima, D.（2019）. End-of-Life activities among community-dwelling older adults in Japan.

Omega-Journal of Death and Dying. Advance online publication. https://doi.org/10.1177%2F0030222819854926

Tanaka, M., & Saito, S. (2015). The developmental trajectory of the pregnancy period on attitudes towards life and death among Japanese adults. 17th European Conference on Developmental Psychology (Braga, Portugal), 694-695.

田中美帆・齊藤誠一 (2016). 成人期の生と死に対する態度尺度の構成　カウンセリング研究, *49*, 160-169.

丹下智香子 (1999). 青年期における死に対する態度尺度の構成および妥当性・信頼性の検討　心理学研究, *70*, 327-332.

丹下智香子 (2004). 青年前期・中期における死に対する態度の変化　発達心理学研究, *15*, 65-76.

Tomer, A. (1994). Death anxiety in adult life-theoretical perspective. In R. A. Neimeyer (Ed.), *Death anxiety handbook* (pp. 3-28). New York: Taylor & Francis.

Tomer, A., & Eliason, G. (2000). Beliefs about self, life, and death: Testing aspects of a comprehensive model of death anxiety and death attitudes. In A. Tomer (Ed.), *Death attitudes and the older adult* (pp. 137-153). London: Routledge.

富松梨花子・稲谷ふみ枝 (2012). 死生観の世代間研究　久留米大学心理学研究, *11*, 45-54.

植田喜久子 (2010). 壮年期女性の死生観尺度の作成　高知女子大学看護学会誌, *35*, 1-8.

若本純子 (2013). 成人・老人を対象とする発達研究の動向　教育心理学年報, *52*, 24-33.

渡邊裕紀・赤林　朗・池田智子・富田真紀子・渡辺直紀・甲斐一郎 (2000). 健康な中・高齢者における心肺蘇生法に関する意思決定について　生命倫理, *10*, 111-119.

読売新聞 (2018). 防げ 若者の自殺 (2) 電話よりも LINE 相談増加…文字だけ, 悩み把握に課題も　読売新聞　2 月 28 日朝刊

Column 10

ゲームの思わぬ危険性：ゲームの使用が死への距離を近づける？

「ついついゲームをやりすぎてしまった」，「ゲームが原因で学校に遅刻してしまった」といった経験がある人もいるのではないだろうか？　タイトルを読んで「死に近づくなんてそんなまさか！」と思った人にも，あるステップを辿るとそうなってしまう可能性があるのだ。

まず，ゲームの過剰使用に関する問題として，DSM-5（精神疾患の分類と診断の手引　第5版）ではインターネットゲーム障害が「今後の研究のための病態」として取り上げられており，WHOの国際疾病分類（ICD-11）の中でも正式にゲーム障害が認定されることとなった。ゲームへの欲求が抑えられず，学業や職業に支障をきたすなどのいくつかの症状が長期間または過度に見られた場合は，ゲーム障害として治療の対象になりうる。研究分野ではこれまで，ゲーム障害（依存）と関連するものとして，孤独感や高い攻撃性，不安・抑うつなどが多く報告されてきた（e.g., Lemmens et al., 2009）。

そのなかでも気になるのが，ゲームの使用が自殺のリスクを高めるとの報告である。ゲーム依存が自殺念慮へ影響し，また人や動物などを殺傷するような暴力的なゲームの使用が自殺リスクに影響するという。前者については，たとえばキムら（Kim et al., 2017）の研究では，ゲーム依存に関わる問題で治療を行っている群（病理群）と，一般人を比較したところ，病理群の自殺念慮や自殺企図といったリスクが高いことが報告されている。

後者の暴力的なゲーム使用と自殺の関係性を理解する上で着目したいのは，「痛みや死に対する慣れ（恐怖心の低下）」である。人は死にたいと思っても，死ぬことや痛みに対する恐怖心から自殺の実行に至れないことがある。言い換えれば，人が自殺に至るにはその意思のほかに，自殺を実行する能力が必要であるといえる（Joiner et al., 2009/2011）。この「痛みや死に対する慣れ」は自傷行為や暴力を受けるといった体験はもちろん，他者の死や，暴力を受ける場面を目撃することでも引き起こされるという。

実際，銃や刃物などを用いた殺傷を，ゲーム上で疑似体験することは非常に容易になってきている。

では，現実世界で他者の死や暴力を目撃することと，ゲームの世界で人間を殺傷することとの間にはどの程度の影響の差があるのだろうか？　技術の進歩とともに最新のゲームでは，よりリアルに場面を再現することが可能になってきていることを考えると，現実とゲームとの差は曖昧になっているのかもしれない。先行研究によると，人や動物などを殺傷するような暴力的なゲームをすることと，痛みや死に対する恐怖心のなさが関連するのではないかといわれている（e.g., Teismann et al., 2014）。さらに，ゲームへの依存と，人や動物などを殺傷するような暴力的なゲームの使用が重なることで，さらに自殺のリスクが高まるかもしれない。しかしながら，これらの研究蓄積は十分ではない。今後さらなる検討が必要だろう。

もちろんゲームはデメリットばかりではない。しかしゲームの過剰使用や暴力的なゲームの利用によって起こりうるリスクに目を向け，議論を重ねていくことは大切だろう。

（古賀佳樹）

引用文献

Joiner, T. E., Van Orden, K. A., Witte, T. K., & Rudd, M. D. (2009). *The interpersonal theory of suicide: Guidance for working with suicidal clients*. Washington, D.C.: American Psychological Association.（北村俊則（監訳）奥野大地・鹿沼　愛・弘瀬純三・小笠原貴志（訳）(2011). 自殺の対人関係理論：予防・治療の実践マニュアル　日本評論社）

Kim, D. J., Kim, K., Lee, H. W., Hong, J. P., Cho, M. J., Fava, M., ... Jeon, H. J. (2017). Internet game addiction, depression, and escape from negative emotions in adulthood: A nationwide community sample of Korea. *The Journal of Nervous and Mental Disease, 205*, 568-573.

Lemmens, J. S., Valkenburg, P. M., & Peter, J. (2009). Development and validation of a Game Addiction Scale for Adolescents. *Media Psychology, 12*, 77-95.

Teismann, T., Förtsch, E. M. A., Baumgart, P., Het, S., & Michalak, J. (2014). Influence of violent video gaming on determinants of the acquired capability for suicide. *Psychiatry Research, 215* (1), 217-222.

第10章 老いるってどういうこと？看取るとは？

渡邉照美

■しらべてみよう
・本章では，高齢者の発達について「老年的超越」と「ジェネラティヴィティ」の概念が紹介されています。本章の記述を参考に，それぞれの概念の特徴について説明してみましょう。
・「介護」という言葉からあなたがイメージすることはどんなことですか。

1. はじめに：あなたの思う高齢者は何歳から？

　あなたにとって「高齢者」とは何歳からだろうか。内閣府（2014a）では，全国の35歳から64歳の男女6,000人を対象に，一般的に高齢者だと思う年齢を尋ねている。その結果，「70歳以上」が42.3%と最も多く，次いで「65歳以上」22.1%，「75歳以上」15.1%となっている。次に「高齢者」と聞くとどのようなイメージを持つだろうか。同調査（内閣府，2014a）において，同様の質問がなされているが，高齢者に対するイメージは「心身がおとろえ，健康面での不安が大きい」が74.8%で最も高く，「収入が少なく，経済的な不安が大きい」46.5%，「経験や知恵が豊かである」34.3%，「時間にしばられず，好きなことに取り組める」31.7%であった。あなた自身が思い浮かべた高齢者像とズレはあっただろうか。

　多くの先進国における高齢者の定義は65歳以上となっているが，WHOや国連では高齢者の定義について明確な基準は設けられておらず，60歳以上を高齢者とすることも認められている。日本では，一般的に65歳以上を高齢者としているが，2018年9月14日の厚生労働省の発表によると，100歳を超える百寿者は2018年9月1日現在，全国に6万9,785人いるとされる。老人福祉法が制定された1965年には153人であった百寿者が，わずか50年余りで7万人に近くなっていることからもわかるように，日本における高齢化は急速に進み，かつ高齢者と呼ばれる年齢幅も35歳以上に及ぶ。生涯発達心理学において，0歳の乳児と35歳の成人が発達上，一括りにされることはまずない。しかし高齢期で考えると「高齢者」という言葉で一括りに考えられることが多い。これは少々乱暴な話であろう。

　このような状況を受け，2017年1月に日本老年学会と日本老年医学会は，日本を含む多くの国で65歳以上とされている高齢者の定義に対し，医学的・生物学的に明確な根拠はないとし，65〜74歳を「准高齢者」「准高齢期」（pre-old），75〜89歳を「高齢者」「高齢期」（old），90歳以上を「超高齢者」「超高齢期」（oldest-old，super-old）と区分することを提言した（日本老年学会・日本老年医学会，2017）。みなさんの周りの65歳以上の

方々を想像してみてもらいたい。多様な「高齢者」がいるのではないだろうか。つまり，現代社会においては，何歳から高齢者，高齢期と一律に年齢を基準として考えることは適当ではなく，他のライフステージ同様，高齢期の生き方も多様化しているのである。

2. 老いることは不幸なことなの？：人生 50 年から人生 100 年の時代へ

　わが国の平均寿命が 50 年を突破したのは今から約 70 年前の 1947 年である（男性 50.06 年，女性 53.96 年）。その後，医療技術の向上や生活環境の改善等によって，日本人の平均寿命は飛躍的に伸び，2017 年には男性 81.09 年，女性 87.26 年となっている（厚生労働省，2018a）。そして今後も，男女とも平均寿命は延びて，2065 年には男性 84.95 年，女性 91.35 年となり，女性は 90 年を超えると見込まれている（内閣府，2018）。人生 100 年の時代が到来する可能性は高く，超高齢期研究や百寿者研究も行われ始めている。以下，一般的に高齢者といわれる世代の人たちの体力や生活の実態について見てみよう。

　まず，健康・身体についてである。「平成 28 年度体力・運動能力調査」（スポーツ庁，2017）によると，65 歳以上の者の新体力テスト（握力，上体起こし，長座体前屈，開眼片足立ち，10m 障害物歩行，6 分間歩行）の合計点は，年々向上しているという。つまり，現在の高齢者は 10〜20 年前と比較して加齢に伴う身体的な機能変化の出現が 5〜10 年遅延しており，「若返り」現象が見られるのである（日本老年学会・日本老年医学会，2017）。

　次に，生きがいについて見てみよう。60 歳以上の男女 1,999 名を対象にした内閣府（2014b）の調査では，生きがいを感じている程度は，「十分感じている」が 38.5%，「多少感じている」が 40.7% であり，約 80% の人が生きがいを感じていた。生きがい（喜びや楽しみ）の内容については，「孫など家族との団らんの時」（48.8%）が最も多く，「趣味やスポーツに熱中している時」（44.7%），「友人や知人と食事，雑談している時」（41.8%）となっている。

　経済状況については，どうであろうか。「平成 29 年国民生活基礎調査の概況」（厚生労働省，2018b）によると，全世帯の平均所得金額は 560.2 万円に対し，高齢者世帯の平均所得金額は 318.6 万円であった。それでは，高齢者の生活意識はどうだろうか。内閣府（2017a）の調査によると，「心配ない」（「家計にゆとりがあり，まったく心配なく暮らしている」と「家計にあまりゆとりはないが，それほど心配なく暮らしている」の計）と感じている人の割合は年齢が上がるにつれて上昇しており，「80 歳以上」では 71.5% であった。この結果を見ると，多くの高齢者が，経済的な心配はあまりなく生活を送っていることがわかる。ただし，2015 年における 65 歳以上の生活保護受給者は 97 万人（受給者総数 213 万人）で，10 年前の 2005 年の 56 万人（受給者総数 143 万人）と比較すると約 40 万人増加しており，65 歳以上人口に占める生活保護受給者の割合（2.86%）は，全人口に占める生活保護受給者の割合（1.67%）よりも高い結果が示されている（内閣府，2018）という現実にも目を向ける必要がある。

　就労については，総務省（2018）の「労働力調査」によると，2017 年の労働力人口は 6,720 万人であった。そのうち，65〜69 歳の者は 454 万人，70 歳以上の者は 367 万人であり，労働力人口総数に占める 65 歳以上の者の割合は 12.2% と上昇し続けている（ちなみに 1980 年は 4.9%）。そして，労働力人口比率（人口に占める労働力人口の割合）は，65〜69 歳 45.3%，70〜74 歳 27.6%，75 歳以上 9.0% であった。つまり，前期高齢者

（65〜74 歳）の 3 人に 1 人は就労していることになる。また内閣府（2015）の調査において，仕事をしたいと思う年齢に対する回答では「働けるうちはいつまでも」が 29.5％と最も多いという結果が示され，何歳になっても働けるのなら働きたいと考える高齢者が多いといえる。

　以上，高齢者の実態を見てきたが，超高齢社会においては，高齢者は「生涯現役」として生活を送るという，新たな心理社会的課題に直面していることがわかるだろう。

3. 高齢者は人生をどう見つめるのか？：生涯発達的視点から見た高齢期

　生涯発達的視点から高齢期を見てみよう。発達段階ごとに発達課題を示したハヴィガースト（Havighurst, 1972）によると，高齢期には「身体的変化への適応」「退職と収入の変化への適応」「満足な生活管理の形成」「退職後の配偶者との生活の学習」「配偶者の死への適応」「高齢の仲間との親和の形成」「社会的役割の柔軟な受け入れ」という課題が挙げられている。エリクソン（Erikson, 1950/1977；1980）は，高齢期の心理社会的課題として「自我の統合」対「絶望」を位置づけた。またバルテス（Baltes, 1987）は，生涯にわたる心理的適応能力の獲得と喪失の割合について，加齢に伴い，獲得が少なくなり，喪失が多くなるというモデルを提唱した。これらからもわかるように，人生の前半部は獲得を多く経験し，今までできなかったことができるようになる時期であるが，成人期以降，これまでできていたことができなくなったり，これまで期待されていた役割を終えたり，大切な人を失ったりする喪失を多く経験することになる。高齢期においては，人生を振り返り，自分なりに人生をどうまとめていくのかということが重要になってくるといえる。人の生き方が多様化し，高齢者も多様化した現代において関心を集めている視点を以下に紹介したい。

(1) 老年的超越

　エリクソンら（Erikson & Erikson, 1997/2001）は，自らが超高齢期に至り，この時期が単に老年期の延長ではなく，これまでとは全く異質な時期であるということを自覚することとなり，それまでの 8 つの心理社会的発達段階に加えて，第 9 段階目の超高齢期を設定した。この時期は，たくさんの喪失経験をし，身近な人々の死に遭遇し，自分自身の喪失，つまり死もそう遠くないことを悟る。そうした喪失を生き抜くには，人生初期の課題で獲得した基本的信頼が力になる。そしてこの基本的信頼という土台がないと生きていけないが，逆にこれがあれば生きていけると述べた。さらに，もし第 9 段階のさまざまな失調要素を甘受できるならば，老年的超越（gerotranscendence）に向かうことができるとした。

　老年的超越とは，スウェーデンの社会学者トーンスタム（Tornstam, 1989, 2005）によって提唱された概念で，高齢期に高まるとされる「物質主義的で合理的な世界観から，宇宙的，超越的，非合理的な世界観への変化」を指す。老年的超越として，①過去に持っていた社会的役割や地位にこだわりがなくなる，物質的な豊かさは自らの幸福には重要ではないことを認識するといった内容が含まれる「社会的・個人的関係の領域」，②自己中心的な考えから利他主義的な考え方になる，人生のよかったことも悪かったことも含め，人生を完成させるために必要だったと認識するといった内容が含まれる「自己意識の領域」，③死は 1 つの通過点であり，生と死を区別する本質的なものはないと認識する，人類全体や宇宙（大いなるもの）との一体感を感じるといった内容が含まれる「宇宙的意識

心理学
2600円＋税

ナカニシヤ出版
注文カード
ご注文くださいましてありがとうございます。
今後ともどうぞよろしくお願い申し上げます。

貴店印

注文冊数

ナカニシヤ出版
多様な人生のかたちに迫る
発達心理学

川島大輔・松本　学
徳田治子・保坂裕子　編

9784779514425

ISBN978-4-7795-1442-5
C3011 ¥2600E

定価
（本体2600円＋税）

の獲得」の３　　　　　　　　　　　　　　年的超越の概念は，生産性や身体的
な健康にはこ　　　　　　　　　　　　　　らないあるがままの自分と人生を，
時代や世代を　　　　　　　　　　　　　　心境といえよう。ここには，高齢
期になっても，　　　　　　　　　　　　ある活動に参加し，社会とかか
わりをもち続に　　　　　　　　　　　スフル・エイジング像とは異な
る状態像が浮か　　　　　　　　　　　　数存在する一方で，90歳を超
えて，超高齢期　　　　　　　　　　　　高齢者がいることも忘れては
いけない。

（2）ジェネラ　　　　　　　　　　　性）

　エリクソンは，　　　　　　　　　　　機を「ジェネラティヴィティ
（世代継承性・生殖　　　　　　　　　ネラティヴィティとは，「次の
世代を確立させ導く　　　　　　　　　ることによって，自己が活性
化され，求め求めら　　　　　　　　　に影響を与えるといった概念
である。育児を思い浮　　　　　　　　。この概念は育児だけにとど
まるものではなく，後　　　　　　　　つくりあげることも含む。そ
して，現在では，高齢　　　　　　　　機能が持続される必要性があ
るとともに，高齢期は　　　　　　　　のチャンスの時期とされる
（コラム２「祖父母と孫の

　高齢期におけるジェネ　　　　　　　宮・渡邉（2018）をご一読い
ただきたいが，ここでは祖　　　　　　割におけるジェネラティヴィ
ティについて簡単に述べる　　　　　　86/1990）は，祖父母役割に
ついて，親よりも責任を持　　　　　　立てるとして，成人後期の
ジェネラティヴィティとは異　　　　　からもそれは支持されており，
高齢期における孫育児による　　　　　，親が第一義的な養育の責
任を負った上で，祖父母があ　　　　　を保ちながら孫育児に携わることで高まるとい
える。しかし，今後の日本においては，ひとり親家庭の増加により，祖父母が親に代わっ
て主体的な関与を期待される場合もあるだろうし，晩婚化や晩産化により，高齢期といわ
れる年齢においても親役割を遂行している場合も増えてくるだろう。また未婚化も進むな
かで，学校卒業後も実家で親と同居する独身者であるパラサイトシングルの子どもを持つ
親たちの高齢化が進行し，祖父母役割ではなく，親役割としてのジェネラティヴィティが
高齢期も継続することが予想されるし，高齢期の長期化に伴い，親子で高齢者という層も
増大している。さらに，ジェネラティヴィティが発揮されるのは，家族や対人関係の文脈
だけではなく，芸術など個人で取り組む活動においても認められるものであり，今後，高
齢期におけるジェネラティヴィティの概念は，より社会情勢に即したものに発展していく
必要性があるといえる。

4. あなたは誰に看取られたい？　あなたは誰を看取りたい？

　「育児」と「介護」からイメージすることをそれぞれ書き出してみよう。
　筆者は講義のなかで，この質問をしているが，育児については，おおむね「楽しそう」
「幸せ」といった肯定的なイメージが多く，介護については「大変そう」「できれば経験し
たくない」といった否定的なイメージが多い。育児も介護も身近な他者をケアするという

点では同じなのに，この差を生むのはなぜだろうか。この節では，介護について考えてみたい。

（1）介護に至る原因

　これまで述べてきたように，心身ともに生き生きとした高齢者が多いことは事実である。しかし，介護が必要な高齢者がいることも事実であり，これらの問題は，家族にとって，そして社会にとって，大きな課題となっている。65 歳以上の者の要介護者数は，2015 年度末で 606.8 万人であり，2003 年度末の 370.4 万人から 236.4 万人増加している。介護が必要になった主な原因について見てみると，「認知症」が 18.7％と最も多く，次いで，「脳血管疾患（脳卒中）」15.1％，「高齢による衰弱」13.8％となっており，男性は「脳血管疾患（脳卒中）」23.0％，女性は「認知症」20.5％がとくに多くなっている（内閣府，2018）。

　介護に至る原因として多い認知症であるが，65 歳以上の認知症患者は 2012 年時点で約462 万人，つまり 65 歳以上の高齢者の約 7 人に 1 人（有病率 15.0％）は認知症とされ，2025 年には約 5 人に 1 人が認知症になるとの推計もある（内閣府，2017b）。認知症は，さまざまな原因疾患（アルツハイマー型認知症，レビー小体型認知症等）により認知機能が低下し，生活に支障が出ている状態を表しており，中核症状（記憶障害や見当識障害，判断力低下等）と周辺症状（不安，徘徊，妄想等）がある。周辺症状は，以前は「問題行動」と呼ばれていたが，介護する側が認知症による行動を問題と捉えていることが不適切であるという考えから，現在では「認知症の行動と心理症状」（Behavioral and Psychological Symptoms of Dementia：BPSD）（Finkel et al., 1996）と呼ばれる。認知症の人の症状はさまざまであること，また意思があり，これまでの経験もあることを念頭におき，認知症の人の見ている世界を理解しようと努めることが大切である。

（2）介護者と要介護者の関係

　「平成 28 年国民生活基礎調査の概況」（厚生労働省，2017）によれば，主な介護者と要介護者は「同居」が 58.7％と最も多く，次いで「事業者」が 13.0％であった。「同居」の主な介護者の続柄を見ると，「配偶者」が 25.2％，次いで「子」21.8％，「子の配偶者」9.2％であり，「同居」の主な介護者を性別に見ると，男性 34.0％，女性 66.0％と女性の割合が高くなっている。このことから，家族の意識やあり方が変化した今でもなお「介護は家族でするもの」「介護は女性が担うもの」という意識がうかがえる。しかし，変化も認められる。

　まず，「国民生活基礎調査の概況」（厚生労働省，2002, 2017）をもとに，2001 年と 2016年を比較すると同居介護は減少し，別居介護が増加している（2001 年；同居 71.1％・別居 7.5％，2016 年；同居 58.7％・別居 12.2％）。次に，「同居介護」に焦点を当てると「男性介護者」が増加し，女性介護者が減少している（図 10-1）。また介護者と要介護者との続柄についてであるが，「子の配偶者」が減少し，「子」が増加している（図 10-2）。つまり，男性介護者は年々増加し，「息子の妻」が「義父母」を介護していた時代から，「息子」や「娘」が「実父母」を介護する時代になりつつあるということである。

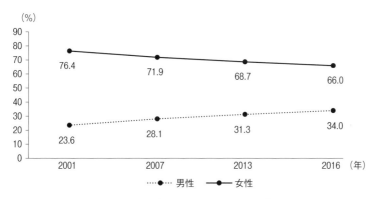

図 10-1　同居介護における介護者の性別構成割合
(厚生労働省「国民生活基礎調査の概況」より筆者作成)

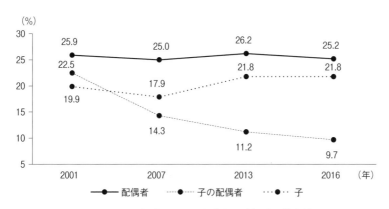

図 10-2　同居介護における介護者の続柄別の構成割合
(厚生労働省「国民生活基礎調査の概況」より筆者作成)

(3) 介護することの心理，介護されることの心理

　介護者が介護をする際に感じる困難さや否定的影響を介護負担感といい，1980年代に欧米で注目され始めた。そして，介護負担感の尺度の開発や関連要因の検討が盛んに行われ，わが国でも，その流れをくみ，介護負担感に関する検討が始まった（渡邉，2013）。しかし，介護は否定的な経験だけではないという知見もある。実際，肯定的な変化が実証的に示されており，「柔軟さ」や「自己抑制」「視野の広がり」等での変化が認められている（たとえば，石井，2003；岡本，1997）。つまり，介護することによる心の発達が認められるケースもあることを示している。介護することには，多様な側面があることに注意したい。

　それでは介護される側の心理についてはどうであろうか。介護者の負担感に要介護者の健康状態や心理状態が影響を及ぼすという研究は散見されるが，要介護者の心理については，研究がほとんど見当たらないのが現状である。その理由として，疾患別の患者の心理については多くの研究がなされているため，「要介護者」というキーワードでは検討されていないこと，要介護者に協力を得ることが身体的にも心理的にも困難であること，要介護者が認知症の場合，その内的世界を他者が聴き取るのは難しいこと等が考えられる。今後，介護される側の心理がより詳細に明らかにされることに期待したい。

（4）介護を取り巻く今日的課題

　前述の通り，介護することによって，人が発達する可能性があることは実証されてきているが，介護を取り巻く現実は厳しく，老老介護や介護離職等，課題は山積している。その中でも「ヤングケアラーの問題」に注目したい。介護問題というと，本章で扱っているように高齢期もしくは成人期以降の問題とされることが多いが，近年，ヤングケアラーが話題になり，その実態が少しずつ明らかになっている。「ヤングケアラー」とは「家族にケアを要する人がいる場合に，大人が担うようなケア責任を引き受け，家事や家族の世話，介護，感情面のサポートなどを行っている18歳未満の子ども」を指す（澁谷，2018，p.24）。ヤングケアラーは，主介護者として介護を行うこともあるが，補助介護者として介護を行うことが多く，統計上，18歳未満の子どもが介護をしているということは表面化しづらかったのである。2016年に高校生5,246名を対象とした調査（濱島・宮川，2018）では，272名がヤングケアラーと考えられ，要介護者の続柄は祖母が最も多く（129名），次いで祖父（61名）であった。さらに学校のある日に4時間以上ケアをしている高校生が39名いた。ケア役割の内容を見ると，家事を担う，年下のきょうだいの世話をするといった「お手伝い」と捉えられる部分もあり，「家族をケアするのはあたりまえ」「若いのにすばらしい」といった規範が，ヤングケアラーを潜在化し，苦しめることにつながっているといえよう。ヤングケアラーについての詳細は，澁谷（2018）を参照していただきたい。

　少子化や晩婚化，未婚化が進むなか，未婚の子どもが介護をする「シングル介護」や育児と介護を同時に行う「ダブルケア」も増えてくるだろう。また親を介護しながら，働く子どもに代わって孫の育児を担当する「ダブルケア」も登場している（小竹，2018）。多様な人生を生きることができるようになった今，従来では高齢期を中心とした課題であった介護についても，すべての世代に関係する新たな問題が出てきているといえよう。

5. おわりに：あなたはどう老い，どう人生をまとめたい？

　子どものときは大人になったら何になりたいかとしばしば尋ねられるが，大人になってから何になりたいかはあまり問われない。しかし，現在，人は高齢期を20年から30年程度生きることになる。これまで見てきたように，老いることは，決して衰えることだけを意味するのではない。高齢期は衰退する部分も含めて自分の人生を受け止める時期であり，また体力低下といった加齢によって制限される部分は実際に存在するが，時間に余裕ができ自由が多くなることから，それまでの人生で考えていたことを創造できる時期である。

　筆者は，老いることを楽しみにしている。もう少し正確にいえば，退職後，いろいろな責任から解放されて自由な時間が増えることを楽しみにしている。ただし，それには健康や生きがい，経済力等の備えが必要である。つまり，それは高齢期になってからすぐにできることではなく，「それまでの人生をどう生きてきたのか」の延長線上にあると考えている。それを実現するためには，高齢期に至るまでの人生の岐路のなかで，その時々に納得のいく生き方をするということが重要になってくるだろう。また，そのときに，もし納得できなかったとしても，振り返ったとき，受け止められるかどうかが大切だろう。ライフサイクルの変化や生き方の多様化により，高齢期における新たな課題も多くあるが，老いることを必要以上に恐れず，人生の最後に与えられた創造的な時間を大切にしたいものである。

■ **かんがえてみよう**

- 祖父母などの身近な高齢者に，これまでの人生経験を振り返ってもらい，高齢者の発達についてさらに考察してみましょう（身近に高齢者がいない場合は，本や映画などで描かれる高齢者像をもとに考察してみましょう）。（発展的学習）
- 著者は「老いることは，決して衰えることだけを意味するのではない。」と述べています。この主張について，あなたはどのように考えますか。（著者の主張に対する意見）

引用文献

Baltes, P. B. (1987). Theoretical propositions of life-span developmental psychology: On the dynamics between growth and decline. *Developmental Psychology, 23* (5), 611-626.

Erikson, E. H. (1950). *Childhood and society*. New York: Norton. (仁科弥生（訳）（1977；1980）. 幼児期と社会Ⅰ・Ⅱ みすず書房)

Erikson, E. H., & Erikson, J. M. (1997). *The life cycle completed: A review*（Expanded edition）. New York: Norton. (村瀬孝雄・近藤邦夫（訳）（2001）. ライフサイクル，その完結（増補版） みすず書房)

Erikson, E. H., Erikson, J. M., & Kivnick, H. Q. (1986). *Vital involvement in old age*. New York: Norton. (朝長正徳・朝長梨枝子（訳）（1990）. 老年期：生き生きしたかかわりあい みすず書房)

Finkel, S. I., Costa e Silva, J., Cohen, G., Miller, S., & Sartorius, N. (1996). Behavioral and psychological signs and symptoms of dementia: A consensus statement on current knowledge and implications for research and treatment. *International Psychogeriatrics, 8*, 497-500.

濱島淑恵・宮川雅充（2018）. 高校におけるヤングケアラーの割合とケアの状況：大阪府下の公立高校の生徒を対象とした質問紙調査の結果より 厚生の指標，*65*(2)，22-29.

Havighurst, R. J. (1972). *Developmental tasks and education*（3rd ed.）. New York：David McKay. (児玉憲典・飯塚裕子（訳）（1997）. ハヴィガーストの発達課題と教育：生涯発達と人間形成 川島書店)

石井京子（2003）. 高齢者への家族介護に関する心理学的研究 風間書房

厚生労働省（2002）. 平成13年国民生活基礎調査の概況 Retrieved from https://www.mhlw.go.jp/toukei/saikin/hw/k-tyosa/k-tyosa01/index.html

厚生労働省（2017）. 平成28年国民生活基礎調査の概況 Retrieved from https://www.mhlw.go.jp/toukei/saikin/hw/k-tyosa/k-tyosa16/index.html

厚生労働省（2018a）. 平成29年簡易生命表の概況 Retrieved from https://www.mhlw.go.jp/toukei/saikin/hw/life/life17/index.html

厚生労働省（2018b）. 平成29年国民生活基礎調査の概況 Retrieved from https://www.mhlw.go.jp/toukei/saikin/hw/k-tyosa/k-tyosa16/index.html

内閣府（2014a）. 平成25年高齢期に向けた「備え」に関する意識調査結果 Retrieved from http://www8.cao.go.jp/kourei/ishiki/h25/kenkyu/zentai/index.html

内閣府（2014b）. 平成25年度高齢者の地域社会への参加に関する意識調査 Retrieved from http://www8.cao.go.jp/kourei/ishiki/h25/sougou/zentai/index.html

内閣府（2015）. 平成26年度 高齢者の日常生活に関する意識調査結果 Retrieved from http://www8.cao.go.jp/kourei/ishiki/h26/sougou/zentai/index.html

内閣府（2017a）. 高齢者の経済・生活環境に関する調査 Retrieved from http://www8.cao.go.jp/kourei/ishiki/h28/sougou/zentai/index.html

内閣府（2017b）平成29年版高齢社会白書 Retrieved from https://www8.cao.go.jp/kourei/whitepaper/w-2017/zenbun/29pdf_index.html

内閣府（2018）. 平成30年版高齢社会白書 Retrieved from https://www8.cao.go.jp/kourei/whitepaper/w-2018/zenbun/30pdf_index.html

日本老年学会・日本老年医学会（2017）.「高齢者に関する定義検討ワーキンググループ」報告書 Retrieved from https://www.jpn-geriat-soc.or.jp/info/topics/pdf/20170410_01_01.pdf

小竹雅子（2018）. 総介護社会：介護保険から問い直す 岩波書店

岡本祐子（1997）. ケアすることによるアイデンティティ発達に関する研究Ⅰ：高齢者介護体験による成長・発達感とその関連要因の分析 広島大学教育学部紀要第2部，*46*，111-117.

澁谷智子（2018）. ヤングケアラー：介護を担う子ども・若者の現実 中央公論新社

総務省（2018）. 労働力調査 Retrieved from http://www.stat.go.jp/data/roudou/sokuhou/nen/dt/index.html

スポーツ庁（2017）. 平成28年度体力・運動能力調査 Retrieved from http://www.mext.go.jp/sports/b_menu/toukei/chousa04/tairyoku/kekka/k_detail/1396900.htm

Tornstam, L. (1989). Gero-transcendence: A reformulation of the disengagement theory. *Aging: Clinical and Experimental Research, 1*(1), 55-63.

Tornstam, L. (2005). *Gerotranscendence: A developmental theory of positive aging*. New York: Springer.

宇都宮博・渡邉照美（2018）. 高齢期・定年退職期の世代継承性 岡本祐子・上手由香・高野恵代（編著）世代継承性研究の展望（pp. 133-175） ナカニシヤ出版

渡邉照美（2013）. 老親の介護と看取り 岡本祐子・深瀬裕子（編著）エピソードでつかむ生涯発達心理学（pp. 166-169） ミネルヴァ書房

老いと死とユーモア

　私たちは今，人類有史上初めての超高齢社会を迎えている。その発端は"2007 年問題"と呼ばれた，団塊世代の一斉退職であった。十数年を経て，高齢社会の"ハネムーン"の時期は過ぎ，倦怠ムードが広がりつつある。ジェットコースターでいえば，昇りきったところ。この後は絶叫しながら，落下する形勢である。

　すなわち団塊世代による後期高齢者への横滑りが完了した後，私たちは同じ社会のダーク・サイドを見る。多死社会へ向かう 2040 年代，死の現場は病院・施設や看取る人々の間に留まらず，日常生活へとあふれ出して私たちを脅かすだろう。

　かけがえのない身内や友人を失う哀しみに打ちひしがれた人々の胸奥は，察するに余りある。従来通りではない，シニア期の過ごし方（老い甲斐），とその果ての逝き方の質（死に甲斐）が，早急に導き出されなければならない。

　そもそも平均寿命を超えて老いることができた人は「死なないで済んだ」という幸運の宝くじが当たった，みな「当選者」，全員「勝ち残り」組である。しかし人生の晩年ともなれば，不安・不満を深く感じる日もあるだろう。そのようなとき，悩んでも怒っても切りがない。だから片っ端から笑うことに決める。

　「どうせ○○○なんて」と諦めてしまうのはもったいない。自己卑下に陥りがちなシニア期の俯いた心境を，ユーモアへと昇華させられれば自助作用になる。老いてこそ「面白いことが大好き！」と，かつての失恋や失敗さえ，笑い話へ変えられるジョーカーになってみたい。

　ユーモアは，言いづらいことを言うときにも，穏便に物事を収めたいと願う私たちにとって，重宝な修辞法になる。若者に対して，ほめてしかあげられないシニアになるより，伝えるべきことを面白く伝えて，相手に大切なことを気づかせてあげられる大先輩になりたい。

　歳を重ねるにつれて，健康を損ない，臥床する可能性が高まる。そうともなると現状では「すみませんね，なかなか死ななくて」と嫌味を言うシニアがいる。「どうせすぐ死にますから」と，ブラックなユーモアを発するシニアもいる。

　迷惑をかけてしまう・かたじけない気持ちが裏返って，シニアに毒を吐かせる。こんな表現しかできない自分たちを悔い，恥ながら，止める策を持てていない。このような悪循環を食い止めるためにも，ユーモアのセンスを磨いておこう。

　高齢になっても人生を楽しむための秘訣は，苦渋の中に埋もれてしまったかに見える，ささやかな可笑しさを大切にして「面白がる能力」を育んでおくことである。ボケて最期に死ぬ，だと予定通りになって飽きられる。だから死ぬという最期に，ボケをかましてみせる意気込みを持っていたい。ユーモアはシニアにとって最適なパートナー，最強のコンビになれる。

　やがて一日を，誰かの助けがなければ過ごせなくなるときが来ても，お世話になっている人のために，何か面白いことを思いついて笑ってもらう。周囲に悲しんでもらうだけではなく「幸せにもしてあげられる逝き方」ができれば，この上ない「死にっぷり」であろう。

　世界には，劣悪な衛生・栄養状態のために，平均寿命が 50 歳にほど遠い国がある。そのような国で夭逝する人の死は，悲劇にならざるをえない。日本においても，若い人の死は，事故や災害など突然すぎる場合が多く，慟哭する遺族を前に，笑えるはずもない。惜しむだけで精一杯であり，笑っている場合ではない。すべての死が，微笑ましいかたちにできる訳ではない。

　年少者が亡くなっても，高齢者が亡くなっても，同じ尊い命にかわりはない。しかし人生を謳歌し，老いた後に死ぬ人には，老いる前に死んだ人にはできなかった，死に方の流儀があるべきだ。残される人の悲しみを，少しでも減らせるように「死をユーモアで飾る」発想は，長生きできたシニアだけがたどり着ける，たどり着くことを許された新境地といえるだろう。

（小向敦子）

がんを生きるとは？
死を意識したとき，人はどう生きるのか？

近藤（有田）恵

■しらべてみよう

・本章では，大人のがんと子どものがんの違いが解説されています。本章の記述を参考に，それぞれの特徴と違いについて解説してみましょう。

・あなたは「がん」について，どのようなイメージを持っていますか？

---

1. はじめに：がんってどんな病気？―生と死の交差

　病いは人々に死を，あるいは生を強く意識させるものである。なかでも，「がん」はこれまで特別な意味を持って語られてきた。1981 年以降，今日に至るまで，「がん」は日本人の死因第 1 位である。一生のうちに二人に一人ががんに罹り，三人に一人はがんで亡くなるといわれている現代，誰がいつがんを患っても，また，がん罹患者の家族となってもおかしくない。

　私たちの日常生活においても，予防，治療，保険といったがんにまつわる情報は溢れている。著名人をはじめとするがん罹患者の闘病記が SNS 等を通じて，オンタイムで発信されるなど，私たちは無意識的，意識的に「がん」を共有している。読者のみなさんのなかにも，自身や家族が，あるいは知り合いががんを患った人もいるだろうし，学校で「がん教育」を受けた人もいるであろう。

　しかしながら，予防，治療といった啓蒙の情報はどこか他人事のように感じられる。がん罹患者の生の声も一時は激しく心を揺さぶられるだろうが，自分とは別の世界のこととして受け止められがちである。実際に，がん罹患者自身も自身ががんに罹った際に，かつて知人，友人ががんに罹ったことを聞いた際のことを振り返り，「どんなに心配しても，わかったつもりでいたとしても，当事者とそうでない者の間にはわかりあえない隔たりがある」と述べている（有田，2003）。

　では，がんは私たちの生活にどのような影響を与えているのだろうか。がん年齢階級別罹患率（国立がん研究センター，2017）によると，罹患者は 40 代から徐々に増え始め，人生の後半に大きくその数が増える。がんは幅広い年齢で発症し，そのなかで診断を受ける年齢は中年期（40 代で 22％，50 代で 28％）が最も多く，次いで成人期（30 代で 18％，20 代で 4％）である。

　がんは，ステージ（病期）によって治療方針や生存率が異なる疾患であるが，早期発見される割合が上昇したことで治癒率は向上し，5 年生存率は全がん平均で約 6 割に達している（国立がん研究センター，2018a）。そのため，以前は死に至る疾患とされてきたが，近年では治療することにより治る，あるいは延命できる慢性病に変化しつつある。

　では，こうした事実とは別に，実際に私たちはがんという病いにどのようなイメージを持っているのだろうか。「がん対策に関する世論調査」（内閣府政府広報室，2017）では，がんの印象について，「怖いと思う」と回答した人が 7 割を超えている（怖いと思う 42％，どちらかといえば怖いと思う 29％）。その理由としては，「死に至る可能性」が 7 割と最も多く，次いで闘病生活における不安（痛みなどの症状，治療費，後遺症等）が挙げられている。また，治療による離職の不安も 3 割近くが回答をしている。このように，がんという病いの医学的な実態と市井の人々が持つイメージには，大きな開きがあり，「がんとともに生きる」ことが難しい時代でもある。がん罹患者は，「がんは消失したが，がんから自由になれない」（Miller, 2010/2012）ことが大きな問題なのである。また，がんの治療中に失うものも多く，病いの体験から何を得るのか，その意味づけにも困難が面がある。がんとの共生という観点から，がんを患った人とその家族の生活や人生の質（QOL：Quality of Life）は極めて重要なものであり，がんの診断から治療，治療後の日常生活を送る過程＝「がんサバイバーシップ」の支援や援助は喫緊の課題である（高橋，2013）。

　本章では，多様な価値観や家族形態が共存する現代において，どう，がんと向き合っていくのか，「がんとともに生きる」過程を発達に沿って論じる。

2. 子どもががんと出会ったら？

(1) 子どものがんとその他の病気

　人口動態形態（厚生労働省，2017）によると，10 歳以降になると大人と同様にがんが死因の第 1 位となる。小児がんが成人がんと最も違う点は，その原因が生活習慣と関係ないことである（堀部，2017）。また，成人のがんと違い，その生存率が 8 割以上と治癒率が高い。小児がんの好発年齢が 2 〜 5 歳をピークにしていることから，治療後の長い人生における晩期合併症の発症の予見と治療，そして高い QOL を保つための医療者による長期フォローアップの重要性が指摘されている（藤本，2013）。晩期合併症は下記の表 11-1 に見て取れるように，治療後のライフプランに大きな影響を与えるものも多く，治療が終われば，病気に罹る前の生活に戻るという単純なものではない。また，生命を脅かす疾患としての小児がんは 13％（Lottery Founded, 2013）で，子どもの場合は，がん以外の病で亡くなることの方が多い。

表 11-1　小児がんの晩期合併症（国立がん研究センター，2018b）

成長・発達への影響	身長の伸び，骨格・筋・軟部組織，知能・認知力，心理的・社会的成熟，性的成熟
生殖機能への影響	妊娠可能か，子孫への影響
臓器機能への影響	心機能，呼吸機能，腎機能，内分泌機能，消化管機能，視力・聴力
二次がん（腫瘍）	良性腫瘍，悪性腫瘍

　一方，AYA 世代（思春期・若年成人：Adolescent and Young Adult; AYA）のがんは，治療成績の改善が乏しいとされ，その背景にある AYA 世代特有の心理・社会的要因を踏まえたがん対策が進められている（厚生労働省，2015）。

　小児がんを含め，生命を脅かす病とともにある子どもとその家族は，疾病の診断時からさまざまな選択を迫られる。身体的苦痛に対する治療やケア，生活の場所，そして治療が難しくなったときのことなど，時間をかけて選択できるものから，すぐに選択しなくてはならないものまで多岐にわたる。子どもが幼い場合，子どもにとって最良なものは何だろうかと，子どもの代わりに選択を迫られる養育者は思い悩みながら，最善だと思われる選択をしていく。また，病気の告知や治療のこと，そして治療が難しくなったときのことを

子どもにどう伝えるのか，あるいは，伝えないのかというとき，子どもの発達や家族の価値観などが基準となるであろう。とくに治療が難しくなったときのことや死については，多くの場合，子どもと家族の間で話されることはない。しかし，病や治療について，本当のことが伝えられていない場合，子どもが一度でも不信感を持つと，ケアの根幹をなす信頼関係を再構築することが難しくなる。病気や治療を含めて，子どもが養育者とどういう物語を作っていくのかをサポートすることが最も重要である（近藤，2017）。

（2）子どもががんとともに生きる：学校に通う

　がんを患った子どもに限らず，闘病中の子どもが入院中に学校教育を受けられることを知っているだろうか。病気の治療等で入院している子どもたちに継続的な教育を行うために，病院の中に設けられた学校，教室，教育の場の総称として，院内学級という言葉が用いられることが多い。教科の学習だけではなく，自立の時間を設け，不安や自信の喪失といった精神面に配慮した学習も行っている（近藤，2018）。筆者が研究を行っていた院内学級での興味深い話を紹介したい。

　　　小学5年生の女の子が算数の問題をやっていた時のことである。ノートに目を落としたまま，「昨日ね，学校に行ったら，自分の教室がわからなくて，あれ〜，どこ〜ってなって目が覚めたんだ」と突然話だした。その直後に，「そんなわけないよね〜，ちょっと不安だからかな」と笑った。治療がいったん終わり，次の週に退院が決まっていた時期であった。とはいえ，治療の影響で髪の毛は抜けたままで，松葉杖なしには歩けない状況であった。それでも，学校に戻り，友達に会うことを楽しみにしていた彼女は，うれしさと不安がいりまじった感情を語った。

　院内学級は単に，復学後の修学が遅れないようにするだけではなく，子どもが子どもらしくいられる大切な場所でもある。「子どもらしさ」とは，個々の子どもの自尊心，人間としての尊厳を支えるものであり，同世代の子を中心とした仲間と遊ぶこと，一緒に学習をして，未来につながる力を獲得していくことである（近藤，2016）。小児がん罹患者は生存率が高いこと，また，治療の発展により，在院日数が減り，患児は日常生活を送りながら治療を続けるケースや，治療終了後に社会に復帰する率が高い。こうしたニーズに応じたケアについては，すでにさまざまな取り組みが行われている。単なる教科の学習ではなく，子どもが成長する日常における同世代との関わりや，親とは異なる大人との関わり，日々の生活の延長線上にある未来に向けた準備や希望といった，「子どもらしい普通の生活」を提供する学校教育の意義は大きい（近藤，2018）。

（3）がんを知る

　「がん教育」という言葉を聞いたことがあるだろうか。増え続けるがん罹患者に加えて，その原因となる喫煙をはじめとした生活習慣の蔓延，検診受診率の低さ等から，2007年に「がん対策基本法」が施行され，検診やがん予防に関する大人向けの「がん教育」が行われてきた。加えて，2012年の第二期がん対策推進基本計画の中でがん教育の実施が目標に掲げられ，文部科学省は2014年度よりがんの教育総合支援事業を開始した。

　子どもが受けるがん教育には2種類ある。一つは，予防やがん罹患者の社会復帰，医療費の削減といった内容が教育指導要領に含まれている。文部科学省の「がんの教育に関する検討委員会」は，がん教育の目標として，①がんに関する知識を与えて予防を理解させ，②的確な思考・判断に基づいて自らの健康管理ができるようにし，③がんを通していのち

のかけがえのなさを知り，がん患者や家族に関心を深めるということを挙げている。発達段階によって内容が考慮され，がん体験者による授業などがモデル校を中心に展開されているが，試行錯誤が続けられている。

　もう一つは，学校でのがん教育において配慮される点として挙げられている小児がんサバイバーや，家族にがん罹患者がいる場合や亡くしている場合である。当事者となった子どもは，自分ががんになったのは自分のせいではないか，お父さんが，あるいはお母さんががんになったのは，自分の行いのせいではないかと心を痛めていることも多い（The Royal Marsden NHS Foundation Trust and The Specialist Schools and Academies Trust, 2008）。当事者となった子どものためにも，一般的ながん教育は役立つものではあるが，ケアを含めた教育を展開する必要がある。

3.　大人ががんと出会ったら？

(1)　当事者として

> Ａさん：いや，なんかがん，がんって言われた時に，体がサーっと，こう戦慄が走るっていうの？
> 筆　者：うん。
> Ａさん：あー自分の身体の中にはがんがあるんだっていうことで，こう冷たいものがバーッと身体の中を走る感じ。
> 筆　者：うん。
> Ａさん：そうして，シーンとした，うん，気持ちもそうだし，身体もそうだし，そういう戦慄みたいなものがなんどか走った，それから，たまらなくさみしくなるっていうか，ひょっとしたらもうこの世に存在しなくなるかもしれないとか。
> 筆　者：あー，自分の存在がなくなる。
> Ａさん：うん。
> 筆　者：かもしれないさみしさみたいなものですか？
> Ａさん：うん，うんうんうん，そういう感じだね。孤独感とかそういうのとはちょっと違う感じだったような気する。

（有田，2003）

　これは，筆者とがん体験者との対話である。Ａさんは，検診で甲状腺の異常を指摘され，後の精密検査で，甲状腺がんを告知された。Ａさん自身は，元々，がんになったときには告知を望んでいた。Ａさんのがんは幸いにも発見が早く命の大事には至らないものであり，がん告知の際にはそのことも併せて告げられていたが，その衝撃はすさまじく，告知から数年経ってのインタビュー時も当時を思い起こし，身をこわばらせていた。

　さて，読者のみなさんはどうだろうか。自分自身ががんになったとき，告知を望むだろうか。一般成人を対象としたホスピス・緩和ケアに対する意識調査ではがん告知を望む割合が74.9％と高く（日本ホスピス・緩和ケア研究振興財団，2012），人々が持っているがんへのイメージとは裏腹に，告知を望む声は年々高まっている。告知を望む理由としては，「万が一，がんが進行し，手遅れになった場合，残された時間を有意義に過ごしたいから」という項目が66.1％を占めている。

　では，実際にがんを告げられた人はどのような心情なのだろうか。発信される体験記は社会的，心理的な苦難に前向きに立ち向かう姿が映し出されることが多い。一方で，がん告知を受けた者は，治療中の不安や予後の不安，日常生活や家族のことなど，常にストレ

スにさらされている（Miller, 2010/2012）。そしてその不安は，告知時から始まり（時には診断を受ける前に），治療中，治療後とさまざまにかたちを変え，日常生活に顔を出す。がん対策基本法の中にも「すべてのがん患者およびその家族の苦の軽減と療養生活の質の維持向上」が明記され，がん患者やその家族の QOL の重要性が認識されるとともに，心のケアが重要視されている。心のケアの一つとして，わが国においてもスピリチュアリティへの関心が高まっている（伊藤，2014）。スピリチュアリティについては，コラム 12で詳しく取り上げているが，「諸個人が，意味や目的を求め表現することに関わり，また生の瞬間・自己・他者・自然・大いなる存在もしくは聖なるもの（the significant or sacred）とのつながりの経験に関わる，人間の側面である」と定義される（National Consensus Project for Quality Palliative Care, 2013）。がんを患った人々にとってのスピリチュアルケアは，まだまだ議論の途中であるが，それぞれががんという病を自分という存在の歴史にどう位置づけ，どう意味づけるのかが重要になってくる。

　がんを患ったことへの意味づけの一つとして，がん罹患者を表す「がんサバイバー」という言葉がある。「がんサバイバー」は 1984 年に全米がんサバイバーシップ連合により，「がんと診断された瞬間に人はがんサバイバー（がん生存者）となり，一生サバイバーであり続ける」と定義された。がんサバイバーという言葉は，がんという病が持つ死のイメージを払拭する強いメッセージが込められている（その他，「がん体験者」という呼び方もある）。がん罹患者の①診断されたころ，②診断，治療，経過観察の過程，再発・転移の治療，③現在の 3 時点における悩みや負担に関する調査では，「不安などの心の問題」は常に 1 位を占めている（山口，2006）。また，がん長期生存患者を対象とした調査により 40％の患者ががんに関連する心配を持ち続けており，それらは抑うつや不安の説明要因になっている（Deimling et al., 2006）。成人期のがんサバイバーの不安について，有田（2003）は，こうした不安と焦燥感を払拭するために，がんに罹る前と全く同じペース，あるいはそれ以上に仕事に打ち込んだり，プライベートを楽しんだりするがんサバイバーと治療を最優先させてほしいと願う家族との気持ちのすれ違いが時に家族関係に影を落とすことを指摘している。

　がん罹患率を見てみると成人期以降に罹患する率が高く，がん罹患者やその家族の就労支援は国内外でも注目されている（Feuerstein, 2010）。就労は単に収入源を確保するという意味だけではなく，アイデンティティの維持や生きがいという面があり（Peteet, 2000），壮年期を生きる人々にとって重要な意味合いがある。高橋（2013）は，がん診断時に就労していた者の 24％が退職，13％が同じ職場の別部署に異動したことをインターネット調査から明らかにした。また，診断を受けた本人が直面する問題には，経済的なものの他に，会社や医療の制度やコミュニケーション，心理的問題等，多面的なものが含まれることも指摘されている。これらの問題は当事者がおかれている状況や環境に大きく左右されるため，個々人の状況の正しい理解と支援が必要不可欠である。

　がんの治癒率は年々上昇してきていることを指摘したが，残念ながらその生を終えなければならない人もいる。死に逝く人々の心理過程を表したものとして最も有名なのはキューブラー・ロス（Kübler-Ross, 1969/2001）の死の受容の 5 段階説である。彼女の段階説は後に，その段階の順番や緩和ケアの指標として扱われることへの批判があるが，自分の死と向き合う人々の怒りや不安，悲しみなどを丁寧に描きだしている。また，近藤（2010）は，緩和医療のフィールドワークから，ターミナル期のがん患者にとって，闘病によって失われる身体の機能やボディイメージのほかに，たとえば母親であるとか，職場での肩書といった自己存在としてのアイデンティティの喪失による苦しみを明らかにしている。ターミナル期には，それぞれが持つ家族関係を含めた複雑な様相がそこには照らし

出され，実際の人々が生きる世界に福祉政策が追いついておらず，公認されない悲嘆（①故人との関係が公に認知されにくい場合，②喪失そのものが公に認められにくい場合，③悲しむ能力に欠けると見なされてしまう場合にその人が悲嘆を経験しているにもかかわらず，それが社会的に容認されない（瀬藤，2016））等の問題を引き起こしている。

(2) 家族として

　では，大切な人ががんを患ったときはどうだろうか。家族ががんになったとき，患者に告知を望む割合は，「本人の意向があれば，それに従う」と回答した人が62.1％と最も多く，次いで「本人の意向に関わらず，知らせない」とする人が13.3％，「本人の意向に関わらず，知らせる」人は11.9％であり，告知を受ける当事者である場合と家族である場合での見解が大きく変わっていることがわかる（日本ホスピス・緩和ケア研究振興財団，2006）。

　実際に，がんの治療方針や急変時の延命処置などを決定する際に一般病院で最も頻繁に行われている対応は，「患者とは別に，必ず家族の意向も確認している」が48.7％であり，次に僅差で「先に家族に状況を説明してから，患者に意思確認するかどうか判断する」が46.9％，「患者の意思決定だけで十分と考え，家族の意向を確認していない」が0.7％で最も低いことが報告されている（公益財団法人日本看護協会，2007）。治療中ないし治療終了後のがん患者と同居する家族500名を対象に行った研究では，「告知」が6割以上の家族にとって最も心の負担となることが明らかにされている（松下ら，2010）。

　また，家族の中でがんという情報をどのように共有するのかも大きな問題である。とくに，家族に子どもが含まれるときには，子どもにはその事実が知らされず，疎外感や罪悪感を感じることもある。さらに，がん罹患者が成人期の場合，そのパートナーは経済的な責任，子どもがいる場合は，物理的精神的なケアも一手に引き受けた上で，がん罹患者のケアもしなくてはならず，ケア負担の多重化を引き起こす。また，患者が一番大変なのだからと，不安や負担を表す機会が少ないこともある。大切な人ががんを患ったときには，その人を想うがゆえの苦悩があり，家族は第二の患者であると表されることもあるように，そのケアは重要なものである。

4. おわりに

　これまでに見てきたように，がんという病は私たちにとって最も身近な病であるとともに，未だ死のイメージが付きまとうものでもある。がんとともに生きる上で，心身ともに多くの困難が付きまとうことは事実であるが，がんサバイバーの積極的な発信には，がんの体験によって得た多くの気づきがちりばめられている。そこに至るまでには，不安や苦しみがあり，それを支えた人や言葉があったことは想像に難くない。その一方で，人々を感動させるような終末や物語は，目指されるゴールのように捉えられることも多い。がんとどう向き合うのかについて，一つの正しい答えはない。また，がんという病の治療が終わったからといって，風邪を引いたときのように，変わらない心持ちで生きられるものでもない。がんの当事者となったとき，あるいはその家族となったとき，がんとどう生きるのか，その道筋をつけることは容易ではないだろう。「サバイブ（survive）」とは，語源的にいえば「上乗せの命を生きること」（伊藤，2014）を指す。がんを患ったことにより，物理的にもアイデンティティの上でも多くのものを失うことも多いだろう。治療中，治療後と先が見えない苦しみのなかで，サバイバーとしての物語が紡がれていく。すぐには納得できる物語にはならないかもしれないが，苦しい内容でも人と分かち持つことができる

物語となる時を待つ力が当事者にも，それをそばで支える人にも求められる。

■かんがえてみよう

- あなたや家族が，がんになったときに受けられる医療的・心理的サポートについて調べてみましょう。（発展的学習）
- 著者は，院内学級を取り上げ，「単なる教科の学習ではなく，子どもが成長する日常における同世代との関わりや，親とは異なる大人との関わり，日々の生活の延長線上にある未来に向けた準備や希望といった，「子どもらしい普通の生活」を提供する学校教育の意義は大きい」と述べています。この主張について，あなたはどのように考えますか。（著者の主張に対する意見）

引用文献

有田　恵（2003）．癌という病の関係発達における意味：患者とその家族の語りを通して　修士学位論文　京都大学

Deimling, G. T., Bowman, K. F., Sterns, S., Wagner, L. J., & Kahana, B.（2006）. Cancer-related health worries and psychological distress among older adult, long-team cancer survivors. *Psychooncology, 15*（4）, 306-320.

独立行政法人国立がん研究センターがん対策情報センター（2013）．全国がん罹患モニタリング集計2003 - 2005年生存率報告

Feuerstein, M.（2010）. Work and cancer survivors: A model for practice and research. *Journal of Cancer Survivorship, 4*（4）, 415-437.

藤本純一郎（2013）．小児がん対策への新たな展開：「がん対策推進基本計画」の重点課題への対応　公衆衛生, 77（12）, 992-1000.

堀部敬三（2017）．小児・AYA世代のがん対策の課題と展望　公衆衛生, 81（3）, 234-234.

伊藤高章（2014）．スピリチュアリティ　がんのシンボリズムを担いつつ生きる　日野原重明（監修）山内英子・松岡順治（編）　実践　がんサバイバーシップ（pp. 124-133）　医学書院

国立研究開発法人国立がん研究センターがん情報サービス（2017）．年齢階級別死亡率 Retrieved from https://ganjoho.jp/reg_stat/statistics/stat/summary.html

国立研究開発法人国立がん研究センターがん情報サービス（2018a）．がんと診断されてからの生存率 Retrieved from https://ganjoho.jp/reg_stat/statistics/stat/summary.html

国立研究開発法人国立がん研究センターがん対策情報センター（2018b）．長期フォローアップと晩期合併症　Retrieved from https://ganjoho.jp/child/support/aftercare/aftercare02.html

近藤　恵（2010）．関係発達論から捉える死　風間書房

近藤　恵（2016）．小児緩和ケアにおけるトータルケアとしての学校教育の意義：就学支援のための医教一体体制の構築　笹川記念保健協力財団研究助成報告データベース

近藤（有田）恵　（2017）.特集2　神経難病や障害を持つ子どもへの多職種連携心理学からのアプローチ：命をおびやかされる病とともにある子どもとその家族へのかかわり　難病と在宅ケア, 23（4）, 46-49.

近藤　恵（2018）．院内学級　能智正博（編集代表）質的心理学辞典（p. 20）　新曜社

厚生労働省（2015）．がん対策加速課推進への提言 Retrieved from https://www.mhlw.go.jp/file/05-Shingikai-10904750-Kenkoukyoku-Gantaisakukenkouzoushinka/0000106059.pdf

厚生労働省（2017）．人口動態調査 Retrieved from https://www.mhlw.go.jp/toukei/list/81-1.html

Kübler-Ross, E.（1969）. *On death and dying.* New York: Scribner.（鈴木　晶（訳）（2001）．死ぬ瞬間：死とその過程について　中央公論新社）

Lottery Funded（2013）. The big study for life-limited children and their families. Retrieved from http://clok.uclan.ac.uk/8951/2/TfSL_The_Big_Study_Final_Research_Report_WEB_.pdf

松下年子・野口　海・小林未果・松田彩子・松島英介（2010）．がん患者の家族の心の負担と心のケア・サポート：インターネット調査の結果より　総合病院精神医学, 22, 373-382.

Miller, K. D.（2010）*Medical and psychosocial care of the cancer survivor.*（勝俣範之（監訳）金　容壱・大山万容（訳）（2012）．がんサバイバー　医学書院）

内閣府政府広報（2014）．がん対策に関する世論調査　Retrieved from https://survey.gov-online.go.jp/h28/h28-gantaisaku/gairyaku.pdf

National Consensus Project for Quality Palliative Care（NCP）（2013）. Clinical Practice Guidelines for Quality Palliative Care（3rd ed.）. Retrieved from https://www.nationalcoalitionhpc.org/

日本ホスピス・緩和ケア研究振興財団（2006）．『ホスピス・緩和ケアに関する意識調査』報告書要約　全国の男女1000名に聞いた『余命が限られた場合，どのような医療を受け，どのような最期を過ごしたいか』　Retrieved from http://www.hospat.org/research-103.html

Peteet, J. R.（2000）. Cancer and the meaning of work. *General Hospital Psychiatry, 22*（3）, 200-205.

瀬藤乃理子（2016）．死別　川島大輔・近藤　恵（編）　はじめての死生心理学：現代社会において，死とともに生きる（pp. 47-64）新曜社

高橋　都（2013）．がん患者の就労支援：わが国の現状と今後の課題　公衆衛生, 77（12）, 987-991.

山口　建（2006）．がんと向き合った7,885人の声　がん体験者の悩みや負担等に関する実態調査報告書概要版（pp. 1-103）「がん社会学」に関する合同研究班

Column **12**

死と宗教とスピリチュアリティ

人間を含むあらゆる生き物は，生まれたからには必ずいつか死を迎える定めにある。飢饉のときや戦争中であれば，死を意識することは自然なことだが，平和で豊かな現代日本においては，意識することは少ないのかもしれない。ところが，実感する機会が減っているだけで，実際には救命救急や医療福祉の世界では，死を目の当たりにすることが少なくない。その当たり前の事実を多くの人々に実感させたのが，2011年3月11日に発生した東日本大震災である。

この震災は宗教界にも影響を与えた。宗教者の支援活動の中には，宗教宗派の垣根を越えて協力した事例がいくつかあり，宗教協力によって行政や公共機関との連携を可能にした（谷山，2012；田近，2014）。被災者のために継続的にグリーフケアを提供するため，布教を目的とせず，公共性を担保した宗教者としてチャプレン（chaplain）の必要性が理解され，その日本版として「臨床宗教師」の養成が2012年に東北大学で始まった（鈴木，2016）。この動きは他大学にも波及し，2018年には日本臨床宗教師会による資格制度がスタートした。

臨床宗教師は，スピリチュアルケアをベースとして，ニーズに応じて宗教的ケアを提供することがある。スピリチュアルケアも宗教的ケアも，「スピリチュアリティ（自身の超感覚的な体験を意味づけるはたらき）によって，自分の支えとなるものを（再）確認・（再）発見し，さらに生きる力を獲得・確認する援助もしくはセルフケア」と定義できる。両ケアの違いは，宗教性が介在するかどうかにある（谷山，2016）。

臨床宗教師のモデルとなったチャプレン制度は，キリスト教文化圏で発展した。たとえば米国では，軍隊・消防・警察・刑務所・医療福祉のみならず学校教育・企業・スポーツの世界でも，チャプレンの必要性が理解されている。災害時においても，災害対策チームのマニュアルに「悲嘆と信仰の問題」という項目があるよう

に（NCTSN，2006/2011），チャプレンや宗教者との連携は当然のこととされている。

日本ではホスピス・緩和ケア運動と連動して，スピリチュアルケアやその担い手としてチャプレンの必要性が意識されてきた。そのため，日本でスピリチュアルケアといえば死の前後というイメージが強いが，元々はチャプレンの活動のベースは教会に通う信者のためのよろず相談であり，その適応範囲は広い。たとえば，失恋や試験失敗のときのように「なんで自分がこんな目に遭うんだ！？」「どうしていいかわからない！？」という危機状況にスピリチュアルケアが必要となる。

スピリチュアルケアはとくに緩和ケアにおいて注目されてきたこともあり，死の不安を抱える患者やその家族のケアのために，国公立病院でも臨床宗教師を導入する例がある。また，超高齢多死社会となった日本では，看取りの場を病院から自宅や高齢者施設にシフトさせる政策がとられている。そのため，臨床宗教師は在宅ケアや高齢者福祉でも歓迎されている。今後は医療福祉以外の分野でも臨床宗教師が活動するケースが増えるかもしれないが，職域が心理職とオーバーラップすることがあり，今後は両者の有機的な連携，協力，棲み分けが課題となるだろう。

（谷山洋三）

引用文献

National Child Traumatic Stress Network (2006). *Psychological first aid: Field operation guide* (2nd ed.). Los Angeles, CA: National Child Traumatic Stress Network. (兵庫県こころのケアセンター (訳) (2011). 災害時のこころのケア：サイコロジカル・ファーストエイド実施の手引き　医学書院)

鈴木岩弓 (2016). 「臨床宗教師」の誕生：公共空間における宗教者のあり方　磯前順一・川村覚文 (編) 他者論的転回：宗教と公共空間 (pp. 290-318)　ナカニシヤ出版

田近　肇 (2014). 大規模自然災害の政教問題　臨床法務研究，*13*，15-39.

谷山洋三 (2012). 災害時のチャプレンの働き　宗教研究，*86*，347-367.

谷山洋三 (2016). 医療者と宗教者のためのスピリチュアルケア：臨床宗教師の視点から　中外医学社

Column 13

青年は身近な人との死別をどのように経験するのか？

私たちは人生のなかでさまざまなライフイベントを経験するが，そのなかでも避けることができないものの一つに死別が挙げられる。死別と聞いて，あなたは中高年の問題をイメージしたかもしれない。確かに死別研究の領域ではこれまでもっぱら子どもや配偶者を亡くした中高年女性がその研究対象になってきた。しかし親しい他者との死別はどの世代でも経験しうるものであり，青年もまた同様である。青年期は，他世代よりも死に対して抽象的なイメージを持ちやすく，死の恐怖が低い一方で，自殺が死因の第1位を占めるなど，死との関わりが非常に複雑になってくる時期である（第9章も参照されたい）。ここに身近な人への相談に抵抗感を持ちやすいという特徴も重なることで，青年期の死別経験は他世代とはまた違った様相を呈することが考えられる。本コラムでは，この青年の死別経験について見ていくことにしよう。

まず青年にとって一般的なのは祖父母や友人との死別である（e.g., Balk et al., 2010; 松島・川島，2019；中里，2006）。青年のグリーフ（grief：悲嘆）プロセスの特徴として，一般的には死別後には悲哀感や思慕といった情緒的反応が認められる一方で，睡眠障害などの不適応に陥る可能性は低く（中里，2006），どちらかといえば，前向きな変化や成長といった「外傷後成長」を経験することが指摘されている（山本・岡本，2009）。

他方で，自分の悩みを周囲には相談しにくいことから，死別経験後に学校や地域の相談機関，あるいは身近な周囲の人々からのサポートを得にくいことが指摘されている。たとえば，筆者らが大学生を対象に行った調査（松島・川島，2019）では，死別後に利用した相談機関の割合は，学校が5.6%，地域の相談機関が2.8%，インターネット上の死別経験者同士の掲示板が3.7%であった。その一方で，死別に関する本や雑誌，インターネット上の記事を読んだ者は4分の1程度いた。青年にとって最も身近な手段は「自分一人で考える」ことといえる。

しかし，家族などと故人の思い出話をして悲しみを共有したり，友人や教師に話を聞いてもらうことは，彼ら彼女らの支えや助けになる。

さらに死別経験の受け止め方には個人差があり，亡くなり方や死別後の周囲との関わりによっては深刻な問題が生じる可能性もある（Balk et al., 2010）。実際，家族や友人など周囲からのサポートの欠如や居場所のなさが，社会的適応や学業成績の悪化，自殺念慮と関連することも指摘されている（e.g., Cousins et al., 2017; Hill et al., 2019）。

したがって周囲の人は，自分の悩みを相談しにくい青年期の特徴を踏まえつつ，青年が自分らしくグリーフを経験することができるよう支えることが大切である。また何らかの支援が必要になった際には，利用できる相談機関や死別後に起こりうる心理的反応（抑うつ，亡くなった原因や責任の探求，自責の念など）や身体的反応（食欲の変化，体力の低下，睡眠の変化など）についての適切な情報を提供していく必要もあるだろう。

死別経験との向き合い方は個人によってさまざまである。その人らしい方法で死別の意味を模索していけるように，周囲ができることは何か。あなたの友人が身近な人を失ったとき，その悲しみにどのように寄り添っていけばよいか。本コラムがそれを考えるきっかけになれば幸いである。

（松島岬紀・川島大輔）

引用文献

Balk, D. E., Walker, A. C., & Baker, A. (2010). Prevalence and severity of college student bereavement examined in a randomly selected sample. *Death Studies, 34*, 459-468.

Cousins, C., Servaty-Seib, H. L., & Lockman, J. (2017). College student adjustment and coping: Bereaved and nonbereaved students. *Omega, 74*(4), 386-409.

Hill, R. M., Kaplow, J. B., Oosterhoff, B., & Layne, C. M. (2019). Understanding grief reactions, thwarted belongingness, and suicide ideation in bereaved adolescents: Toward a unifying theory. *Journal of Clinical Psychology*. Online first.

松島岬紀・川島大輔（2019）．大学生の死別経験の実態と適応モデルの探索的研究：故人との継続する絆と意味再構成に着目して　第1回日本グリーフ＆ビリーブメント学会総会および学術大会プログラム・抄録集，26.

中里和弘（2006）．青年期における祖父母との死別に関する研究（第1報）：祖父母の死に対する認識と死別反応についての検討　生老病死の行動科学，11, 11-20.

山本彩留子・岡本祐子（2009）．青年期における親の「死」に関わる危機の捉え方とその過程に関する研究　広島大学心理学研究，9, 229-245.

第4部　ともにいきる

　第4部は私たちがこの世界で「ともに生きる」上で出会う重要なテーマ，病や障がい，災害とその復興，そして外国に文化的背景を持った子とその家族といったテーマにおける共生について取り上げている。こうしたテーマは，現代の多様な価値に接する私たちにとって身近で，かつ私たちの生き方にも関わるとても大切なことであるが，一方で心理学のテキストでは基本的な内容を伝えることにページが割かれ，さらにどうしても今までの心理学の枠組みでは捉えにくいこともあり，あまり取り上げられたことのないテーマであった。しかし今回私たち編者は，従来は充分に紹介されてこなかったこうしたテーマを取り上げることは，多様な人生の形に迫ることを目指すこのテキストにおいて非常に重要で有益であると考えた。以下，各章について順を追って簡単に紹介したい。

　まず，第12章「外見の違いを持って生まれること・生きることとは？」では，顔や身体の外見上の違いについての心理学的アプローチについて論じられている。このテーマは従来障がいとはみなされず，1990年代ごろからその生きづらさと支援の必要性が欧米を中心に訴えられてきた。故に「最後の障がい」と呼ばれることもある。私たちにとって身近な外見について，普段とは異なった視点から考えていただきたい。次に第13章「震災を生きるとは？：トラウマやPTSDとともに地域で生きるために」では，未曾有の大災害である東日本大震災において，実際に沿岸地域で支援を行い続けている足立氏が，子どもたちが経験した災害のトラウマやPTSDについて解説し，どのような支援を受けてその地域で生きるのかを考えている。さらに第14章「共に生きるってどういうこと？：多文化状況の日常場面から考える「共生」」では，全校児童生徒の3割近くを「多文化の子」が占める小学校の，「ルーム」と呼ばれる学童保育でのおやつの場面を切り口に，職員と子ども，そして保護者たちが異文化に出会い，考え，日常生活の場をともにするためにどのように変わっていったのかが，著者の木下氏のフィールドワークをもとにした生き生きとした事例を通して紹介される。それは本当に「小さな変化」なのだが，そうした気づきが多文化共生につながることを示しているのではないだろうか。さらに第4部には，コラムとしてがんの子どもに対する情報伝達，障がい児者のきょうだいを生きること，外国人家族の子育て・子育ちといった興味深いコラムが収められている。

　なお，本書では上記のテーマを取り上げたが，当然のことながら「ともに生きる」上で課題となるトピックはこれで網羅できるものではない。ともに生きるとはその背後に異なる価値や文化の出会い・摩擦や衝突が生じているということをも意味する。そうした場面は枚挙にいとまがないだろう。そこで注目したいのが，第4部に共通するもう一つの点，つまり著者たちが実際にフィールドに入りこみ，実践を行って報告しているという点である。それぞれの書きぶりは異なるが，そこには当事者がおり，彼らがこれまで，そしてこれからもおかれる状況に思いを致しているということであろう。是非，読者の皆さんも，日常の中で異なるものに出会ったときに，それを見過ごすことなしに，たちどまり，考え，対話し，ともに生きられるための気づきを見出す努力をしてほしい。そうした皆さんの力なしでは，当事者にとっては，引き続き答えのない荒野であるかもしれないのだから。

松本　学

第12章　外見の違いを持って生まれること・生きることとは？

■しらべてみよう
・本章で解説されている VD を有すると，どのような生きづらさがあるのでしょうか。
　その特徴をまとめてみましょう。
・VD を有する人と出会ったときにどのような印象を持つでしょうか。

1. はじめに：その顔どうしたの？

「その顔，どうしたの？」これは，読者の多くが耳にしたり，実際に使ったりする極めて一般的なフレーズである。この言葉が発せられるのは，たとえばあなたがテストのために何日か徹夜をして，腫れぼったい目やむくんだ顔で友人の前に現れたときに，友人からあなたに対して発せられる言葉かもしれない。あなたはもしかすると顔のことはさほど気にせず，多分頭でもかきながら，昨日の徹夜とテストの成果について返事をするかも知れない。あるいは鏡を取り出してみて，確かにそうだと確認して慌ててメイクをしてみたりしながら，次のテストからはもっと計画的に準備を行って徹夜などはしないようにしようと反省するかも知れない。

しかし，もしあなたの腫れぼったい目やむくんだ顔が，明日も明後日もその先も変わらない状態だったとしたらどうだろうか。つまり，それが生まれながら，もしくはある時点からのありのままの姿であったとしたら，そのとき，あなたは友人からの同じ質問をどのような意味に受け取り，どのように答えようとするだろうか。あるいはたとえばあなたの顔が何らかの原因で変形していたり，あなたの顔に傷やあざがあったりしたらどのように答えようとするだろうか。

実はこの問いは，「どうしたの」と尋ねられる顔の状態によって，その意味が劇的に変化する。もしあなたの顔や身体に変形や傷，あざ等があれば，それは昨日は寝不足だったから，テストが終わって家に帰ってぐっすり寝れば治る，というわけにはいかない。そして変形や傷，あざというものは治療で完全に消し去ることは難しいことが多いのである。さて，その時あなたはぶつけられたその質問にどう感じるだろうか。答えられない（あるいは触れられたくない）問いをぶつけられて戸惑うだろうか。あるいは「なんとぶしつけな！」と怒りを感じるかもしれない。実際に顔に変形のある人々のなかにはそのような相手をにらみつける人もいるだろう。あるいは居たたまれなくなっていかにその場を切り抜けるか思い悩む人もいるだろう。あなたにはより「うまく」切り抜ける方法も残されている。たとえば，変形や傷の医学的理由を説明したり，あるいはあなた自身の変形や傷についての気分をざっくばらんに話したり，あるいは冗談でごまかしたり，話題をそらして答

えるのを避けたり，というようなやり方である。しかし，このような答えを用意した挙げ句，相手から返ってくる答えは戸惑いや同情や哀れみ，そして中途半端な勇気づけだったりすることもあるわけである。では，私たち（問いかけをする側／される側双方）はこの外見を巡る問題に対してどのように考える必要があるのだろうか。そしてどのような態度を持てばよいのだろうか。本章ではこうした顔や身体の外見の違いによって何が生じるのか，どのような支援が考えられるのか，さらには私たちには何ができるのか，ということについて，基本的なことを概観しながら，考えるための手がかりを用意してみたい。

2. 外見の違いを有する人々とは？

　前節で述べたような体験，これこそが，変形や傷等が原因で顔や身体に外見の違いを有する人々が対人関係で日常的に抱える問題の一つである。外見の違いは，先天的，あるいは後天的に獲得され，多くは形成外科や歯科的な手術等の治療によって一定の効果が見られるが，治療によって変形や傷を跡形もなく消し去ることは現時点では困難で，実際には治療によって生じた傷が残ったり，変形が完全に治療できなかったりして外見の違いは残ることがほとんどである。では，このような外見の違いは具体的にはどのような原因で生じるだろうか。先天的な疾患を原因とするものでは，唇顎口蓋裂（図 12-1）や小耳症，血管腫等がその代表的なものであり，後天的なものとしては，熱傷や悪性腫瘍等があげられる（松本，2008）。

　外見の違いは日本では長く心理学的な問題とはされてこなかったが，欧米ではとくに1990 年代から活発に啓発活動がなされ，治療体制や社会福祉的支援が構築されてきた。こうした流れの中で呼称についても検討がなされ，当初はネガティヴな含意のある disfigurement が用いられたが，近年当事者の視点から Visible Difference と呼ばれるようになりつつある。近年わが国でも Visible Difference を訳して，可視的変形（松本，2008）や可視的差異と呼ぶようになってきた。本章でも以下，Visible Difference の略称である VD を用いる（表 12-1）。

図 12-1　唇顎口蓋裂イメージ図 (片側性の場合)

表 12-1　顔や身体についての表現

Disfigurement	醜形，変形。主にイギリスで用いられる。醜形と訳すことができる通り，ネガティヴな含意があるが，法律用語であるため，注をつけて用いられることが多い。
Visible Difference	可視的差異。ネガティヴな含意がないため，現場では最もよく使われるが，日本では用語として未だ定着していない。

3．私たちはどのようにして VD と出会うのか？

　次に前節で紹介した体験をより深く理解するために，VD を有する人々の経験について発達的視点から見ていきたい。なお，筆者は先天的な VD を有する人々の心理を研究してきたので，ここでは先天的な VD を中心に取り上げる。先天的でない VD，すなわち後天的に熱傷や外傷，疾患によって生じる VD については，すでに確立した自己や自己像に対してダメージが与えられるため，先天的 VD とは別に論じられる必要がある。こちらについては，がん患者については野澤（2018）を，熱傷についてはパートリッジ（Partridge，2012/2013）を参照していただきたい。

　さて，一般に子どもの VD が初めて明らかになるのは，まだ赤ちゃんがお腹の中にいるとき，あるいは生まれて間もなくのことである（熱傷や頭頸部の腫瘍等，多様な原因による後天性の VD を除く）。産科の医師や助産師からこの事実が告知されると，私達は親や家族として VD を受けとめることになる。口唇裂の場合，その 20％程度が出産前に，残り 80％が出産後に告知を受ける（Jones, 2002）。告知を受けた両親・家族は，赤ちゃんが疾患を有し治療を必要とすることについてのショック，罪障感（妊娠中に何か子どもにとってよくないことをしてしまったのだろうかなどと悩み，母親自身が自分に罪の意識を感じること），治療や育児に関する不安等を抱える。したがってこの時点で適切かつ十分な情報が提供されることが極めて重要である。しかし，現実には産科から口唇裂の専門外来に紹介されるまでの時間は 1 週間から数週間と通院する産科医によってさまざまであり，紹介までの時間が長くなれば当然情報量は少ないままなので，ショックや罪障感，不安に対して適切なケアがなされない状態が続く。加えて親や家族はインターネット等を通じて必ずしも適切とは限らない情報を収集することもあるため，さらに不安が増幅されることもある。そこで，筆者の所属する東北大学病院では，産科から専門外来に紹介される期間の短縮，疾患や出産後の治療・育児についての説明，心理カウンセリング等を提供して情報提供や支援に努めている（松本ら，2018）。これまでの研究では，出生前診断で告知された場合に，育児上の具体的な準備や気持ちの整理が出産前にできることが母親側の利点としてあげられており，松本ら（2015）の調査でも面接を行った母親の 9 割が出生前診断で告知されたことを肯定的に受け止めていた。一方，一部の母親では出生前診断によってより不安が大きくなった等と否定的な受け止めをしていた。この否定的な受け止めについては今後の課題である。

　いずれにしても，今後も出生前診断の発展はおそらく止めることができないだろう。さらにはこの領域で近い将来直面するだろう大きな課題として，医療技術の進歩に伴う妊娠継続に関わる問題があるだろう。我が国では妊娠 21 週 6 日までは妊娠中絶が可能とされている。出生前の超音波検査によって中絶可能な妊娠月齢以前に告知がなされるようになれば，当然妊娠継続に関する課題が生じることとなる。我が国でも始まっている新型出生前診断（NITP）では，トリソミー 21 の陽性判定を受けたカップルの 96％が妊娠の中断を選択するというショッキングな結果も報告されている（毎日新聞，2016）。さらに新型

　出生前診断はその技術が提供された当初はトリソミー 21 の診断に用いられたが，対象となる疾患は世界的に拡大する傾向にある（左合，2018）。今後 VD を伴う疾患でも同様の課題が生じる可能性があるだろう。

4．VD を有する者は VD をどう理解するのか？

　次に課題となるのは，本人の容姿の理解である。私たちは幼児期の終わりから児童期の始めにかけて，徐々に他者との比較の中で自分自身の容姿を理解していく。またこの時期は社会集団への初めての参入（保育園・幼稚園等）がなされる時期である。社会集団の中で，VD 児は次第に他者との容姿の違いについて気づくようになる。先行研究においては就学前後から VD について子どもが質問されたり，からかわれたりすること，そしてそこで VD 児が戸惑い・悩み始めることが報告されている（松本，2009）。したがって，この時期より前から VD について本人自身が両親・家族と一緒に理解し始めることが極めて重要と考えられる。また，得られた理解をもとに，他者の質問にどのように答えるのかも練習していく必要がある。筆者の臨床では，この理解教育に備えて，子どもが生まれたときから両親・家族に写真や動画等でありのままの子どもの記録を残すこと（疾患やそれに伴う通院・治療，通院・治療を進める両親等の記録）と，それを子どもと一緒に見ながらできるだけわかりやすい言葉で繰り返し説明することを強く勧めている。とりわけ通院や治療の場面，誰と一緒に行ったのか等も記録することを勧めている。こうした幼い頃の記録は，折々に振り返ることは比較的に自然なことであり，また子どもは家族と一緒に写真を見ながら VD やその原因，そして子ども自身がいかに家族によって支えられてきたのかということを理解できるようになるようである。このようにして形成された子ども自身の外見の理解は，両親・家族との安定的なアタッチメントの形成と相俟って，その後の治療の継続やより円滑な対人関係のあり方の確固とした基盤となりうると考えられる。

　実は先天性の疾患のために VD が生じた人の場合，その理由を親や家族から知らされていないケースは，現在も臨床現場で散見される。この場合，理由を知らされていないので，当然のことながら誰かに尋ねられても何も答えることもできない。多くのケースで4〜5歳頃から徐々に VD についての質問を同年代の友達から受けることが増えていくと考えられるが，そこで答えを言えなかったり，動揺してしまったりすれば，見た目について問われること自体がその子どもにとっての心理的苦痛になりうるだろう。たとえ直接見た目についての質問を受けなくとも，多くのケースでは病院に通院する必要があるため，その理由を尋ねられることもあるだろう。この場合も，両親が何も教えてくれない状況が続いていれば，その子どもは，誰も教えてくれないのできっとこれは何かタブーなのだろうと誰かに理由を尋ねることを自ら忌避してしまったり，親を恨んだりしてしまうかもしれない。告知がなされていない人々の場合，その多くが継続的治療の中で理由を徐々に何となく知っていくことになるわけだが，たとえうすうす疾患について理解できたとしても，両親との間に治療の話がしにくかったり，自信を持って治療の自己決定がしにくかったりといった課題が予想される。

5．VD といかに向き合うのか？：青年期における VD の理解

　VD に関わるもう一つの大きな重要な時期は青年期であると思われる。青年期はそれまでと異なり，身体に対する意識が強くなる時期である。さらに他者との関係性も親友や恋人と共通の価値を見出したり，親密な関係を指向するようになる。それまでの他者との関

係の不安定性，つまり関係の中で VD についてのからかいやいじめが見られ，適切な対応がなされなかった場合には，親密な関係の築きにくさにもつながるように思われる。実際，関係性の築きにくさは，「私のことをジロジロみている」「きっと私の顔を嫌だと思っている」などの他者に対する対人不安と併せて現れる（松本，2009）。このため，この時期の支援としては，他者に対する不安をいかに軽減するかが非常に重要となる。

　一方，青年期においては治療についても大きな変化が現れる。治療が継続している場合には，通院や治療そのものも徐々に家族ではなく自らで通院し，治療も自ら判断していくこと，つまり治療・通院についての意思決定が大きな課題となる。この際，やはり自らのVD についての理解度が大きく関係していると考えられる。たとえば，ある人は，治療の重要性を十分に理解できず，治療，通院が途絶してしまうかもしれない。またある人は，医師からさらなる治療の提案を受けたときに，本当はそれを受けてみたいのに，その気持ちを表現できずに拒絶してしまうかもしれない。いずれも VD への理解に起因すると考えることができる。たとえば筆者が臨床で携わっている唇顎口蓋裂の場合，思春期以降に傷を目立たなくする審美的手術（機能的改善ではなく見た目の美しさを目的とする手術）を行うことがある。この手術の場合，これまでの顎口腔機能や構音の獲得や調整を目的とした治療とは異なり，見た目の改善を目的としている。このため手術を行うか否かの是非は本人・家族の考え方次第であると考えられる。本人や家族の間で見た目について今まで十分な理解やコミュニケーションがなされていないとこうした手術についての自己決定を躊躇する原因になることも予想される。このようにして青年期においてはこれまでの VD理解に加えて以下に VD と向き合うのかが重要な課題となるのである。

6．VD を有する人々を支えるために何ができるか？

　ここまで VD を有する人々とその家族がいくつかの時点でどのような困難を経験しているのかを概観した。では，ここで改めて冒頭にあげた疑問に戻ってみたい。つまり，私たち読者の身近に VD を有する人がいたとしたら，一体何ができるのだろうか。この問いをまずは私たちが普段 VD をどう見ているのかという点，次に医療制度の現状の 2 点から概観してみたい。

　第 1 に私たちは VD をどのように見ているのだろうか。そのヒントはいくつかある。その一つがいわゆる「不気味の谷」という，ロボット研究から提案された現象である（森，1970）。森によれば，ロボットを徐々にヒトのかたちと近づけていくと，一定以上近似したところで急激に親和感が落ち込み，その後また親和感が上がる現象である。つまり私たちは非常にヒトに近似したロボットに対して親和感を持たずに，不気味に感じてしまうというのである。さらにこの概念を提唱した森は，まさに病気や障害を有する人々の容姿がこの「不気味の谷」に該当すると書いている。つまり，この概念によれば私たちは初対面で VD を一般的な顔・身体と異なると考え，「不気味」，「こわい」等と考える可能性があるということである。実際，イギリスにおける VD に関する社会啓発活動では初対面における「こわさ scared」をいかに減じるかがテーマとされており，そのために当事者がボランティアで社会啓発ポスターのモデルとなっている（Partridge, 2018）。

　では，VD に対する私たちの反応は否定的なものだけで終わってしまうのだろうか。そのもう一つのヒントは，関係性にある。たとえば唇顎口蓋裂乳児と養育者の関係性について評価した研究では，VD の程度にかかわらず養育者と児の間でアタッチメント形成に健常群との有意差が見られないことが報告されている（Speltz et al., 1997；Coy et al., 2000）。また，筆者の臨床現場でもさまざまなタイプの唇顎口蓋裂児の養育者が初回手術の前に，

「このままの子どもがかわいくて手術したくない」ということが見られるのである[1]（松本，2019）。

　以上から，私たちはとりわけ初対面においては VD を有する人に戸惑い，場合によっては「こわさ」を感じ取るかもしれないが，しかし，その人々との間に何らかの対話があり，徐々に関係性が構築されていくのであれば，当初の「こわさ」や戸惑いは消えていくことになるように考えられる。では，「こわさ」を超えて何らかの関係をつくり上げていくために，私たちに何ができるのであろうか。それは外見の違いが「得体のしれない」「不気味なもの」ではなく，VD なのだという理解に努めることなのだろうと思うのだが，読者のみなさんはいかがであろうか。

7. VD についての社会的課題とは？

　上記に加えて，この領域には，これまで社会で充分に知られていなかった問題の常として，当事者ではなく，社会の側が取り組むべき課題もある。その一つとして，VD をめぐる医療制度について見てみよう。わが国においては，医療的に先進国の水準にあるが，その心理社会的側面においては，未だ VD を有する人々を支える資源が非常に乏しい状況にある。このため，たとえ専門病院に行っても，心理学的側面の支援がほとんど得られないことが多い。先天性の疾患については，筆者らが行っている東北大学病院唇顎口蓋裂センター（形成外科）が全国で唯一，週に 1 回の心理外来を設置して，医師や歯科医師，看護師，言語聴覚士，ソーシャルワーカー等と協力して心理社会的支援を実施している。ここでは，センターの名前にもなっている唇顎口蓋裂を有する方をはじめ，顔面部のさまざまな VD についてサポートを行っている。しかしこれは非常に例外的であり，全国的に見ると医療制度としてこの領域の心理学的介入は 2019 年時点でまったく制度化されていない。

　一方，海外に目を転じてみると，ヨーロッパの唇顎口蓋裂治療においてはチームに心理士が参加することが必須になりつつある。その一例として，イギリスの例を挙げてみたい。イギリスはわが国と同様，さまざまな治療機関が乱立し，チームへの心理士の参加もほとんど見られない状況であった。ところがスカンジナビア半島で行われている患者の追跡調査とイギリスの治療成績を比較した結果，明確にイギリスの患者満足度が悪いことが判明した（Bearn et al., 2001）。そこからイギリスでは NHS（国民保険サービス）の下で治療チームをユニット化して全国 9 ヶ所にまとめるとともに，すべての治療チームに心理士を参加させることにした。そして唇顎口蓋裂児の出生あるいは，出生前診断などでの診断後原則として 24 時間以内にこの治療チームがアプローチすることになっている。そしてこのチームはその後の治療を一貫して診ることになっている。5 歳，10 歳，15 歳の各時点において患者とその家族が形成外科医・矯正歯科医・心理士・看護師・言語聴覚士からなる口蓋裂チームの診察を受けている。実際，たとえば 5 歳は顎裂に伴う骨移植の手術が必要とされる時期であり，ここでチームは手術に向けての治療や検査を行うだけでなく，患者/家族の手術に対する不安を和らげたり，必要な支援対策を講じたりすることもできる。その結果，2008 年と 2015 年の成績は著しく改善した（Waylen et al., 2015）。では，日本でこのような医療制度の変革がなされるのはいつ，どのようなかたちであろうか。これは，次に説明する社会の価値観とも関わっているかもしれない。

1）私信。

8．「顔の平等（Face Equality)」とはなんだろうか？

　これまで VD をめぐる問題について，主に VD を有する人自身やその家族，さらには制度の側から眺めてきた。しかし，実は VD があることで生じる生活上のさまざまな生きづらさは，社会の価値観と切り離して考えることはできないだろう。つまり，VD を VD とみなしているのは社会の側でもあるというわけである。私たちは日常，多かれ少なかれ見た目についての価値を前提として生活している。たとえばつい最近までミスコンテストは，見た目が美しい人々を選ぶためのものであり，それが当然の価値とされてきた。今でも私たちの身の回りでは，「イケメン」「美女」や「ブサイク」「ブス」といった言葉が当たり前のように使われ，さまざまなランキングが集計されていたりする。この強固な外見重視の傾向は，VD を有する人々の多くにとって非常に過酷な環境を作り出している。

　このため，VD を有する人々を支える団体はその活動目標の一つに社会啓発を挙げている。このうち嚆矢となった動きはやはりイギリスのチャリティ団体である Changing Faces であろう。この団体は 19 歳で自動車事故による全身熱傷を受けたサバイバーであるジェームズ・パートリッジ（James Partridge）により設立された。このチャリティは原因を問わず，さまざまな外見に違いを有する人々やそれを取り巻く人々に関わる心理カウンセリング，福祉に関わる情報提供，イギリスの医療保険制度による治療の確立，見た目が原因で生じるさまざまないじめに対する学校教育における対応支援，外見が原因で生じる就職差別への対応，その他 VD に関するさまざまな社会啓発を行っている。2017 年にはこれまでの社会啓発活動の反省をもとに Face Equality Day という大々的な啓発キャンペーンを英国圏で開始した。キャンペーンにあたって彼らは「顔の平等（Face Equality)」を提唱した。そのうえで，さまざまな SNS を積極的に利用して外見の問題を身近な問題にするべく工夫した（Partridge, 2018)。筆者は 2017 年の Face Equality Day に参加したが，そこで印象的だったのは，顔についての差別という新たな考え方を強くアピールしながらも，そのアピールの姿勢は必ずしも苦渋に満ちたものではないという点にある。SNS にはたくさんの写真や動画が投稿されたが，そこで見る顔には笑顔が見られ，ポジティヴなイメージが伴っていた。また，この日のシンボルマークとして，蝶のタトゥー

26th May　　
CHANGING
FACES

WEAR A BUTTERFLY
FOR FACE EQUALITY

Text CFCF00 £3 to 70070 to donate

Company Limited by Guarantee, Registered in England and Wales No. 2710690
Registered Office: The Squire Centre, 33-37 University Street, London WC1E 6JN
Registered Charity No. 1011222. Charity Registered in Scotland SC039725

図 12-2　「顔の平等」キャンペーンのトゥーシール

シールが用いられたが，これは外見の違いのシンボルであるにもかかわらず，たとえば傷やアザのタトゥーをつけるよりもつけやすく，しかしこのシールをきっかけにこの問題について考えることができるという大変工夫されたものであった（図 12-2）。当日は筆者もシールを付けてロンドン市内で打ち合わせや外食をしたのだが，いいね，と褒められることはあっても，避けられるようなことはなかった。むしろ外見について普段はできなかった話をする貴重な機会となったと思われる。

　以上，イギリスでの取り組みを紹介した。では，私たちには日本で何ができるのだろうか。とはいっても日本にはすでに見たように社会的な制度も乏しい。繰り返しになるが，まずは顔の平等という概念自体を理解することが必要なのだろう。そして身近な人々の間から，少しずつ外見についての意識を変えていくことが大切なのではないだろうか。

9. おわりに：VD における共生とは？

　これまで，個（当事者）の側と，個を取り巻く私たち，そして社会，という大きく分けて 3 つの視点から VD に関わる状況を眺めてきた。日本におけるこの領域の理解・支援・制度改革は，まだ萌芽段階にあり，その道程には大きな課題が山積していることが見えると思う。まず，個の側についての視点，つまり VD を有する本人・家族に対するアプローチとしては，本人や親・家族に対するさまざまな心理社会的支援や養育に関する支援，制度が整えられていくことが重要であろう。このうち支援に関していえば欧米の心理社会的支援モデルをもとにして，日本でも筆者らが徐々に実践を始めている。おそらく今後全国的に，徐々にではあるが，何らかの支援は提供されるようになっていくのではないだろうか。

　次に私たち読者や，社会制度の側の視点である。みなさんは，この章を読むまで，VD をどう理解していただろうか。この章を通して VD とは何か，VD がその人やその人を取り巻く人間関係にどのような影響を与えるのか，改めて考えるきっかけにしていただければと思う。その上で，機会があれば何らかの行動を起こしてほしいと思う。一方で，みなさんの理解や行動を阻害するかもしれないことが私たちの住んでいる国で起こっていることも確かなように思われる。つまり，私たちの国では「イケメン」「ブサイク」という言葉が普通に使われている。このように，美しいもの＝よいものという図式は，まだまだ一般的である。また，まだまだ VD についての素朴な偏見が根強く残り，それを当然のものとしている。たとえば，未だに日本ではテレビや映画などで，悪役や癖のある役には顔や体に傷をつけるという表現が見られる。これは，顔や体の傷が悪であるというステレオタイプにもとづくものであり，近年とくにイギリスでは「顔の平等」キャンペーンの一貫で強く否定されているものである。しかし，たとえば私や読者が突然「それは間違っている」と言い始めたところで，伝わるには大きな労力と時間を要するだろう。そのためにも筆者は当事者の支援をつづけ，必要な声をあげ，また制度を変えるための試みを地道に続けるつもりである。

　さてみなさんは何ができるだろうか。まずは VD を知ることから，である。そして身近に VD を有する人がいたら，関係を築く努力をする。こうしたみなさん一人ひとりの力が結果的には社会を変えていくように思う。どうかみなさんもまずは知って，そして考えてほしい。そう強く思う。

■**かんがえてみよう**
・VD を有する人に接すると，あなたはどのような反応を持つのでしょうか。「不気味の谷」や関係性といった本書のキーワードをもとに，あなたの反応の理由について論じてみましょう。（発展的学習）
・著者は，現在の日本の状況をして「VD についての素朴な偏見が根強く残り，それを当然のものとしている」と主張しています。この主張について，あなたはどのように考えますか。（著者の主張に対する意見）

引用文献

Bearn, D., Mildinhall, S., Murphy, T., Murray, J., Sell, D., Shaw, W., Williams, A., & Sandy, J. (2001). Cleft lip and plate care in the United Kingdom-The clinical standards advisory group (CSAG) study. Part 4 : Outcom comparisons, Training, and conclusions. *Cleft Palate Craniofacial Journal, 38*, 38-43.

Coy, K., Speltz, M. L., & Jones, K. (2000). Facial appearance and attachment in infants with orofacial clefts: A replication. *Cleft Palate-Craniofacial Journal, 39*, 66-72.

Jones, M. C. (2002). Prenatal diagnosis of cleft lip and palate: Detection rates, accuracy of ultrasonography, associated anomalies, and strategies for counseling. *Cleft Palate-Craniofacial Journal, 39*, 169-173.

毎日新聞 (2016)．新型出生前診断　異常判明の 96%中絶　利用拡大　Retrieved from https://mainichi.jp/articles/20160425/k00/00m/040/119000c

松本　学 (2008)．Visible Difference にまつわる心理的問題：その発達的理解と支援　心理学研究, *79* (1), 66-76.

松本　学 (2009)．口唇口蓋裂者の自己の意味付けの特徴　発達心理学研究, *20* (3), 234-242.

松本　学・今井啓道・五十嵐薫・金高弘恭・幸地省子 (2015)．口唇裂の出生前診断は母親にいかなる心理学的影響を与えるのか　日本口蓋裂学会雑誌, *40*, 180.

松本　学・今井啓道・館　正弘 (2018)．口唇口蓋裂・頭蓋顎顔面領域での問題と包括的ケア，実際　原田輝一・真覚　建（編著）　アピアランス〈外見〉問題と包括的ケア構築の試み：医療福祉連携と心理学領域とのコラボレーション（pp. 152-162）　福村出版

森　政弘 (1970)．不気味の谷　Energy, *7*, 33-35.

野澤桂子 (2018)．がん領域での問題と包括的ケア　原田輝一・真覚　健（編著）　アピアランス〈外見〉問題と包括的ケア構築の試み：医療福祉連携と心理学領域とのコラボレーション（pp. 196-220）　福村出版

パートリッジ, J. (2013)．もっと出会いを素晴らしく：チェンジング・フェイスによる外見問題の克服　春恒社（Partridge, J. (2012). *Changing faces: The challenge of facial disfigurement.* London: Changing Faces.）

パートリッジ, J. (2018)．社会文化的アプローチ：チェンジング・フェイスによる「顔の平等」キャンペーン　原田輝一・真覚　健（編著）　アピアランス〈外見〉問題と包括的ケア構築の試み：医療福祉連携と心理学領域とのコラボレーション　福村出版

左合治彦 (2018)．出生前診断：NIPT などの将来的発展，産婦人科学会医療の近未来　Retrieved from http://www.jaog.or.jp/note/（1）nipt，出生前検査：将来的発展 vs-問題点と限界/

Speltz, M., Endriga, M., Fisher, P., & Mason, C. (1997). Early predictors of attachment in infants with cleft lip and/or palate. *Child Development, 68*, 12-25.

Waylen, A., Ness, A., Wills, A., Persson, M., Rumsey, N., & Sandy, J. (2105). Cleft care UK study. Part 5 : child psychosocial outcomes and satisfaction with cleft services. *Orthodontics & Craniofacial Research, 18*, 47-55.

Column **14**

がんを子どもにどこまで伝えるのか？：病気の子どもをめぐる問い

　もし，あなたの家族や友達が「がん」と診断されたとしたら，あなたは病名や治療，予後について，本人にすべてを知らせるべきだと考えるだろうか？　相手のショックを考えると言いにくく感じるかもしれないし，自分自身，辛くて伝える気持ちにならないかもしれない。しかし，もしがんと診断されたのが幼い子どもだとしたら，どの程度の情報を，いつ，誰が，どのように伝えるのか，なおさら難しい問題である。実際に，2002 年に子どもへの告知に関する意向を尋ねるため小児がんの子どもを持つ養育者に対して行われた面接調査では，子どもに対して「隠す必要がない」と答えた養育者は 1 ケースのみで，あとの 14 ケースでは，みな，告知をすることについて多かれ少なかれ抵抗を感じていたことが報告されている（山下・猪下，2005）。抵抗を感じる理由を見てみると，子どもの受け止めに関する不安などが示されている。それでは，そもそも子どもに対して，病名や病状に関する情報を伝えるべきなのだろうか？

　この問題を考える上で，現代の医療技術の成果に言及する必要がある。近年の医療技術の急速な発展に伴い，重篤な疾患を患ってもその後長期生存できる確率が大幅に改善してきている。たとえば小児がんのなかで最も多い急性リンパ性白血病に関して，1980 年代には 50％であった 10 年生存率が，2000 年代には 87％にまで上がっている病院があることからも（宮島他，2011），技術の進歩は明らかだろう。もちろん，現代の医療をもってしても治療が難しい病気や病態がまだ多く存在していることもまた事実ではあるが，近年は，大きな病気を経験した子どもも育ち，ゆくゆくは大人として自立した生活をするようになる可能性を前提に，病気の子どもと関わるべきだと考えられるようになってきた。

　では，大きな病気を経験しても大人になる可能性が高くなってきた現在，子どもへの説明に関してはどのように考えたらよいだろうか。子どもは青年期に，自分の過去を振り返り，それを土台に将来のプランを立て，そのプランにも

とづいて現在の行動をコントロールできるようになるといわれている（e.g., 都筑，1984）。具体的には，青年期の子どもが将来についてより適応的なプランを立てるためには，「今の自分」や「今までの自分」に関して自分で評価できることが大事になるということである。つまり，病気の子どもの場合，病気をその子どもの一部として考えたときには，自分の病気に関して子ども自身が不確かさを感じていると，将来を見据えてライフプランを立てていく上で大きな問題を孕む可能性があると考えられる。したがって，子どもに対して病気に関する適切な情報を伝えるということは，その子どもが自立した大人になっていく過程で一定の意味があると考えられる。

　一方で，本当に病いに関するすべての情報を伝えることが正しいのかという疑問も依然として解決されていない。子どもの理解を促す目的でたくさんの情報を与えても，その情報量や伝え方がその子どもの発達段階や理解度合いに合っていないために，かえって不確かさや不安を増長する可能性も指摘されている。また，家族の病気や治療に関して家族全体での意思決定を行う傾向のある日本人においては（Kwak & Haley, 2005），とくに，子どもを支える養育者の心理的な状態などもないがしろにはできない。養育者の気持ちも尊重しながら，子どもが大人になる過程で肯定的に将来について考えることができるような説明のあり方について考えていく必要があるだろう。

（石井　悠）

引用文献

Kwak, J., & Haley, W. E. (2005). Current research findings on end-of-life decision making among racially or ethnically diverse groups. *The Gerontologist, 45,* 634-641.

都筑　学（1984）．青年の時間的展望の研究　大垣女子短期大学研究紀要，*19,* 57-65.

宮島雄二・北村英里奈・柴田陽子・羽田野ちひろ・宮崎史子・伊藤祥絵…竹本康二（2011）．小児白血病の臨床像と治療成績の変遷　日本農村医学会雑誌，*60,* 527-534.

山下早苗・猪下　光（2005）．外来通院している小児がん患者への告知に対する親の意向　日本小児看護学会誌，*14,* 7-15.

震災を生きるとは？
トラウマや PTSD とともに地域で生きるために

足立智昭

■しらべてみよう
・本章では，東日本大震災を経験した子どものトラウマ反応が解説されています。本章の記述を参考に，トラウマ反応が時間の経過とともにどのように変化するのかについて説明してみましょう。
・「災害時における日本人のあり方」という言葉からあなたがイメージすることはどんなことですか。

1. はじめに

　わが国は，その地形，地質，気象条件から，自然災害が発生しやすい国土となっている。たとえば，未曾有の災害となった東日本大震災（2011 年）以降だけでも，御嶽山噴火（2014 年），熊本地震（2016 年），九州北部豪雨（2017 年），大阪北部地震（2018 年），西日本豪雨（2018 年），北海道胆振東部地震（2018 年）と枚挙に暇がない。このような災害が発生するなかで，内外のマスコミが注目しているのは，被災者同士の助け合いの姿である。たとえば，東日本大震災を取材したアメリカの記者は以下のように述べている。「消息を絶った家族を探しながら，生活必需品が届くのを待ちながら，冷静さを失っていない日本人の姿だ。そこには略奪や暴動の素振りもない。……このような災害に対して冷静に秩序正しく反応し，近代国家としてなしうる構えのできた安定した，礼儀正しい社会であることを示している」（AFP, 2011）。

　このような災害時に見せる人々の姿は，本書のテーマである「共生」の一つの形態ともいえる。しかし，一方で，そのような精神性があるからこそ，被災による悲嘆，怒り，恐怖を口にすることができず，以下に述べるトラウマが個人，家族，コミュニティにおいて潜在化し，病的な心の状態をもたらす。したがって，このような災害時に，私たちに必要なことは，共生の精神を尊重しながらも，正しくトラウマを理解して，そのトラウマに向き合うことではないだろうか。本章では，災害弱者である子どものトラウマを東日本大震災を例に紹介する。読者には，来たるべき災害への備えとして，災害によるトラウマから子どもをどのように解放すべきか一緒に考えていただきたい。

2. 東日本大震災での子どものトラウマ反応とは？

(1) 子どものトラウマとは

　一般的に心と身体に不快をもたらす要因をストレスと呼ぶが，それが非常に強い心的な

影響を与える場合には，その体験が記憶に残り，精神的に影響を与え続けることがある。このようにしてもたらされた精神的な後遺症をとくにトラウマ（心的外傷）と呼んでいる（金，2001）。トラウマは，心に刺さったトゲのようなものであり，それに触れると強い痛みを感じる。したがって，人は，無意識のうちに，トラウマを心の奥底に隠そうとする。その隠そうとする無意識の作用自体が，心のエネルギーを奪うことになる。とくに，発達途上にある子どもたちにとって，そのような心のエネルギーの喪失は，彼らのさまざまな発達の領域において負の影響をもたらすことが知られている（表13-1）。たとえば，東日本大震災以降，保育や教育現場では，感情的な起伏が大きく，自尊感情が低く，多動で落ち着きがない子どもの増加が著しいことが報告されている（Shibata, 2018）。

　それでは，東日本大震災は，どのようにして，子どもたちにトラウマを生じさせたのであろうか。その原因となるものを，筆者が，保護者，子どもの支援者（保育士，教師，心理士など）から聞き取った子どもたちの状況から整理してみよう。

①直接，津波の被害に遭った。
②直接，津波の被害状況を目撃した。
③家族，親戚，仲間との死別。
④後日，津波の被害状況を見た。
⑤直接，地震，余震を体験した。
⑥震災直後，家族と連絡が取れなかった。
⑦震災後，家族の不和，DVを目撃した。
⑧震災後，家族が精神疾患を発症した。
⑨震災後，故郷を離れ，転園，転校を余儀なくされた。

　子どもたちが，直接，トラウマを抱えるにいたった原因は，上記のように整理されるが，そのトラウマへの反応は，年齢によって異同がある（表13-2）。乳児期においては，言

表 13-1　トラウマが子どもの発達に与える
　　　　　影響（国立成育医療研究センター，2011）

□ 感情
① 安全感・信頼感の喪失
② 感情調節障害とストレス耐性の脆弱化
③ 感情の麻痺と解離

□ 認知
① 非機能的な信念
② 自尊感情の低下と自責感
③ 無力感と意欲の低下

□ 行動
① 多動・集中困難・衝動性の亢進
② 反感・癇癪・攻撃的な行動
③ 自傷行為・物質乱用・反社会的行動

表 13-2　乳児期から学童期のトラウマ反応
　　　　　（NCTSN, 2018）

□乳児期
① 言語発達の遅れ
② 記憶に生ずる問題
③ 叫喚・激しい泣き
④ 乏しい食欲

□幼児期
① 社会的場面からの逸脱や引きこもり
② 見境ない注目欲求
③ 過剰な怒りや攻撃的言動
④ 睡眠障害
⑤ 頭痛・腹痛
⑥ 集中困難
⑦ 自尊心の欠如
⑧ 興奮・悲嘆・不安
⑨ 未熟な社会的スキル
⑩ 過剰な驚愕反応
⑪ 夜尿・退行

□学童期
① 恥の感情や罪悪感
② 思い出させる状況や映像などに容易に反応する
③ 学習能力の低下
④ その他，幼児期の問題と同様

語発達の遅れや記憶に生ずる問題が目立つ。幼児期においては，表13-1に示したトラウマが子どもの発達に与える影響がより顕在化する。さらに学童期においては，その影響が自我発達や学校適応にまで及び，被災地では不登校やいじめの増加が社会問題となっている（Shibata et al., 2018）。

（2）子どものトラウマ反応の変化

　筆者は，震災直後から，多くの保護者，子どもの支援者から，子どものトラウマ反応の相談を受けたが，時間の経過とともに，震災による子どものトラウマ反応に変化があることが明らかとなった。

　まず，震災直後から6か月ぐらいの間は，表13-3aに示すようなトラウマ反応の相談を受けることが多かった。これらのトラウマ反応は，甚大な被害を受けた沿岸部だけでなく，内陸部の子どもにも見られたことを忘れてはいけない。多くの支援は，甚大な被害を受けた沿岸部に集中しがちであり，内陸部の子どもには支援が届かなかった。この支援の取りこぼしは，後々，これらの子どもの発達にも影響を及ぼすことになる。なお，表13-3aに示すトラウマ反応は，「再体験・侵入」，「過覚醒」，「回避」などの大人のPTSDとほぼ変わらない内容であり，「単回性トラウマ」（藤森，2001）と呼ばれるものである。

　次に，震災後，半年を過ぎると，子どものトラウマ反応に関する相談は，攻撃的行動や破壊的行動などの行動上の問題から，頭痛や腹痛の訴えや免疫機能の低下などの身体的な問題へと多様化していった（表13-3b）。「慢性反復性トラウマ」（藤森，2001）と呼ばれるものであり，子どもにとって強度のストレスが慢性化し，反復していたことが推察される。

　さらに，震災後1年を過ぎると，子どものトラウマ反応に関する相談は，保護者や保育・教育現場の問題へと波及した（表13-3c）。深刻な反応を示す子どもの多くは，「震災後，親が失業した」，「震災前に，すでに親が離婚しており，生活が一層苦しくなった」，「震災後，親がアルコール依存症になった」，「DVや虐待が疑われる」などの葛藤の多い家族のなかで生活しており，震災による2次的，3次的な問題の影響を受けていたと考えられる。表13-4には，多くのケースをもとに作成したその架空事例を示す。

　この事例の場合，母親は震災前より夫のDVによりトラウマを抱えていたと考えられる。しかし，ひとり親となり，仕事と家事・育児に頑張っていたが，震災が追い打ちを掛けるように近所の婦人を津波により連れ去り，職場を奪うことになる。これにより母親は震災によるさらなるトラウマを抱えることになる。この段階で，母親の表面的な心理社会的適応と潜在的なトラウマによる傷つきの間に決定的な亀裂が生じる。そして，都市部へ

表13-3　震災後のトラウマ反応（足立ら，2016）

a 震災直後のトラウマ反応	b 震災後半年を過ぎてのトラウマ反応	c 震災後1年を過ぎてのトラウマ反応とそれに関連する相談
①地震・津波遊び	①表情が乏しく，ぼーっとしている	①身体症状（円形脱毛症，自家中毒，腹痛……）
②死体遊び	②攻撃的，多動な行動の増加	②攻撃的，破壊的言動
③強度の分離不安	③爪かみ（場合によっては足の爪かみ）などの退行の増加	③退行
④余震に対する強度の不安	④保育士が「お集まり」と声を掛けると怯える	④親の精神疾患（うつ，薬物・アルコール依存）
⑤被災映像によるフラッシュバック	⑤よい子を演じる，大人びた言動の増加	⑤DV，虐待
⑥被災地を通ることによるフラッシュバック	⑥頭痛や腹痛の訴えの増加	⑥親の離婚
⑦拒食（震災後数日間）	⑦免疫機能の低下（風邪を引きやすい，虫刺された痕が異常に腫れる）	⑦若年の妊娠
⑧転校による不登校		⑧保育士・教師のバーンアウト

表 13- 4　震災後 1 年以降に多く見られた架空事例

母，2 人の息子（兄 8 歳，弟 4 歳）の 3 人家族。
震災前，夫の DV により離婚。近所の年配のご婦人が家族を支えていてくれた。しかし，震災により，ご婦人が死亡。職場も津波に流され失業する。都市部に転居するが，母親はうつ症状が強く，定職につけず。子育てでイライラすると，「死ね」，「消えろ」などの暴言を吐く。子どもの生活リズムへの配慮に乏しい。兄もうつ症状が強く，集中力の低下，学業不振により不登校となる。弟は衝動性が強く，攻撃言動が目立つ。

の移転により，心理的孤立がいっそう深まり，うつ症状が悪化すると同時に虐待が顕在化したと考えられる。長男の不登校，次男の衝動的で攻撃的な言動も，震災によるトラウマというよりも，家庭における心理的虐待あるいはネグレクトに対する反応とも解釈される。

3. 子どもをトラウマからいかに解放するのか？

(1) 心の安全空間の保障

　それでは，子どもたちをこれらのトラウマから解放するためには，具体的にどのようなことから始めたらよいのであろうか。
　まずは，子どもたちに心の安全空間を取り戻すことである。小谷（2012）は，心の安全空間として，表 13-5 に示すような項目を挙げている。① 「安心・信頼できる人のいる場所」は，子どもの年齢に関係なく重要な機能である。そして，子どもの発達とともに，②から⑦へとその機能は重要さを増してくると考えられる。

表 13- 5　心の安全空間（小谷，2012）

①	安心・信頼できる人のいる場所
②	心の灯火，拠点となる場所
③	つらさも，喜びも持ち込める場所
④	心のバランスを取り戻す場所
⑤	自分の健康，自分の心の世話をする場所
⑥	困ったことに対する知恵の得られる場所
⑦	心の傷を自分で認識し，理解できる枠組みが得られる場所

　本来，子どもにとって，このような心の安全空間は，家族そのものである。したがって，子どもたちのトラウマからの解放の第一段階は，まず家族の安定にある。その際，子どもの支援者が留意すべき点は，心の安全空間となる家族がどの程度その機能を回復，維持しているかのアセスメントである。エプスタインら（Epstein et al., 1983）は，その家族の機能を，表 13-6 のように定義している。とくに，これらの家族機能のなかでも，子どもが自らの感情（たとえば，「とても怖かった」，「とても不安だった」）を表出できること（④ 「感情的反応性」），また家族が，その子どもの感情の表出に関心を持つこと（⑤ 「感情的関与」）が，トラウマを解放する上で重要である。
　しかし，あの震災の直後を想定した場合，これらの家族機能が一時的に低下したことは

表 13-6　家族機能 (Epstein et al., 1983)

① 問題解決：家族の統合性や機能を脅かす問題を解決する家族の能力。
② コミュニケーション：家族のメンバー間の情報交換。言語的なメッセージはその内容が明瞭であり，率直に伝わること。
③ 役割：家族が子育てや家事などを担当するような定着した行動パターンを持つこと。これらの課題は，公平に分担され，責任をもって実行されること。
④ 感情的反応性：家族のメンバーが適切な感情の表出を経験できること。
⑤ 感情的関与：家族のメンバーが他のメンバーの活動や関心事に興味を持つこと（ただし，健康な家族は互いの関与が中庸である）。
⑥ 行動の統制：家族のメンバーの行動に対して一定の基準を設け維持すること。
⑦ 一般的機能：家族としての総合的な健康状態（たとえば，危機の時には互いに支え合うこと，ありのままに受け入れられることなど）。

やむをえないことと考えられる。親やきょうだいを失ったケース（たとえば，宮城県では震災遺児は，1,000名を超える），長く避難所での生活を強いられたケースが，その典型である。したがって，原発事故から逃れるために，家族がバラバラになって避難しているケースにおいては，現在も子どもたちのトラウマが隠されている可能性がある。

また，冒頭で記したように，トラウマからの子どもたちの解放は急務の課題であることから，家族が子どもにとっての安全空間とならない場合，保育所や幼稚園，あるいは学校や児童館が，それに変わる安全空間となることが必要である。そのためには，保育士，教師，児童厚生員などが，表13-2に示すような子どものトラウマ反応を理解すること，また表13-6に示す家族機能の補完を行うことが望まれる。

(2) 心を安全に動かすこと

小谷（2012）は，トラウマからの解放の次の段階として，「心の運転」の必要性を指摘している。「心の運転」とは，安全な空間のなかで心を動かすことであり，たとえば，表13-7に示す項目である。

表 13-7　心を安全に動かすこと (小谷，2012)

① 語ること：語りかけることからはじめましょう
② 聴くこと：自分だけではない（罪悪感の干渉）
③ 感じ取ること：自分自身の身体感覚（自分の根っこ）
④ 症状を認めること：自分を赦す（罪悪感の寛解）
⑤ 気を抜くこと：落ちること（緊張感を取ること）を恐れない

子どもの場合，まず自分の身体感覚（③「感じ取ること」）を取り戻すことが先決である。表13-3bに示した「表情が乏しく，ぼーっとしている」状態は，心と体が乖離した状態とも解釈される。また，突然始まった「爪かみ」も，自分の身体を再確認する行動とも解釈される。いずれにしても，体全体を使った遊びが重要であり，外遊びには，ストレスを低減する効果も期待される（Szczepanski, 2010）。

また，子どもの場合，年齢にもよるが，自分の気持ちを語ることが発達的に難しい場合もある。そのような場合には，絵画や音楽，身体活動として表現してもらうことも可能である。子どもが何らかのかたちでトラウマを表現した場合，本人がそのこと自体に驚いたり，あるいは罪悪感を感じることも少なくない。そのようなときは，そのことを支援者がしっかり受け止め，「今はもう大丈夫」という安心感を保障することが重要である（藤森，2001）。

また，遊びは，創造的な活動であり，対人関係の信頼状況での緊張緩和をもたらすもの

である。とくに子どもは，遊びを通して，自己感覚の基礎の形成と，自己存在を体験するのである。また，子どもに適用されるプレイセラピィは，言語能力が未熟な子どもにとって，言葉の代わりに遊びを使うものである。遊びは，人との関係を安全に作る。遊びは体験を活性化する。その結果，遊びは葛藤の表現を言葉と同様の働きをもって促し，また，葛藤の徹底操作を行う舞台とする（大橋，2014）。

今回の震災では，自分は助かったという「生存者罪悪感」から，抱えているトラウマを語らない子どもたちが多く見られる。これは大人にも共通する現象であるが，生き残ったこと，自分の被害が軽微であったことで罪悪感を強く感じすぎないよう，支援者が同様の経験を語ることも効果的である。いずれにしても，子どもが心を動かす場は，前項で述べた「心の安全空間」が保障されていることが前提となる。

(3) 地域におけるトラウマからの解放

「心の安全空間」が保障され，「心を安全に動かす」ことができるようになると，子どもはトラウマからの解放に向かう。すなわち，子どもは主体的に活動を選択し（場合によっては大人の援助のもと），その活動を実行するなかで，新しい自己像を感じ，将来の目標を設定していくことができるようになっていく（藤森，2001）。

たとえば，この一連のプロセスを地域で実現させた事例が，2011年9月，NPO法人子ども福祉研究所により岩手県山田町に開設された「ゾンタハウス」である。

津波により甚大な被害を受けた山田町では，子どもたちの学習環境は一変した。狭い仮設住宅では，受験を控える中高生は落ち着いて勉強ができなかった。そこで，NPO法人子ども福祉研究所は，仲間とともに安心して過ごし，自主勉強ができる居場所として，「ゾンタハウス」を開設したのである。この「ゾンタハウス」では，放課後，お腹をすかせた子どもたちは無料で軽食を食べることもでき，また地元のスタッフ（大人）も常に彼らに寄り添っている。

まさに，この場所は「心の安全空間」であり，「心を動かす場所」であると考えられる。その様子は，以下のスタッフのつぶやきにも表れている。「いつもと違う様子に，心配しあったり，調子良く勉強していると安心したり。スタッフは，みんなの様子に一喜一憂。そ〜っと様子をみながら，声をかけます。さっきまで，落ち込んでいたのに，急にハイテンションになったり，気が抜けたようになったり，中高生の心のお天気は，時々刻々と移り変わり。それを自分でも制御できずにいらついたり。時にはお姉さんのように，時にはおばちゃんのように，時には同級生のように，スタッフは，同じ時間をすごします」（「おら〜ほ（勉強スペースの愛称）」2013年2月報告より）。そして，子どもたちは自分たちの夢を実現するために，高校へ，大学へと進学している（たとえば，「ゾンタハウス」出身の高校生4名が，看護系奨学金を得て進学）。

おそらく，これらの子どもたちは，震災によるトラウマを，「ゾンタハウス」での自主的な学びや彼らに寄り添う地元のスタッフとの語りを通して，その記憶を思い出しても問題なく，かつ確かな歩みとして語ることができる，自分史の一頁にすることを可能にしていると推察される（小谷，2012）。すなわち，トラウマからの解放である。

4. おわりに

筆者は，東日本大震災から半年が経過した2011年9月，「震災復興心理・教育臨床センター」を所属大学に開設し，個別相談，サポートグループなどの小集団療法，心理教育（講義）等を実施してきた（このセンターは現在，一般社団法人『東日本大震災子ども・

若者支援センター』に移行した）。その利用者は，延べ 10,000 人を超えるが，震災からすでに 9 年を経過しようとしている今も，表 13- 3 c に記したようなトラウマ反応を示す子どもの相談，あるいは，「あの 3.11 から私の時は，止まったままです」といった大人の相談が絶えない。このような状況を変えていくには，地域の保護者や子どもの支援者に対するトラウマに関する心理教育が重要である。

　残念ながら，被災地における地域や家庭の荒れは，深刻な状況である。隠されたトラウマから子どもたちを解放するためには，国がしっかりとしたグランドデザインを示し，より多くの必要な人材を被災地に配置することが必要である。私たちは，迫り来る次の大災害への備えを忘れてはならない。

■**かんがえてみよう**
・震災に限らず，トラウマを抱えた子どもの「心の安全空間」を保障し，「心を安全に動かす」ことを可能にする国内外の取り組みについて（一つ）調べてみましょう。（発展的学習）
・著者は「地域の保護者や子どもの支援者に対するトラウマに関する心理教育が今も重要である」と述べています。この主張について，あなたの考えを述べてみましょう。（著者の主張に対する意見）

引用文献

足立智昭・平野幹雄・西浦和樹・柴田理瑛・橋本和典（2016）．災害臨床中期の課題　国際力動的心理療法学会誌，*19*，92-106.

AFP（2011）．悲劇の中，日本に集まる世界の称賛 AFP BB Ｎ Ｅ Ｗ Ｓ 2011 年 3 月 15 日　Retrieved from http://www.afpbb.com/articles/-/2790613?pid=6951747

Epstein, N. B., Baldwin, L. M., & Bishop, D. S. (1983). The McMaster family assessment device. *Journal of Marital and Family Therapy, 9*, 171-180.

藤森和美（2001）．子どものトラウマ　金　吉晴（編）　心的トラウマの理解とケア（pp. 173-194）　じほう

金　吉晴（2001）．トラウマ反応総論　金　吉晴（編）　心的トラウマの理解とケア（pp. 3-15）　じほう

国立成育医療研究センター（2011）．子どものトラウマ反応診療ガイドライン　子どもの心の診療ネットワーク事業中央拠点病院　国立成育医療研究センターこころの診療部

小谷英文（2012）．災害・外傷・専門の貢献　国際力動的心理療法研究会第 18 回年次大会大会抄録集，10.

National Child Traumatic Stress Network (2018). What is child trauma. Retrieved from https://www.nctsn.org/what-is-child-trauma

大橋良枝（2014）．積み木を用いたプレイセラピィ技法の心的外傷治療に対する適用可能性　IADP 第 18 回年次大会発表論文集，159-168.

Shibata, M. (2018). The current status childcare in tsunami-affected areas of Miyagi and the possibility of using VR technology in caregiver training. In H. Hagino, H. Niiniö, & P. Putkonen (Eds.), *New ways of promoting mental well-being and cognitive functions* (pp. 98-109). Finland: Laurea Publication.

Shibata, M., Hirano, M., & Adachi, T. (2018). *Psychological support for victims after the Great East Japan Earthquake*. APA San Francisco.

Szczepanski, A. (2010). Outdoor education – Authentic learning in the context of urban and rural landscape – A way of connecting environmental education and health to sustainable learning – Literary education and sensory experience. Perspective of the where, what, why and when of learning. 宮城学院女子大学発達科学研究，*10*，83-98.

Column 15

障害児者のきょうだい：二重のライフストーリーを生きる

定型発達を考えると，成人期を過ぎた子どもが，トイレの介助や服薬管理，さまざまな意思決定など，日常生活を送る上で親からの世話を必要とすることはほぼないだろうが，障害者はそうもいかない。もちろん，さまざまな支援を受けながら自立して暮らす障害者もいる。しかしそれはまだ一部で，家族（主に親）に介助されながら成人期以降を過ごす人の方が圧倒的に多い。そんな親も，どうしても子どもより先立つのが自然の摂理である。親亡き後の障害者の生活に関する問題，主に先の見えなさが親の悩みの中心となっている。

そのようななか，障害者の兄弟姉妹（以下，きょうだい）の役割が注目されている。障害者家族の中でも親はきょうだいには負担をかけたくないと思う一方，障害者の世話に対する期待を抱いてもいる。実際に，障害者の後見人となって意志決定を任されるケースも多い。このようにきょうだいは家族の重要なポジションに位置づけられることもあるわけだが，これまでは家族からも，医療や福祉・心理の現場からも見過ごされてきたきらいがある。

子どもの頃は，障害のある兄弟姉妹（以下，兄弟姉妹）が家族の中心になることが多く，きょうだいは脇役のような生活を送ることもある。親が兄弟姉妹の訓練や治療に時間をとられ，祖父母と長く時間を過ごすことになったり，兄弟姉妹に合わせた生活になったり，入院中の兄弟姉妹を見舞っても年齢制限で面会できず一人で過ごしたり，親の大変さを見ているため親に甘えられなかったり，という経験をする人もいる。それでも兄弟姉妹がいることで絆が深まり，仲良く過ごす家族も多い。しかし，それまで当たり前となっていた，家族に障害者がいる生活や，兄弟姉妹の良好な関係性が，小学生以降になると崩されることもある。周囲が障害者を揶揄したり，兄弟姉妹がからかわれたりするのを目の当たりにして，兄弟姉妹に向けられる一般社会からの態度と，自分の兄弟姉妹への接し方に隔たりを感じ，ショックを受けるのだ。そこから家族に障害者がいることに対し「恥ずかしい」という気持ちが芽生え，兄弟姉妹の存在を周囲に隠そうとするきょうだいもいる。大人に

なってくると，きょうだいも家族だけが世界や生活の中心ではなくなるし，多くの価値観に触れるようになる。そこで少しずつ周囲に兄弟姉妹のことを打ち明け，疎遠になった兄弟姉妹ともまた交流を持ち始める人もいる。

私は，きょうだいを生きるとはどのようなことなのか，という問いをテーマに研究をしている。私自身がきょうだいということもあり，青年期を生きる研究協力者とお互いの経験を語り合ったことで，きょうだいは「二重のライフストーリー」を生きているということがわかった（原田・能智，2012）。きょうだいは，自身が主体的に生きることに加え，兄弟姉妹の今後の生き方を本人と分け合うようなかたちで自分自身の生の一部のように気遣い，考慮している部分があるということである。つまり，自身と兄弟姉妹の両方の人生，いわゆるライフストーリーを重ね合わせて生きていることを意味する。親子や夫婦においては自分の生を考えるのに他者のことも考えざるをえないという状況は珍しくない。しかし，一般的な兄弟関係においては，親子や夫婦関係ほど強い結びつきはなく，別々のライフストーリーを生きることが多いだろう。そこに大きな違いがあると思われる。

さらに，青年期になると自立という発達課題が立ち現れ，きょうだいももちろん自立を考えるようになる。ところが，兄弟姉妹のことが気がかりであったり，日本で浸透している「親亡き後はきょうだいが看る」といういわゆる支配的な障害者支援観に影響を受けたりして，家族から離れることに葛藤を抱えることもある。これも自立するか家族と共にいるか，といったきょうだいが揺らぐ「二重のライフストーリー」の一つである。以上のように，きょうだいは家族関係を中心とした生涯発達において，「二重のライフストーリー」という特殊な側面を持ち合わせながら生きているといえよう。

（沖潮満里子）

引用文献

原田満里子・能智正博（2012）．二重のライフストーリーを生きる：障害者のきょうだいの語り合いからみえるもの 質的心理学研究．*11*, 26-44.

第14章 共に生きるってどういうこと？
多文化状況の日常場面から考える「共生」

木下寛子

> ■しらべてみよう
> ・本章では，多文化共生を考える上で鍵となる，マジョリティとマイノリティの概念を
>   説明しています。本章の記述を参考に，それぞれの概念とその関係性について解説し
>   てみましょう。
> ・身の回りで，本章のように「多文化の子」と接する機会（接している可能性）がある
>   かどうか調べ，そこにどのような課題があるか考えてみましょう。

1. はじめに：多文化のまちの風景

（1）音楽会に出かける

　福岡市内のある小学校で毎年くり返される風景の粗描から始めたい。

　その小学校は，海風が絶え間なく吹き続ける海ぎわのまちにある。1時間目の終わりご
ろ，2年生の子どもたちが校門から出てきて，次々とバスに乗り込んだ。背中にはリュッ
クサック，肩からは水筒を提げている。これからバスは中心市街地の音楽ホールへと出発
する。市の音楽発表会で，数か月練習してきた歌と合奏を他の学校の子どもたちにお披露
目するのである。元気いっぱいに，窓から「行ってきまーす」と手を振って挨拶する子ど
もたちに，見送る先生たちも精一杯の笑顔で手を振った。そのなかを一人の先生が独り言
のように言った。

　「あの子たち，他の学校は日本人ばっかりで，びっくりするんじゃないですかね」

　その言葉に，ほかの先生も「ありうるなあ」「逆カルチャーショックだね」と言って笑
う。

　先生たちの言葉は冗談まじりのものだったが，実はこの学校と校区の実質をよく言い当
てていた。バスに乗ろうとする子どもたちのなかには，ヒジャーブという，ムスリム（イ
スラム教徒）の女性がかぶるヘッドスカーフをまとう女の子がたくさんいた。近くにある
公園でも，昼間には，ヒジャーブの女性たちがお喋りに興じ，夕方には，子どもを抱っこ
したお母さんたちの中国語が飛び交う。校区のいたるところに，外国から来た人たち，あ
るいは外国に深い縁がありそうな人たちがいて，誰もが互いの相違に驚くこともなく素通
りしている。

　これが，福岡市内でも外国の人たちが多く暮らす地域，いわゆる「多文化化が進んだ地
域」の見慣れた風景である。

（2）多文化のまち

　上に示した小学校では，全校児童数のうちの 3 割近くを「多文化の子」（いわゆる「外国人児童等」[1]）が占めている。2011 年度のある調査（福岡市 JSL 日本語指導教育研究会，2011）によれば「家庭に日本語以外の言語環境を持つ子ども」[2]は 775 人（そのうち児童は 554 人）で，福岡市内の学校（福岡市立の小中高校および特別支援学校）の児童生徒数に占める割合は 0.67％（児童では 0.72％）だった。福岡市内の全般的な状況に比べても，この校区の学校の多文化状況が際立っていることがうかがえる。

（3）本章で目指すこと：「共生」の意味と可能性の探求

　本章では，多文化状況になじみつつあるこの地域の，とくに子どもたちの生活の場から，文化的に多様な状況のなかを他者と「共に生きる」ということ（「共生」）について考える。なお本論は，上記の校区に参与したいわゆる「日本人」，つまり日本社会のマジョリティである筆者の経験から話し始めるもので，この論もおそらく，筆者が自覚する以上にその制約と偏りに強く影響を受けている。そのことはあらかじめ断っておきたい。

　「共生」を問うことは，実は社会の中の「マジョリティ／マイノリティ」について考えることでもある。この言葉は，単なる数の上での多数派・少数派を意味しない。塩原（2017）は，この対概念を次のように紹介する。マイノリティとは，その人に見出される差異にもとづいて社会的に不利な立場に固定されやすい人々である。一方のマジョリティは，マイノリティとされる人々に見出される差異（マイノリティ性）を示すことが比較的少ない，「ふつう」と見なされる人々で，その度合いが高いほどその人は「マジョリティ性」が高く，マイノリティに対して優位に立ちやすい。ただその優位性は，社会の自明性に根ざしているためにマジョリティにも自覚されにくく，それがマイノリティにもたらす不利益に気づくことは容易ではない。そのためにマジョリティのあり方は，文化的マイノリティとの対等な関係を目指す「多文化共生」にとって大きな障壁にもなる一方で「共生」の道を開く鍵でもある。

　本章では，この対概念を，主にある社会におけるポジションを表す意味で用いる。しかしこの概念は，文化的な多様性に限らず，さまざまな意味での多様性を示す人が「共に生きる」可能性を考える本書全体にとっても鍵になる言葉だと考えている。

2.　「多文化共生」って何？

　以下ではまず，多文化社会としての日本の状況，および外国人児童生徒等のための施策を概観し，続けて「多文化共生」概念に簡単に触れて，本章で考えようとしていることを明確にしていく。

（1）多文化社会としての日本と外国人児童生徒等のための施策

　日本では 1970 年代まで，戦前戦中の歴史的経緯から外国人住民の大半は韓国・朝鮮籍

1）「外国人児童生徒等」とは，外国籍の児童生徒に加え，日本国籍であるが，両親のいずれかが外国籍である等の外国につながる児童生徒をあわせて定義した用語である（文部科学省，2016）。本章では，「外国人児童生徒等」とその家族をめぐる出来事・状況を記述する際，福岡市の先生たちの呼び方の一例に倣って，「多文化の子（児童生徒）」や「多文化の家族」という呼称を用いている。

2）「家庭に日本語以外の言語環境を持つ子ども」は福岡市内の学校の多文化状況を把握するための構成概念（吉谷，2002）で，「外国人児童生徒等」の定義や「多文化の子」という語の意味とは必ずしも一致しない。したがってこの比較は，あくまでもこの学校の多文化状況を表現するための目安である。

の人々だった。しかしその後，国境を越えた人の移動が活発になるなか，1990 年代以降にはいわゆる「ニューカマー」が大幅に増加し，日本社会が多民族・多文化的であることが急速に「目に見える」ようになった。2017 年末には在留資格を持つ外国人数は過去最高の約 256 万人に達し，国籍・地域の数も 195 と，多国籍化が進んでいる（法務省，2017）。

この動向は「外国人児童生徒等」と呼ばれる子どもたちの大幅な増加と多様化をもたらした（文部科学省，2016）。たとえば，国際結婚等を背景として日本国籍・二重国籍の児童生徒が増加した。また在留外国人の在留期間の長期化や定住化を背景として「日本生まれ・日本育ち」の子どもも目立つようになった。さらに母国からの呼び寄せなどによって，児童生徒の渡日や就学のタイミングも多様になった。その結果，公立学校在籍の外国人児童生徒等の母語および日本語の習得度合いも多様になった。

この状況を受け，日本の学校や社会への外国人児童生徒等の適応を支援し，学校での学習機会を保障することを目指して，国は，自治体や学校の受け入れ体制の整備や学習言語レベルまでの日本語指導の拡充を進めてきた（文部科学省，2008）。その成果を振り返った文部科学省（2016）では，今後の外国人児童生徒等の教育について「多文化共生」理念に基づいて展開するべきという指針が示された。

(2)「多文化共生」の意味

では「多文化共生」とは何を意味する言葉なのだろうか。現在に至るまで日本社会で影響力を持つ総務省（2006）の定義では，この概念は「国籍や民族などの異なる人々が，互いの文化的ちがいを認め合い，対等な関係を築こうとしながら，地域社会の構成員として共に生きていくこと」[3]（総務省，2006，p. 5）とされる。この定義にもうかがえるように，この言葉は，人々を，文化的な多様さのなかを「共に生きる」最善の道を生活のなかで求め続ける努力へと促す実践的な概念だった。そしてそこには，日本の社会とそこで生きている多様な人々の関係性のあり方を直視する努力も含まれていた。

そもそも 1990 年代初めにこの概念が台頭した背景には，マジョリティとマイノリティの間のとうてい対等とは言いがたい関係性と，それが見えにくいかたちで固定化されてきた日本社会の状況があった（山根，2017）。たとえば，この社会には「日本社会は単一民族社会である」という言説（「単一民族神話」：小熊，1995）が明に暗に浸透し，マイノリティへの同化圧力が広がる素地が社会に根深く形成されてきた経緯がある。「多文化共生」という語は，こうした言説やそれに由来する同化圧力に対抗するための言葉として現れたのだった（竹沢，2009）。しかしこの語は，前述のような教育政策などに取り込まれる過程で，既存のマジョリティ性が保持できる範囲でマイノリティの存在を承認する，いわば「条件付きの共生」[4]を支える言葉に変容する危険性を孕んでいる（塩原，2012）。

(3) 日常生活の場面から問う

「多文化共生」概念の意味は常に揺らぎやすい状況にあり，当然ながら，多文化状況における「共生」の具体的な方途も見えにくい。「多文化共生」概念の意味と可能性には，

3）傍点は筆者による。
4）たとえば前述の「学校における外国人児童生徒等に対する教育支援の充実方策について」（文部科学省，2016）では，教育支援の意義として，外国人児童生徒等が日本社会に円滑に適応し，日本と母国の架け橋となることや，日本の経済・社会の安定・発展を担うことなどへの期待を挙げた。この表明自体，すでに「共生」概念が，「管理可能な範囲の差異を持つ者」で「日本経済・社会に貢献しうる者」との「共生」という条件つきの意味で理解される事態を招きうるものになっていることに注意したい。

今なお明確な解があるわけではないのである。しかし「共生」の意味と可能性を問うことは無意味ではないし，そのための手がかりも決して皆無ではない。これまでの議論からも見えつつあるように，「共生」の障壁ともなり鍵ともなるのはマジョリティのあり方であった。マジョリティが自らの優位性を守り，マイノリティに「同化」を受け入れ，制限付きの承認に甘んじるように求め続ける限り，「共生」が十全に実現する道は決して開けない。「多文化共生」とは極論すれば，マジョリティとその社会に対して大きく変容することを要求する概念なのである。そしてマジョリティに変容が起こるとするならば，それは自らの優位性に自覚的になることが不可欠であり，その機会は少なからず生活拠点である地域において，マジョリティとマイノリティが接点を持つところに与えられる（佐藤，2003；塩原，2012）。

　本章ではひとまずこの見通しの下で，実際に多文化状況下で多様な人々が「接点」を持ち「共に生きよう」と模索する場の経験から「共生」について考える。具体的には，前述の校区に設置された留守家庭子ども会[5]の，ごくささやかな，しかしその場にとってとても大事な場面（セッティング）である「おやつの場面」に注目し，この場の多文化化の過程とその後の様子を描き出すことになる。

　吉谷（2002）は，（目に見えて）多文化化が進んだ2000年前後のこの校区および小学校の変化を，参与観察を通じて描き出した。もともとこの校区は中国残留邦人関係者を多く擁する地域だったが，さらにこの時期に留学生，就業者，国際結婚等の家庭とその子どもが急速に増加した。とくに，市内の大学への留学を背景としたムスリム家庭の子どもの多さがこの時期からの多文化状況を特徴づけており，その子どもたちの食をはじめとした生活様式全般が，宗教にも関わる極めて繊細な配慮を要する問題として浮上した。こうした一連の状況の変化に直面して，小学校は組織のあり方のみならず，個々の教職員の意識の上でも，大きな転換を迫られることになった。

　一方，同校区の留守家庭子ども会は，2006年度の末（2007年3月）まで，校区で急速に進んだ多文化化を直接的にはほとんど経験していなかった。私（筆者）は，この校区の小学校に2001年からボランティアとして訪れており，留守家庭子ども会には，2006年から毎週土曜日だけの補助的なスタッフ（支援員）として参加し始めていた。そのために私はたまたま，2007年春からのこの場の急速な多文化化の進み行きに，最初から立ち会うことになったのだった。

3. 多文化の日常にはどんなことが起こるの？

(1) 多文化化の波

　「多文化化の波」は，とてもわかりやすいかたちで留守家庭子ども会（以下，「ルーム」と表記）に押し寄せてきた。2007年3月中旬のある日，体が大きくて彫りの深い顔立ちの男性が小学校の先生に伴われてルームを訪れた。男性は4月に新1年生になる男の子のお父さんで，エジプトからの大学院留学生だった。子どもをルームに預けるための諸手続きをしに来たのだという。お父さんが喋る猛スピードの英語に四苦八苦しつつも，なんとか必要書類を書いてもらって安堵した。しかしそれも束の間のことで，翌日から，インドネシア，マレーシア，バングラデシュなどから来日した家族が，ルームの利用を希望して

5）放課後児童健全育成事業（放課後児童クラブ／学童保育）の福岡市での名称である。市内のほとんどの小学校区に設置されており，小学校の敷地内に設けられることが多い。この校区の留守家庭子ども会も小学校の空き教室を使っており，固有名称を略して「ルーム」と呼ばれている。本章でもこの略語を用いた。

続々と来室した。どうやらそれまでルームの存在は，（おそらくは言語の壁のために）多文化の家庭に充分に知られていなかったらしい。それが前日の出来事がきっかけになって，瞬く間に多文化の家庭（とくにムスリム家庭）に伝わったのだろう。こうして唐突に，ルームのスタッフは多文化状況を直接経験し始めることになった。

(2) おやつのやりくり

　次々と多文化の家族がルームにやってくるなかで，家族とルームのスタッフの両方にとって大きな懸念になったのがおやつの問題だった。前節で触れた通り，この校区の多文化状況は，ムスリムの家庭・子どもたちの多さに特徴があった。エジプトのお父さんをはじめ，多くの家族から幾度となく尋ねられたのが，「食べられないものがたくさんあるのだが，対応してくれるだろうか」という質問だった。もちろんこの時の「食べられないもの」とは，そのほとんどが，ムスリムとして生活する上で食べられないもの（「ハラーム」と呼ぶ）を意味している。どの家族も他のどんな心配事よりも先にその懸念を話し始める。その様子からは，来日以来の食べ物にまつわる苦労がうかがい知れた。そしてルームもまた，おやつに関する対応を通じてその苦労の一端を経験することになった。

　ルームで対応すべき事柄は学校に比べれば格段に少なく，おやつの問題だけと言ってもよかった。しかし，おやつの対応だけでも充分に大仕事になった。福岡市の留守家庭子ども会では，市販のお菓子のやりくりで毎日のおやつを準備する。しかし日本のお菓子の一般的な原材料表示は，アレルギー対応には充分でも，ムスリムの子たちへの対応には足りないことが多い。ムスリムの家族の日本での苦労の一端を経験しつつも，ルームの主任スタッフは「他はともかく，せめておやつだけは何とかしよう」と言った。そして食べられるおやつの最低限のバリエーションを見つけるために，お菓子メーカーに直接電話をかけて原材料の詳細な情報の開示を交渉し続けた。こうして得られた結果をもとにして，なんとか新年度のスタートを切るための備えができた。

(3) 変わらない毎日の小さな変化

　そしてとうとう新年度である。スタッフは，多文化化の波がもたらすインパクトに身構えた。ところが予想を裏切って，ルームの日常には目立つ変化は驚くほどに少なかった。ただ，子どもたちが勉強し遊び，おやつを食べ，やがて帰っていく日々がくり返された。

　しかし注意して見れば，ごく小さな変化はいたるところに生じていた。それはとくにおやつの準備に関わるところに集中した。まず，台所コーナーのホワイトボードにその日来室した子どもたちの総数と共に，括弧書きでムスリムの子どもたちの人数が記されるようになった。また，冷蔵庫の扉に新たにA4サイズとA3サイズの紙が1枚ずつ貼られた。そしてルームのスタッフがおやつの準備を始めるとき，ホワイトボードと冷蔵庫に貼られた紙を見ながら，時々お菓子のパッケージを「くるっ」とひっくり返す所作が加わった。

(4) 小さな変化が実現していること

　これらの小さな変化は，ごく些末で取るに足らないものに見えるかもしれない。しかしその一つひとつが可能にすることはとても大きい。

　おやつの準備にあたって，ホワイトボードに書き出された子どもの総数は，スタッフがお菓子やお皿を出して，おやつを子どもの人数の分だけ揃えることを支え，その日の括弧内の数字はムスリムの子どものためのおやつの数を確定させることを支えた。冷蔵庫に貼られたA3サイズの紙は，春休み中にスタッフがメーカーに問い合わせた結果できあがったお菓子の一覧表だった。ムスリムの子たちのおやつは，食べられるお菓子の種類が限ら

挿絵1　おやつの時間（2011年7月20日撮影の写真をスケッチとして描き起こしたもの）
子どもたちが列を作って，おやつを受け取る順番を待っている。一枚一枚のお皿
に一人ずつのおやつがのせられており，右側（手前）にあるお皿がムスリムの子
どものためのおやつである。子どもたちも，自身が選ぶべきお皿の位置はだいた
いわかっているが，つい違うお皿を取ることもある。そのため，スタッフは子ど
もたちの手の消毒をしながら，さりげなく見守っている。

れるためにともすれば単調になりやすい。しかしこの一覧表のおかげで，お菓子の組み合
わせの工夫がしやすくなり，豊かなバラエティを生み出すことができる。冷蔵庫のA4サ
イズの紙は日本語表記のハラーム食品の原材料リストで，スタッフがパッケージを裏返し
て，それが本当にムスリムの子どもに食べられるものかどうか，原材料を照合する作業を
支えていた。

　もろもろの小さな変化は，おやつの準備から子どもたちが食べる時間までの一連の流れ
のなかに埋め込まれ，相互に連関を持ちながら溶け込んで場面を更新し，スタッフがムス
リムの子どもたちのおやつを他の子のものと並行して準備することを可能にしていた。し
かもこの連関には，ムスリムの子どもにとってのおやつが単調でつまらないものになる可
能性や，食べられないものが混じりこむ不安に抗して，ムスリムの子どもたちの毎日のお
やつの楽しみを守ろうとする配慮も託されている。この連関と配慮は総じて，その場面が
達成すべき趣旨——おやつの場が，ムスリムの子どもを含めたすべての子どもが毎日，不
利益や孤立を感じることなく，おやつの時間を楽しめる場になること——を実現し続ける
ことに向けられていた。

　多文化の子どもたちを多く受け入れた後も，毎日，放課後のルームでは変わらぬ時間が
くり返される。「ただいま」と言いながらルームに転がり込んでくる子どもたちを，ス
タッフは「お帰り」と迎える。そしてランドセルを放り出してさっそく遊び始めようとす
る子どもたちに，おやつの時間まで，宿題をしたりするように促す。子どもたちは勉強や
遊びのさなかにも，時々「今日のおやつは何？」とスタッフの作業を見に行く。おやつの
時間になれば，隣の子とお互いに「何食べてるの？」とお皿を覗き合う。食べているお菓
子は違っていても，一連の場面のどの局面にも当たり前のようにムスリムの子どもたちが
いて，お菓子を食べたり，お喋りしたり手遊びしたり喧嘩したりして一緒に過ごしている。
一連の変化を通じて，おやつ場面は多様な子どもたちを受け入れつつも「一緒に楽しく」
という達成すべき趣旨を確かに実現していた。

（5）おやつの場が支えるもの

　やがてこのおやつの場面は，その後のルームの日々の全体に大きな意味を持つように
なった。

　まず，おやつの場面がうまくやりくりできるようになったことは，多文化状況の毎日を
ありふれたものとして受け止められるようになる上での起点となった。多文化の子どもた
ちを受け入れ始めた当初，おやつを準備するスタッフの手際は，たくさんの小さな変化の
ために少しだけぎこちなくなった。しかし，その手つきも日々のくり返しのなかで慣れた
ものになる。そうしてルームにとっての最大の課題だったおやつへの対応が進み，ひとた
び対応自体が馴染み深いものになると，多文化状況はもはや際立った「課題」とみなされ
ることはなくなった。

　しかし，その後のルームの日々が何の支障も滞りもなく平穏無事に過ごされたわけでは
ない。おやつには配慮が行き届いたこのルームでも，ときおり，気づかぬうちにムスリム
の子に対して，宗教上・生活上の規範や慣習に抵触することをさせてしまいそうになるこ
とがあった。多文化状況下で子どもに関わる者として，それらの規範や慣習についての無
知を非難されれば当事者としては返す言葉もない。しかし，日々活動が多様に展開する
ルームのなかで，あらかじめ抵触しうる可能性のある規範や慣習を先取りして把握しつく
すことは，現実的にはほとんど不可能に近かった。学校やルームでは「ムスリムの子」と
ひとくくりにされる子どもたちの間でも，出自となる国や家庭によって規範・慣習の種類
や内容，守り方の厳格さに違いがあるようだった。そもそもその子たち自身が，規範や慣
習をまだ十分に理解しておらず，抵触しそうな状況に気づかないこともあったし，仮に気
づいていても，他の子と楽しく過ごしたいために知らないふりをしていたり，スタッフに
促されてなんとなく従ってしまったりすることさえあった。

　こうした出来事は，ルームのありふれた日々がふだんは覆い隠している，人々の文化的
相違の底知れなさを垣間見せるものになった。そしてスタッフたちは，多文化状況への自
らの鈍感さにうろたえ，多文化の子の気持ちの機微に気づけなかったことに落ち込んだ。
その経験は，スタッフが自らのあり方に潜む危うさを自覚する契機にもなった。スタッフ
は，生活指導・支援を行う者として子どもたちに関わることを求められている大人である。
その立場は，ただでさえ子どもたちとの間に非対称な関係をつくりやすいポジションだが，
この場ではそれだけでは終わらない。スタッフは文化的相違に気づかぬまま，子どもたち
に対して自らに自明の基準や価値観を押しつけてしまう危険性を持つ，文化的なマジョリ
ティでもあった。

　自らがマジョリティである限り，同化圧力に加担してしまう可能性はどうしても残り続
ける。スタッフがそのことに慄然として，子どもとの関わりにどれほど躊躇をおぼえても，
ルームでの日々は続く。そしてスタッフは何があっても場を切り盛りし続けなくてはなら
ない。日々をありふれたものとして過ごすことと，そこに潜む陥穽に慄然とすること，そ
の両者の間で揺れ動くスタッフを支えたのがおやつの場面だった。突発的な出来事はさて
おき，このルームでは少なくとも，多様な子どもたちが毎日おやつの時間を一緒に過ごす
ことができている。そのことはスタッフに，子どもたちのルームでの生活を基本的なとこ
ろでしっかり支えられているという確かな自信を与え，明るい見通しを持たせてくれた。
おやつの場面はこうして，スタッフが多文化状況の日々を支える上での拠り所にもなっ
た。

4. おわりに：「共に生きる」ってどういうこと？

　ここまで，おやつの場面を中心に，多文化状況にある留守家庭子ども会の場を取り上げ，多様な文化的背景を持つ人が一緒に生きていくことの意味と可能性を探ろうとしてきた。以下ではこの場のあり方から見えてきた「共に生きる」ことの要件と意味を考えたい。

(1)「共に生きる」ことの要件

　ルームの多文化状況は，基本的に日常生活に関わる課題として見出された。「共に生きる」ということも，日常生活のなかに位置づけられれば，「おやつをみんなで一緒に食べられるようになること」というような，ごく卑近で現実的な生活上の課題になる。

　ルームでその課題に取り組んだのは，日々その場を切り盛りするスタッフだった。スタッフはこの課題に，すでに成立していたおやつ場面の更新によって応えた。それは，ささやかで目立たない仕事だったが，実際のところ，おやつ場面を多文化化の以前から維持してきたスタッフだからこそ，趣旨を違えず実現できたのだった。

　同様に，この場面のルームにおける意味や価値を十分にわかっていたからこそ，スタッフはおやつの場面の更新作業を最後までやり抜くことができた。お菓子を探す作業が端的に示すように，この場面を更新する作業は，ささやかながらも存外に大きな労力と大変な時間が必要で，いつ中断されても不思議のないものだった。しかし仮に中断されていれば，おやつの場面をきっかけとしてムスリムの子とそれ以外の子たちの間に大きな隔たりが生まれていたかもしれない。それが辛うじて食い止められたのは，「他はともかくおやつだけは」という主任スタッフの言葉が示す通り，おやつをみんなで一緒に食べることの意味や価値を，スタッフが見極められていたからだった。

　このようなおやつ場面の支えられ方は，日常的な場で人々が多文化状況を「共に生きる」ことの要件を教えてくれる。多文化状況にある日々を「共に生きる」ということには，必ずしも特別な技術や計画は必要なかった。相手の文化的背景の諸情報を集め，先取りして準備をすることにも限界があった。重要なのは，それまでの日常において大切にしていたことを新たな他者との出会いのなかでも大事にできるように，持ちうる力と知恵を最大限発揮することだけだった。それはつまり，私たちが日々を生きるあり方そのものが，多文化状況の日々における「共に生きる」ことの基礎になるということに他ならない。

(2) 場を見守り育てることとしての「共生」

　私たちが日々を生きるあり方そのものが，「多文化共生」の基礎になるとして，ではその「共生」とは，どのようなことだといえそうか。

　それはさしあたり，他者との接点において場（場面）を更新する必要が生じ，それに自らが応答しようとすることといえそうである。エジプト出身のお父さんが訪れた日から，ルームはそれまでの日常を従来の通りに生きられる場ではなくなった。日常はもうすでに変わり始めていたのである。その成り行きに立ち会ったスタッフにできることといえば，みんなで一緒におやつを食べる日々が保たれるように，場面のあり方を更新する努力をすることくらいしかなかった。そしてその努力は，場面のなかの連関と配慮が，多様な人を受け入れるための深さと広さを持つものになるように手間ひまをかけることとして具体化された。

　その意味で，場面の更新は，場から従来の馴染み深さが失われる成り行きだが，同時に，場が人の多様さを受け入れる器として大きく育つ契機として捉え直すことができる。この

とき，日々を生きる人には，場に展開する意味や価値，趣旨を見守りつつその場（場面）を育てる者になることが求められる。とくに場に対してより大きな力を揮うる者（マジョリティ性を持つ者）は，他者との出会いを通じて，その場から次の二つの使命を課される経験をする。つまり，場に居合わせるさまざまな者にとっての場の意味や価値の重みを受け止めること，そしてより小さな影響力しか持ちえない者に対してその場所を（共に）見守り育てることを請け合うことを課されるのである。

(3)「共に生きる」努力のその先で

　ここまで，多文化化の波が押し寄せた日常の場面の変化を描き出すことから，「共に生きる」ことの意味と可能性を考えてきた[6]。その試みは，「共生」を「日常の場を見守り育てること」として理解することにひとまず辿り着いた。

　最後に，多文化化が進んだルームの日々の，さらにその後の展開を少し話しておきたい。おやつのやりくりもすっかり板についた同年の夏休みのことである。ある日，1年生の女の子がルームにお土産を持ってきた。彼女は日本生まれの韓国籍の女の子だった。お土産は韓国のおばあちゃんの家に帰省したときのもので，おやつの時間にみんなに分けたいのだという。同級生に見守られながら，彼女は意気揚々と包みを開けてお菓子を配る準備を始めたが，はっと何かに気づいたように手を止めた。そして冷蔵庫のハラームのリストのもとに駆け寄り，お菓子の包みを「くるっ」とひっくり返して冷蔵庫のリストと原材料表示を見比べた。他の子たちも思い出したように，「食べれると？（みんな食べられるの？）」と尋ねる。すると彼女は照れたように笑って言った。

　「読めんかった（読めなかった）」

　お菓子の包みの表記はハングルで，それを多少読める彼女にも，日本語（漢字）の，しかもなじみのない成分名のリストと照らし合わせるのは難しかった。彼女を取り囲んでいた子たちも笑った。

　彼女の「くるっ」とする所作，同級生と共に冷蔵庫に駆け寄ってリストと照合する振る舞いは，スタッフの行動をただ単になぞったものではなかった。また，スタッフから直接教えられ促されたものでもなかった。彼女たちは，スタッフがくり返すそれらの振る舞いが，ルームでみんなが一緒におやつを食べるために不可欠のものであることを，いつとはなしに掴んでいた。だからこそ，お土産のお菓子をみんなで一緒に食べたいと彼女が願ったとき，このルームですでに見慣れたものになっている一連の振る舞いがその場に生じたのだった。

　共生の道とは，何も手が届かないような高い理想に満ちたものではない。ごく単純に，日々を生きる私とあなたが出会うところにその都度見出されて育まれる道なのである。今もきっとあなたのすぐそばには，「共に同じ場所で生きたい」と願い，あなたと出会って始まる新たな日々を待ち望んでいる人がいるはずだ。

6）ルームの多文化の子どもたちは実に多様である。日本生まれ・日本育ちの外国籍の子ども，中国残留邦人関係者の子ども，国際結婚家庭の子どももいる。これらの子どもたちは，場に溶け込んで多文化の子として認知されなくなりやすい。本章ではこのような子どもたちや，この校区では少数の日系家庭の子どもたちには光を当てることができなかった。またこの場は，「子どもの最善の利益」を原則とする保育・福祉の場で，そのことがマイノリティを排除せずに共生を目指す方向性へと舵を切る上での素地になった可能性は無視できない。これらの偏りや限界のために，本論がいささか楽観的な論調になっていることも承知の上で，ひとまず共生の道を問う議論と対話のテーブル（モーリス＝スズキ，2013）に向けて本論を提出したい。

■**かんがえてみよう**

・映画や小説，マンガ，ドラマなどに描かれる多文化状況のありようを取り上げて，共生という観点からあなたの考えを述べてみましょう。（発展的学習）

・著者は，「共生」が「「管理可能な範囲の差異を持つ者」で「日本経済・社会に貢献しうる者」との「共生」という条件つきの意味で理解されること」の危険性を指摘しています。この主張について，あなたはどのように考えますか。（著者の主張に対する意見）

引用文献

福岡市 JSL 日本語指導教育研究会（2011）．文化的背景の異なる多文化の児童・生徒に関する調査の結果（概要版）

法務省（2017）．在留外国人統計（旧登録外国人統計）Retrieved from https://www.e-stat.go.jp/stat-search/files?page = 1&layout = datalist&toukei = 00250012

文部科学省（2008）．外国人児童生徒教育の充実方策について（報告）　初等中等教育における外国人児童生徒教育の充実のための検討会

文部科学省（2016）．学校における外国人児童生徒等に対する教育支援の充実方策について（報告）　学校における外国人児童生徒等に対する教育支援に関する有識者会議

モーリス＝スズキ，テッサ（Morris-Suzuki, Tessa）（2013）．批判的想像力のために：グローバル化時代の日本　平凡社

小熊英二（1995）．単一民族神話の起源：「日本人」の自画像の系譜　新曜社

佐藤郡衛（2003）．国際化と教育：異文化間教育学の視点から　改訂新版　放送大学教育振興会

塩原良和（2012）．共に生きる：多民族・多文化社会における対話　弘文堂

塩原良和（2017）．分断と対話の社会学：グローバル社会を生きるための想像力　慶應義塾大学出版会

総務省（2006）．多文化共生の推進に関する研究会報告書：地域における多文化共生の推進に向けて　多文化共生の推進に関する研究会

竹沢泰子（2009）．序：多文化共生の現状と課題　文化人類学，*74*, 86-95.

山根俊彦（2017）．「多文化共生」という言葉の生成と意味の変容：「多文化共生」を問い直す手がかりとして　常盤台人間文化論叢，*3*, 135-160.

吉谷武志（2002）．学校の多文化化の進捗とそれへの対応：福岡市のA小学校の事例から　国際教育文化研究，*2*, 25-35.

column 16

なんで私の名前だけカタカナなの？：違いのなかで敏感に生きる子ども

■なんで？の連続の保育園

「シッ〜。これからは韓国語じゃなくて日本語でしゃべる！」。親子仲良く手をつなぎおしゃべりをしながら保育園に向かう途中だった。３歳半の娘の口から出た言葉に私はいささか驚いた。保育園で何かあったわけでもなく，家でもいつもどおりだった。しかし，たった３歳の娘は自分の生活がみんなとは違うところがあると自ら意識していたのである，それもなんとなく引けめを感じ，隠したい方向に！

話を聞くと，「ままごと大嫌い！」とのこと。ままごとはいつも赤ちゃんになって「え〜んえ〜ん」と泣くだけだからつまらないらしい。しかも，その役は娘自らが選んでいた。私から見るとすでに十分に日本語を話しているようでも，家族からしゃべり言葉のシャワーを浴びる友達の語彙と比べて，韓国語を母語とする両親の元で育ってきた娘は，自分の語彙が少ないことに気づき，言葉をあまり必要としない赤ちゃん役に自ら手を挙げていたのだ。

思い返せば，娘は２歳半ばごろから気づいていたのだ。下駄箱の名前を指しながら「なんで私のと友達のは違うの？」と聞く。これをきっかけに娘は早くからカタカナとひらがなの違いを意識・区別するようになり，日本人と外国人ということも意識するようになった。こう書くと，子どもが常にびくびくしている様子を思い浮かべる読者もいるかもしれないが，そうではない。むしろ，ふだんとても明るく元気な子であったが，上述のような面もあったということである。

■日本寄りで過ごした小学校

子ども自身が小１のときに，韓国には80点，日本には90点と点数をつけたことがある。韓国で家族の温かさを実感したのは良いものの，バスの運転が荒く，匂いがすることが嫌だったらしい。日本に関しては，大体よいが何でも丁寧にすることをきつく感じたのか，「日本はお行儀の国」であることを少し残念がっていた。

サッカーの日韓戦で韓国側がゴールを入れた瞬間，夫は「やった！」と両手を挙げて喜んだ。「なんで？　なんで日本が負けているのに喜ぶの？」と，娘は不機嫌な顔になっていた。小学校２年生であった。娘の折々の反応に親も内心びっくりはしながらも，子どもの状態を理解しながら対話していく，そういう繰り返しが何度かあった。このころ，子どもは普段は大好きだった韓国海苔巻を学校の行事の日のお弁当に持っていくことを拒んでいた。「明日のお弁当，海苔巻きにして〜」。３年生のある日，大きな変化の節目を迎えた。自分で拒んでいたことを自分で受け入れた。「違いは間違いではない」ということを子ども自らが理解していたかもしれない。その後，娘は，自分が韓国人で韓国語が少し話せる人ということをアピールするようになっていた（とても簡単な日常会話のレベルであったが）。

■違いは豊かさであると主張する中学・高校

中学・高校の時期も「行きつ戻りつ」を繰り返しながらも，韓国人であるという意識はより明確になり，他の外国にルーツを持った友達にも，より関心を持つようになった。「違いは間違いではなく，豊かさである」という信念を持とうとしているようにさえ感じる日々だった。

「みなさんは，前橋市民として，群馬県人として，そして日本人として自覚して行動してください」。市の代表として海外研修へ出かける生徒への市長からの応援メッセージだった。娘以外はみんな日本国籍だったので，市長としては当たり前な感覚だったはずだ。前橋市民であり，群馬県民ではあるけど，国民ってなんだろうと，居心地が悪かったそうだ。

■韓国も中から知ろうと，韓国の大学へ

悩んだ末，苦労を覚悟して韓国の大学行きを決めた。内側で体験しながら韓国を知るためである。今は大学レベルの韓国語を駆使する必要があるので，予想通り（それ以上）苦労しているが，違いの体験を楽しむ面もある。

夏休みに日本に戻った。松屋の牛丼を食べる前にスマホで写真をとり，インスタグラムに投稿する。「まさか，私が松屋の牛丼を撮るとはね，思いもしなかった！」。一番平凡なことがいかに大事か，自分に身体化されたことがいかに大きいかを表す言葉である。

これからどう変わっていくか。キャンバスの色はまだ決まっていない。

（呉　宣児）

リレーエッセイ：むすびにかえて

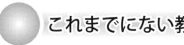 **これまでにない教科書を作りたい**

川島：「これまでにない発達心理学の教科書を作りたい」そのような思いで今回企画から編集作業を進めてきました。

　きっかけは学会会場でナカニシヤ出版の宍倉さんから何か面白いものを作りませんか？と声をかけていただいたことでした。あいにく私一人の頭ではどうしても固定的な見方から脱却することができないと思い，保坂さん，川島，松本さん，徳田さんのしりとり（名字でしりとりができるのです）メンバーで，今回の企画がスタートしました。多様な人生の発達に迫るような内容で，かつ教科書として学生にも理解しやすい内容にするべく，何度も対面やスカイプでの会議で検討を行いました。これまでにはない新しい教科書ができあがったと自負しています。

　本書を締めくくるこのエッセーでは，刊行までのこうした舞台裏や各編者の思い，さらには「多様な人生の発達」とはそもそも何かについて語り合いたいと思います。

保坂：今回しりとりで，みなさんの力を借りながら取り組んだ本書は，「多様な生き方」と「発達」が中心となっているのですが，人の生き方，発達が多様であることは，自明でありながらも，なかなか「研究」としては扱われてこなかった。これまでは，いわゆる「ふつう」とは何か，が明らかにされ，その「ふつう」をスタンダードとした生き方が暗黙のうちによしとされてきたように思います。でも，ほんとうにそうなの？という問いを投げかけているのが，本書の面白いところだと思うのです。

川島：私たちは，発達心理学のベーシックな知識をすでに修めた読者向けの一歩進んだ教科書というユニークな設定をしたわけですね。ただしこれまでの教科書で盛んに論じられてきたテーマ（たとえば，子育てや青年期の恋愛など）については積極的に新しい切り口で論じていただきましたが，ほとんど取り上げてこられなかったテーマ（とくに4部の「ともにいきる」）については，かなり基礎的と思われるような説明も丁寧にしていただきましたが。まとまりがないという印象をもたらすのか，それともこうした本書の姿勢に斬新さや多様性を感じ取っていただけるかは読者にご判断いただきたいところです。

松本：私の場合は，「見た目」の問題を発達心理学の観点から研究してきたわけですが，いつも居場所のなさが気になっていました。もちろん学会等で発表すれば話を聞いてくださる方はいるし，学会誌に論文も掲載していただけましたが，教科書にはほとんど取り扱われない。それは私自身の力の無さとも思ってきましたが，やはりこれまでの発達心理学のテキストが，発達の多様性を十分に拾えなかったことにも課題があるように思うのです。今回は多様性についてどこまで取り上げられるかという大きなチャレンジをしているわけです。当然すべてのテーマを取り上げることはできませんが，その心意気が伝わると嬉しいなと思います。

　徳田：発達心理学のテキストについては，自分が学生だったとき，とても大切で面白そうなことを扱っているのに，私たちの生に寄り添えていないというか，この学問の魅力を十分扱えていないのではないかという漠然とした思いを持っていたことを覚えています。生きるということ，変化しながら生涯を歩んでいくことはもっと豊かなことだし，多様で一筋縄ではいかないことのはず。本書がそのような生を，理解していく際のヒントや手がかりになることを願っています。

● 発達心理学のなかで「発達の多様性」に迫ること

　保坂：近年においても，人の生き方が多様であることがいわれながらも，実際に「ちがう」（非定型である）と，やはり居心地の悪さや生きづらさを感じてしまっているのではないか，とも思うのです。たとえば私の担当させていただいた5章で友人関係をあつかったのですが，「ちがう」人と無理にともだちになる必要があるの？それぞれ適切な距離をたもってつかず離れずがいいのでは？という解決策もありうるわけです。でも，それでいいの？って思う自分もいる。これまでのように，「ちがう」こと「いろいろ」であることを分類して提示するのにとどまらない，一歩先へいかに踏み出すことができるのか。

　川島：発達の多様性や多方向性はかなり以前から指摘されてきましたね。けれども教科書では旧来の発達観に沿ったかたちでの説明がほとんどの部分を占めていたと言うと言い過ぎでしょうか。研究報告とは違って，よりわかりやすい記述が求められる教科書では，多様な人生の発達を描くことはなかなか難しかったのではないかと思います。しかし発達のプロセスの定型化は，複雑な事象の理解を助ける側面もありますが，安易に型にはめ込むことの危うさと両隣だと思います。この問題はとくに「違いとともに生きる」上で際立ってくるように思いますが，いかがでしょうか。

　松本：違いとともにいきること，たとえば私の扱っている〈見た目〉の問題は，当事者が生きづらさを訴えるのも，〈見た目〉についての十把一絡げ的な思考，つまりステレオタイプから抜け出すことから始めねばなりませんでした。「しんどい」と話すことすらちょっと前までしんどかったのです。〈見た目〉を心理学で取り上げ始めてからも，これは「個人的な問題」であって心理学で取り扱えるようなテーマではないのではと幾度となく言われたことを覚えています。〈見た目〉は私たちの人生を左右しない表層的なものである，というステレオタイプ的理解は未だに根強く存在していると思います。
　さらには，いざ，あるステレオタイプについて取り上げて問題にしたとしても，その問題に関わりのない，多くの人々はその問題にどう向き合うのがよいのでしょうか。第4部で取り上げたテーマはこうした第三者の視点についての課題をはらんでいるのですよね。

　徳田：「発達」という概念には，どこか望ましさというニュアンスがつきまといますね。年をとれば，大人になれば，自動的に人間が理想的な完成形になるのかといわれれば決してそうではないのに，研究者を含め，なんとなくそれを信じてしまっているところがあるように思います。松本さんが指摘してくださった「第三者の視点」についての課題とも関連して，多様な生き方や人生のあり方について理解していく際には，まずは研究者をはじめそれを学んだり，理解しようとする人が，自らが暗黙に持っている発達や他者の存在についての了解をまずは自覚していくことが重要ではないかと思います。

保坂：発達心理学を含めた心理学は，「平均」＝「ふつう」＝「当たり前」＝「望ましい」という図式がなんとなく成り立ってしまっている気がするのです。でも，実際の日常生活で経験するリアリティは，必ずしも「平均」ばかりではない。いったん，リアリティから出発し，「ふつう」を問い直してみてほしい，というのが本書の強い主張だったのではないかと思うのです。そうすると，必然的に「多様」であることが見えてくる。でも，「みんないろいろよね」で終わらずに，そこからさらに一歩踏み出すには？という問いが，コラムも含めた各章のテーマに盛り込まれているわけです。発達心理学的には，非「定型」となりますか。「定型」からはずれることは，必ずしも悪いわけではない。でも，なんとなく「ちがう」という空気感。これをどう超えていくか，というのが課題なのですよね。

多様性を掬う方法論

川島：発達という現象をどう見て，それにどう迫るかは大きな問題ですね。とくに後者の研究方法については本書では十分には扱えませんでしたが，発達研究も一つの枠組みやモデルで現象を説明することの限界と，領域固有のものや発達の多方向性が指摘されるようになって久しいですね。私は喪失や自殺予防といった現場と関わりながら研究を展開していることもあり，安定的な構造に迫ることよりも，発達的な揺らぎや余白を掬うことに関心があります。その意味で，質的研究のアプローチは有効だと考えています（同時に，現象の説明原理を捉えるには数量的研究も有効だと思っていますが）。これは純粋に真理を追い求めていくスタンスとは距離がありますが，現場と関わり，さまざまな背景や違いを生きる人々がともに生きていく姿に迫るためには欠かすことのできない姿勢だと思うのです。

松本：課題を課題として発見し，それを力強く伝える際に，質的な研究は大変優れている方法であるように思います。実際，私の領域でも心理学や社会学の領域で質的な仕事で決定的な影響力が生まれ，その後，徐々にそれを，制度化するなどの理由で，数量的アプローチでもできないかと格闘しているのが現在の流れだと思います。

　では，今後のこの領域の研究は数量的なものになり，質的なものはなくなっていくのかといえば，違うのではないかと思います。たとえば，往々にして孤立しかねないこの問題の本人・家族にとって，ゴフマンの『スティグマ』やパートリッジの『チェンジングフェイス』のような本やその後に続くさまざまな質的研究を通じて，個人の体験にふれることは大きな力になります。実際，ヨーロッパのこのプロジェクトに関わる臨床家たちは，エビデンスが患者・家族の実際の姿と乖離することを強く懸念し，議論が始まっています。中長期的には，数量的研究によって制度をつくりながら，質的研究によって現場の視点を丁寧にすくい上げる，そのような相補的な関係ができていくとよいのだろうと思います。

徳田：インターネットによる情報革命が急速に進み，膨大な情報が日々飛び交い，更新されていくなかで，研究や学問における知の役割や生成のされ方も大きく変化してきているように思います。松本さんがご指摘くださった質的研究と数量的な研究の相補的な関係，あるいは，両者を行き来する往復運動は，そのような文脈でもとても重要な視点を示しているように思いました。

　知っているつもりで知らなかったこと，気になりつつも無関心を決め込み知ろうとしないでいたこと。これまで自分のなかだけで閉じ込めていた素朴な疑問や微かな違和感。各章で示されている知見や問いかけを通して，読者のみなさんが，さまざまな声や知識に触

れ，そこから新たな対話が生まれるといいなと思います。

 ## おわりに

　本書を通じて見てきたように，違いとともに生きるためには自分事として向き合わなければならない多くの課題があり，そこにはさまざまな葛藤や困難があるでしょう。しかし同時に，ともに生きる上でのヒントもまた本書で描かれています。本書が，多様な生き方について考え行動するきっかけとなれば心より嬉しく思います。

　一方で世界の状況に目を移せば，自国中心主義や移民排斥運動など，違いに対する不寛容さが増している気がしてなりません。そのような状況下にあって本書を刊行することの意義の大きさを感じています。多様な生き方に向き合うことは，社会の現実への眼差しを必要とします。本書の読者がそうした眼差しを育み，思いやりのある社会をともに実現していくことを願ってやみません。

　これは単なる絵空事に聞こえるかもしれません。それでも，発達心理学は今ここ（being）のありようだけでなく，明日の発達（becoming）を思い描く学問です。そんな明日への希望を持ちながら，本書を締めくくりたいと思います。

事項索引

人名索引

【執筆者一覧】（五十音順，＊は編者）

青山征彦（あおやま・まさひこ）
成城大学社会イノベーション学部教授
担当：2部8章

足立智昭（あだち・ともあき）
宮城学院女子大学教育学部教授
担当：4部13章

家島明彦（いえしま・あきひこ）
大阪大学キャリアセンター准教授
担当：コラム9

石井　悠（いしい・ゆう）
東京大学大学院教育学研究科博士課程
担当：コラム14

乾　美紀（いぬい・みき）
兵庫県立大学環境人間学部教授
担当：コラム8

呉　宣児（お・そんあ）
共愛学園前橋国際大学国際社会学部教授
担当：コラム16

大野祥子（おおの・さちこ）
白百合女子大学他非常勤講師
担当：1部3章

沖潮満里子（おきしお・まりこ）
湘北短期大学生活プロデュース学科専任講師
担当：コラム15

勝浦眞仁（かつうら・まひと）
桜花学園大学保育学部准教授
担当：コラム5

川島大輔（かわしま・だいすけ）＊
中京大学心理学部准教授
担当：コラム13（共著）

木戸彩恵（きど・あやえ）
関西大学文学部准教授
担当：コラム6

木下寛子（きのした・ひろこ）
近畿大学九州短期大学保育科准教授
担当：4部14章

髙坂康雅（こうさか・やすまさ）
和光大学現代人間学部教授
担当：2部6章

古賀佳樹（こが・よしき）
中京大学大学院心理学研究科博士後期課程
担当：コラム10

小島康生（こじま・やすお）
中京大学心理学部教授
担当：1部4章

小向敦子（こむかい・あつこ）
高千穂大学人間科学部教授
担当：コラム11

近藤（有田）　恵（こんどう（ありた）・めぐみ）
大阪医科大学中山国際医学医療交流センター講師
担当：3部11章

荘島幸子（しょうじま・さちこ）
帝京平成大学健康メディカル学部講師
担当：コラム7

白井利明（しらい・としあき）
大阪教育大学教育学部教授
担当：コラム1

田澤　実（たざわ・みのる）
法政大学キャリアデザイン学部准教授
担当：2部7章

田中美帆（たなか・みほ）
武庫川女子大学文学部助教
担当：3部9章

谷山洋三（たにやま・ようぞう）
東北大学大学院文学研究科准教授
担当：コラム12

田渕　恵（たぶち・めぐみ）
中京大学心理学部助教
担当：コラム2

土井髙徳（どい・たかのり）
土井ホーム代表
担当：コラム3

徳田治子（とくだ・はるこ）＊
高千穂大学人間科学部准教授
担当：1部1章

福丸由佳（ふくまる・ゆか）
白梅学園大学子ども学部教授
担当：1部2章

保坂裕子（ほさか・ゆうこ）＊
兵庫県立大学環境人間学部准教授
担当：2部5章

松島岬紀（まつしま・みさき）
中京大学大学院心理学研究科博士前期課程
担当：コラム13

松本　学（まつもと・まなぶ）＊
共愛学園前橋国際大学国際社会学部教授
担当：4部12章

森口佑介（もりぐち・ゆうすけ）
京都大学大学院教育学研究科准教授
担当：コラム4

渡邉照美（わたなべ・てるみ）
佛教大学教育学部准教授
担当：3部10章

多様な人生のかたちに迫る発達心理学

2020 年 3 月 31 日　　初版第 1 刷発行　　　　　（定価はカヴァーに　）
　　　　　　　　　　　　　　　　　　　　　　　（表示してあります）

　　　編　者　川島大輔
　　　　　　　　松本　学
　　　　　　　　徳田治子
　　　　　　　　保坂裕子
　　　発行者　中西　良
　　　発行所　株式会社ナカニシヤ出版
　　　☎ 606-8161　京都市左京区一乗寺木ノ本町 15 番地
　　　　　　　　　　　　　Telephone　075-723-0111
　　　　　　　　　　　　　Facsimile　　075-723-0095
　　　　　　Website　http://www.nakanishiya.co.jp/
　　　　　　Email　　iihon-ippai@nakanishiya.co.jp
　　　　　　　　　　　郵便振替　01030-0-13128

装幀＝白沢　正／印刷・製本＝亜細亜印刷
Printed in Japan.
Copyright ©2020 by Kawashima et al.
ISBN978-4-7795-1442-5

育てる者への発達心理学
関係発達論入門

大倉得史［著］

子どもに働きかけ，導こうとする養育者。それに応えようと反応する子ども。この関係性を捉えるダイナミックなエピソード記述が，従来の「能力の発達論」をくつがえす。子育てについて考える新しい発達心理学への誘い。

A5 判・312 頁・本体 2,800 円＋税

発達家族心理学を拓く
家族と社会と個人をつなぐ視座

柏木惠子［監修］
塘利枝子 他［編］

社会・家族・個人はどうかかわりあいながら変化・発達していくのか。柏木惠子先生が提起してきた問題を，その薫陶を受けた研究者たちが，さらに多彩な視点から追究し，築く「発達家族心理学」の礎。

A5 判・210 頁・本体 2,200 円＋税

ようこそ！青年心理学
若者たちは何処から来て何処へ行くのか

宮下一博［監修］
松島公望・橋本広信［編］

将来への悩み，生きることへの疑問，光と闇にゆれる多彩な青年の想いに，心理学はどうこたえるか？　蓄積された，また，最新の青年心理学の基礎知識を学び，ワークで自分に向きあおう。著者から青年へのメッセージにも注目。

B5 判・200 頁・本体 2,500 円＋税

ノードとしての青年期

髙坂康雅［編］

発達的・臨床的な問題が起こりやすく，時代や文化，社会などの影響を敏感に受ける青年期は様々な分野の「ノード（結節点）」となる。あなたならどう切り込むか。テーマごとに尺度も掲載されており，卒業論文にも最適。

A5 判・232 頁・本体 2,400 円＋税

成人発達臨床心理学
ハンドブック
個と関係性からライフサイクルを見る

岡本祐子［編］

発達心理学と臨床心理学の観点から人間が大人として人生を生き抜くことの様々な心の局面をとらえ，その光と影について考察する大著。

B5 判・394 頁・本体 4,800 円＋税

中高年期の夫婦関係
結婚コミットメントとジェネラティヴィティの視点から

伊藤裕子・相良順子［著］

平均寿命の伸展や家族形態の変化により中高年期に夫婦二人で過ごす期間が長期化してきた。特に夫婦関係は親密性を欠いても関係を維持しうるが，どのようなあり方が満足度や心理的健康をもたらすか。実証研究から迫る。

A5 判・192 頁・本体 5,500 円＋税

「老いの時間」を共に生きる
心理臨床からの試み

久保田美法［著］

老人病棟で，ふとこぼれる言葉。認知症老人のわけがわからない言葉。そこに込められている思いや体験世界を探究する，素朴な営み。ただ共にいることに意味はあるのだろうか。あなたはこの本から何を聴くだろうか。

A5 判・280 頁・本体 5,000 円＋税

世代継承性シリーズ 1
プロフェッションの生成と世代継承

岡本祐子［編］

専門的仕事の基盤となる精神，技，知恵・知識は上の世代から自分，そして次世代へ，師と弟子の関係性の中でどのように継承されていくのか。師弟関係を日本舞踏家と陶器職人，心理臨床家におけるケーススタディから検証する。

A5 判・244 頁・本体 3,200 円＋税

世代継承性シリーズ 2
境界を生きた心理臨床家の足跡
鑪幹八郎からの口伝と継承

岡本祐子［編］

精神分析家固有の経験の語りは，同時に専門家アイデンティティの形成と深化に関する示唆を内包している。そしてそれは，日本の臨床心理学の黎明期から今日までの発展の歴史の中での専門家の営みを伝える。

A5 判・352 頁・本体 4,500 円＋税

世代継承性シリーズ 3
世代継承性研究の展望
アイデンティティから世代継承性へ

岡本祐子・上手由香・髙野恵代［編］

世代継承性を穿つ珠玉の論考と研究への導き。この分野の内外の論文 417 件を厳選して解題した労作。その射程は，エリクソンの理論，ライフサイクル，キャリア形成，臨床，民族，セクシュアリティ・ジェンダーに及ぶ。

A5 判・496 頁・本体 5,800 円＋税

新版キャリアの心理学［第 2 版］
キャリア支援への発達的アプローチ

渡辺三枝子［編著］

キャリア・カウンセリングの基盤となる理論を 9 名の代表的研究者を取り上げて解説。改訂にあたり，「理論を学習する意味」をより強調し，変化していく理論をより正確に記述，関連性の近い理論家で章を配置しなおした。

四六判・264 頁・本体 2,000 円＋税

化粧を語る・化粧で語る
社会・文化的文脈と個人の関係性

木戸彩恵［著］

勤務中・プライベート・コンビニ・電車，好きな人・彼氏・夫・友達――時に自由に楽しく，時に義務的に，女性は装い，自分自身を語る。美容従事者などへのインタビューから，化粧という行為の意味に迫る。

A5 判・200 頁・本体 6,100 円＋税

痩せという身体の装い
印象管理の視点から

鈴木公啓［著］

痩身願望とダイエットの関係について心理学的に検討。痩身を装いの一つとして位置づけ，その意義と背景にある心理機序を実証的に示す。

A5 判・184 頁・本体 6,000 円＋税

アジアの質的心理学
日韓中台越クロストーク

伊藤哲司・呉　宣児・沖潮満里子［編］

日本で盛り上がりを見せる質的心理学。近隣のアジアではどのような研究が行われているのか，クロストークを交えて紹介する。言葉とともにある質的研究が言葉の壁を乗り越え，世界とのつながりをつくるためのキックオフ。

A5 判・210 頁・本体 2,500 円＋税

支えあいからつながる心
対人関係の心理学から

太田　仁［監修］
阿部晋吾［編］

学校，職場，結婚，子育て，窮屈な社会での生きづらさ。自分が誰かから頼りにされたらうれしいのに，なぜ「助けて」の発信は難しいのか。ネット上ではない，身近な誰かと支えあい，つながり，生きていくための心得。

A5 判・200 頁・本体 2,200 円＋税

特別の支援を必要とする子どもの理解
共に育つ保育を目指して

勝浦眞仁［編］

教職課程コアカリキュラム「特別の支援を必要とする幼児（児童及び生徒）に対する理解」と，保育士養成課程の「障害児保育」対応テキスト。事前課題が演習形式の授業にも役立ち，豊富な図表と事例で生き生きと学べる。

B5 判・152 頁・本体 2,000 円＋税